"十三五"职业教育国家规划教材

现代职业人教育丛书

微课版

霍彧 主编

XIANDAI ZHIYEREN CHUANGXIN CHUANGYE PIAN

现代职业人创新创业篇

苏州大学出版社

图书在版编目(CIP)数据

现代职业人. 创新创业篇／霍彧主编. —苏州：苏州大学出版社，2017.2(2022.1重印)
(现代职业人教育丛书)
ISBN 978-7-5672-1969-4

Ⅰ.①现… Ⅱ.①霍… Ⅲ.①职业选择-高等职业教育-教材 Ⅳ.①G717.38

中国版本图书馆 CIP 数据核字(2017)第 036840 号

现代职业人（创新创业篇）

霍　彧　主编

责任编辑　周建兰

苏州大学出版社出版发行
(地址：苏州市十梓街1号　邮编：215006)
镇江文苑制版印刷有限责任公司印装
(地址：镇江市黄山南路18号润州花园6-1号　邮编：212000)

开本 787×1092　1/16　印张11　字数250千
2017年2月第1版　2022年1月第5次修订印刷
ISBN 978-7-5672-1969-4　定价：35.00元

苏州大学版图书若有印装错误，本社负责调换
苏州大学出版社营销部　电话：0512-67481020
苏州大学出版社网址　http://www.sudapress.com
苏州大学出版社邮箱　sdcbs@suda.edu.cn

前言 Preface

"现代职业人"教育丛书共有四个分册,分别为认识职场篇、能力素质篇、就业指导篇、创新创业篇,内容涉及现代职业人理念、企业文化理论与企业规范、能力素质结构理论与职业核心能力、企业现场5S管理模式与职业素质养成、职业生涯规划与就业指导以及创新创业理论与方法指导。这些知识与技能的有效整合,可以使大学生们能够在今后充满竞争的职场环境中脱颖而出,取得骄人的成绩。

本套教材通过理论教学与案例分析相结合的方式,阐述了如何立足职场、纵横职场、成就职场的路径与方法,并试图激励学生不遗余力地去成为一个现代职业人,成就属于自己的辉煌人生!

对于一名热爱教育的人来讲,最渴望的就是能把自己的想法与经验分享给自己的学生,帮助他们成长。2001年秋,太仓"德国企业技术工人培训中心"第一次开除学生,理由就是"走路脚跟拖地,没有激情,将来不可能为企业创造太大价值",这一事件极大地震撼了我。经过多次与德国企业人士的访谈,反复思考,2003年11月10日,我在晨会上向全体学生提出了要成为具有较高职业素养的"现代职业人"(Modern Business Employee),这个理念第一次呈现在大家面前。当月23日,在华东六省市化工职业教育年会上我再次提出了这个理念,得到了大部分与会人员的认同。2004年8月,"培养现代职业人"的理念也开始逐步被大家认同与接受。2007年,以江苏省教育学会的立项课题"培养现代职业人——高职院校人才培养目标的创新实践与研究"的推动为契机,"现代职业人"逐步成为职业技术学院的人才培养目标,其定义也得到进一步的明晰,即指以追求实现自己职业生涯最大成功(最大价值)为目的而进行活动的主体。2010年8月,在国内率先成立了职业素质教育中心,建设职业素质教育体系,以切实推动学生的职业素质培养工作,努力培养好现代职业人。2013年11月,经过多次讨论,把"让每一个学生成为幸福的现代职业人"作为学院的办学导向之一而固化下来。

在长达十年的时间里,我面向学生,先后举行了几十次讲座。这些讲座深得学生的喜爱,在校内外反响很大,而期间撰写的讲稿也就自然成了"现代职业人"教育丛书的基础。2010年,我带领学院的辅导员团队开始了"现代职业人"课程建设,在大家的努力下,不断增减、修改、补充,终于形成了"现代职业人"教育丛书。该套教材吸收了最新研究成果,观点新颖,案例翔实,文笔活泼,具有较强的可读性。由于我长期在高职院校工作,教材中的案例选用以高职学生为主，但教材的目标读者不局限于高职学生，因为"现代职业人"这个理念适合于所有将要走进职场、走上工作岗位的大学生。

霍彧担任"现代职业人"教育丛书各分册主编，并负责丛书的统稿与终审工作；李奕担任《现代职业人（认识职场篇）》副主编；周懋怡、王志明担任《现代职业人（能力素质篇）》副主编；王钰岚、王玉担任《现代职业人（就业指导篇）》副主编；吴成炎、李志辉担任《现代职业人（创新创业篇）》副主编。

本套教材即将面世之际，我们要感谢直接和间接为本教材贡献重要观点、实践经验的所有企业家、同事、朋友及学生；感谢责任编辑周建兰女士，她尽职尽责、热情联络、严谨审稿、及时反馈，在整个过程中给予我们极大的支持；也要感谢我们的家人，在编写本套教材过程中，一直理解、支持和鼓励我们。

霍 彧

2019年10月16日

目录 Contents

第一讲　创新意识与思维 ·· 1
　1.1　关于创新 ·· 1
　　1.1.1　创新的概念 ··· 1
　　1.1.2　创新的基本内容 ·· 2
　　1.1.3　创新与创业的基本关系 ··································· 5
　1.2　创新意识 ·· 7
　1.3　创新思维 ·· 9
　1.4　创新助你成功 ·· 14
　　1.4.1　营造创新环境 ··· 15
　　1.4.2　克服创新障碍 ··· 15
　　1.4.3　保持积极心态 ··· 16
　　1.4.4　学会应对变化 ··· 17

第二讲　创新能力与方法 ·· 18
　2.1　关于创新能力 ·· 18
　　2.1.1　创新能力的概念 ·· 18
　　2.1.2　创新能力的影响因素 ······································ 19
　　2.1.3　创新能力的培养方法 ······································ 21
　　2.1.4　企业创新能力 ··· 22
　2.2　关于创新方法 ·· 25
　　2.2.1　移植法 ·· 25
　　2.2.2　头脑风暴法 ··· 26
　　2.2.3　5W1H法 ·· 28
　　2.2.4　列举法 ·· 30
　　2.2.5　原型启发法 ··· 32
　　2.2.6　形态分析法 ··· 33
　　2.2.7　仿生法 ·· 35

第三讲 创业与创业者 ……… 37
3.1 关于创业 ……… 37
3.1.1 创业的概念 ……… 37
3.1.2 创业的意义 ……… 38
3.1.3 创业的要素 ……… 39
3.1.4 创业的类型 ……… 40
3.1.5 创业的一般过程 ……… 41
3.1.6 大学生创业环境分析 ……… 42
3.2 关于创业者 ……… 45
3.2.1 创业者的素养要求 ……… 45
3.2.2 创业者素养提升途径 ……… 48
3.2.3 创业者的三种关键能力 ……… 49

第四讲 创业项目与选择 ……… 63
4.1 关于创业项目 ……… 63
4.1.1 创业项目的概念 ……… 63
4.1.2 创业项目的构成要素 ……… 64
4.2 创业项目选择 ……… 68
4.2.1 创业项目初选 ……… 68
4.2.2 创业项目初选的准备工作 ……… 69
4.2.3 创业项目初选的原则与方法 ……… 71
4.3 创业项目经济效益分析 ……… 76
4.3.1 创业项目的收入构成 ……… 76
4.3.2 创业项目的成本及费用 ……… 77
4.3.3 创业项目的利润 ……… 77
4.4 创业项目分析报告 ……… 78

第五讲 商业模式与竞争 ……… 86
5.1 关于商业模式 ……… 86
5.1.1 商业模式的概念 ……… 86
5.1.2 成功的商业模式 ……… 89
5.2 商业模式与竞争策略 ……… 92
5.2.1 "蓝海"中的创业者 ……… 92
5.2.2 以服务为核心的商业模式 ……… 94
5.2.3 公司重构能力 ……… 95
5.2.4 基于服务的价格策略 ……… 96
5.3 商业模式的发展 ……… 98
5.3.1 在借鉴中超越 ……… 98
5.3.2 市场的想象力 ……… 99

第六讲 创业机会与风险 ... 103
6.1 创业机会 ... 103
6.1.1 创业机会的本质 ... 103
6.1.2 创业机会识别 ... 106
6.1.3 创业机会评价 ... 107
6.1.4 创业机会把握 ... 108
6.2 创业风险 ... 110
6.2.1 创业风险的概念 ... 111
6.2.2 大学生创业风险及其化解 ... 111
6.2.3 创业企业风险识别与管控 ... 113

第七讲 创业计划与实施 ... 118
7.1 创业计划 ... 118
7.1.1 创业计划的作用 ... 118
7.1.2 制订创业计划书 ... 119
7.1.3 让创业计划书有效 ... 125
7.2 创业资源 ... 126
7.2.1 创业资源的分类 ... 126
7.2.2 创业资源的管理 ... 127
7.3 创立企业 ... 130
7.3.1 给梦想安家 ... 130
7.3.2 注册流程 ... 132
7.3.3 企业伦理 ... 132
7.3.4 相关法律、法规 ... 135

第八讲 企业管理与发展 ... 140
8.1 创业企业管理 ... 140
8.1.1 财务管理 ... 140
8.1.2 人力资源管理 ... 143
8.1.3 创业团队建设 ... 148
8.2 企业发展 ... 154
8.2.1 企业并购 ... 154
8.2.2 企业上市 ... 157
8.2.3 企业破产 ... 161

第一讲　创新意识与思维

珍珠是如何形成的呢？它是由于蚌的外套膜受到了异物（砂粒、寄生虫）侵入的刺激，受刺激处的表皮细胞就会将这个异物包裹起来，形成以珍珠囊为主的核，珍珠囊细胞分泌珍珠质，层复一层地把核包裹起来，慢慢就变成了珍珠。也就是说，珍珠是通过一种不舒服的体验而形成的。有人总结过人生的两大目标：一是追求快乐，二是远离痛苦。追求快乐可以激发创造，远离苦难同样能产生改变。因此，当我们在工作、生活中遇到的所有不舒服、不方便、不适应、不过瘾、不来劲的感受，哪怕最初看起来微不足道，都可能成为我们发明创造和整合创新的灵感源泉。不要对身边的小小感受熟视无睹，也许，那里就孕育着一次革命。

1.1　关于创新

1.1.1　创新的概念

创新，这个词汇，是当今世界出现频率非常高的一个词，同时，它又是一个非常古老的词。在英文中，创新即"Innovation"，起源于拉丁语。它原意有三层含义，即更新、创造新的东西和改变。而创新作为一种理论，形成于 1912 年，是由美国哈佛大学约瑟夫·熊彼特（Joseph Alois Schumpeter）教授第一次把创新概念引入了经济领域。

曾经有一家公司，它采用很多的方法去提高劳动生产率。其中有四个车间，它们的劳动生产率提高到一个临界点后，无论采取任何措施，劳动生产率不再提高。这时有人提议去分析一下这四个车间的员工构成。结果发现：第一个车间的工人都是男性，于是加入了几个女性工人，效率得到了意想不到的提高，这也应了一句老话，"男女搭配，工作不累"；而第二个车间全是青年人，于是加入了几个中老年人，他们的经验与阅历对年轻员工起到了稳定军心与指导、引领作用，生产效率也明显提高了；第三个车间都是中老年人，于是将几个年轻人加了进去，由于年轻人新鲜有活力，于是产生了鲶鱼效应，车间的劳动生产效率也得到了提高；再看第四个车间，男女老少均有，经过进一步的分析，发现这个车间都是本地员工，于是从别的车间调配了几个外地员工进去，外地员工怕本地员工看不起他们，于是拼命工作,而本地员工怕输给外地员工,也拼命工作,车间的劳动生产效率就这样被提高了起来。公司还是这些员工,只是把车间的人员结构变换了一下,就达到了目的,有了收获,这就是创新。所以,创新时时处处都有,创新就在身边。

创新,就是以现有的思维模式提出有别于常规或常人思路的见解为导向,利用现有的知识和物质,在特定的环境中,本着理想化需要,或为满足社会需求,而改进或创造新的事物、方法、元素、路径、环境,并能获得一定有益效果的行为。从本质上说,创新是创新思维蓝图的外化与物化。

熊彼特在《经济发展概论》中指出:创新是指把一种新的生产要素和生产条件的"新结合"引入生产体系。它包括五种情况:引入一种新产品,引入一种新的生产方法,开辟一个新的市场,获得原材料或半成品的一种新的供应来源,引入一种新的组织形式。熊彼特的创新概念包含的范围很广,如涉及技术性变化的创新及非技术性变化的组织创新。

20世纪60年代,新技术革命迅猛发展。美国经济学家华尔特·罗斯托提出了"起飞"六阶段理论,把创新的概念发展为"技术创新",把技术创新提高到创新的主导地位。

国家主席江泽民指出:"创新是一个民族进步的灵魂,是一个国家兴旺发达的不竭动力,也是一个政党永保生机的源泉",创新是人类特有的认识能力和实践能力,是人类主观能动性的高级表现,是推动民族进步和社会发展的不竭动力。一个民族要想走在时代前列,就一刻也不能没有创新思维,一刻也不能停止各种创新。我们国家实施"万众创新"战略也正是基于此。

1.1.2 创新的基本内容

创新涵盖众多领域,包括政治、军事、经济、社会、文化、科技等各个领域的创新。因此,创新可以分为科技创新、文化创新、艺术创新、商业创新等。

应用技术类高校的毕业生走上工作岗位后绝大部分将成为企业的中坚力量,他们往往会在企业创新中担当着重要的角色,做出重要的贡献。何道谊在《技术创新、商业创新、企业创新与全方面创新》一文中将企业创新分为企业战略创新、模式创新、流程创新、标准创新、观念创新、风气创新、结构创新、制度创新等十个方面的创新。

由于创新涉及的领域及内容太广泛,为了便于分析,本书以企业为例来介绍创新的基本内容。

1. 产品创新

产品创新,就是改善或创造产品,进一步满足顾客需求或开辟新的市场。因为产品是满足社会需要,参与市场竞争,直接体现企业价值的东西,因而这是企业创新的主要任务。产品创新可在三个层面上实现:

(1) 具有新功能的产品的开发。例如,某集团开发出一种健康煲,用于家庭煎药,分文火、武火、文武火三挡,有药液循环系统、回流系统、蒸气回流系统、时限报警、水位报警等功能,保证药效稳定,操作安全方便,大受市场欢迎。

(2) 产品结构的改进。例如,使产品轻、巧、小、薄,携带和使用方便,节省材料,降低能耗。电子记事本、数码摄像机、手提电脑、超薄洗衣机等就是典型的例子。

（3）产品外观的改进。例如，服装款式及色彩的改变都可以使顾客需求得到新的满足，从而增加销售收入；苹果电脑一度依靠推出彩壳流线型PC，显著提高了市场占有率。

2. 技术创新

技术创新是指生产技术的创新，包括开发新技术，或者将已有的技术进行应用创新。技术创新可在四个层面上实现：

（1）工艺路线的革新，这是生产方式思路的改变。例如，用精密铸造、精密锻造、粉末冶金、3D打印等代替金属切削生产复杂的机械零件，可大大缩短生产周期，降低成本。

（2）材料替代和重组。例如，前几年，美国农产品过剩，农场主负债累累，政府补贴农业的财政负担沉重。堪萨斯、卡罗来纳等农业州的农民，与大学合作，从环保角度，以农产品做原料生产工业产品，如用玉米生产一次性水杯、餐具和包装盒，从玉米中提取燃料用乙醇，从大豆中提取润滑油替代石油产品等，受到市场欢迎，政府决定给予减税和强制推行等支持。

（3）工艺装备的革新。例如，用电脑绣花机代替手工绣花，用数控机床代替手动操作机床等。

（4）操作方法的革新，用更省力、更高效的操作方法，代替过去一些传统的、不适应现代技术进步的操作方法。

3. 制度创新

制度创新是从社会经济角度来分析企业系统中各成员间的正式关系的调整和变革。制度是组织运行方式的原则规定。企业制度主要包括产权制度、经营制度和管理制度三个方面的内容。

产权制度、经营制度、管理制度这三者之间的关系是错综复杂的（实践中相邻的两种制度之间的划分甚至很难界定）。一般来说，一定的产权制度决定了相应的经营制度。但是，在产权制度不变的情况下，企业具体的经营方式可以不断进行调整；同样，在经营制度不变时，具体的管理规则和方法也可以不断改进。而管理制度的改进当发展到一定程度，则会要求经营制度作相应的调整；经营制度的不断调整，则必然会引起产权制度的革命。因此，反过来，管理制度的变化会反作用于经营制度；经营制度的变化会反作用于产权制度。

制度创新的方向是不断调整和优化企业所有者、经营者、劳动者三者之间的关系，使各个方面的权力和利益得到充分的体现，使组织的各种成员的作用得到充分的发挥。

4. 职能创新

职能创新就是在计划、组织、控制、协调等管理职能方面采用新的更有效的方法和手段。我国企业技术落后，管理更落后，因此职能创新任务紧迫。职能创新可在五个层面上实现：

（1）计划的创新。许多企业在工作中运用运筹学取得显著成效。例如，华北油田电厂从1997年开始在购电、电网运行和用电方面采用目标规划，使油田用电费用年节约额达2000万元以上。

（2）控制方式的创新。例如，丰田公司首创准时生产制（JIT），显著地降低了成本。而在此基础上进一步发展起来的精益生产（Lean Production，简称LP）方式，其优越性不仅体现在生产制造系统，同样也体现在产品开发、协作配套、营销网络以及经营管理等各个方面，它是当前工业界最佳的一种生产组织体系和方式，也必将成为21世纪标准的全球生产体系。

（3）用人方面的创新。例如，应用测评法招聘选拔和考核干部员工，采用拓展训练等方法改善培训效果等。

（4）激励方式的创新。例如，美国企业实行"自助餐式"的奖励制度，使同样的支出获得更好的激励效果。

（5）协调方式的创新。1999年，福建南平市政府试行科技特派员制度，他们通过调查，了解村镇和农业大户需要哪些技术支持，同时将全市3500名农业科学技术人员按专长分类公布，然后将两者对接起来，实行双向选择，结果农户收入和农业科技部门、农业技术人员的收入都得到了大幅度增加。

5. 结构创新

结构创新是指设计和应用新的更有效率的组织结构。结构创新按其影响系统的范围可分为技术结构的创新以及经济与社会结构的创新两类。

（1）技术结构的创新。例如，福特在20世纪20年代首创流水线生产方式，让工人依次完成简单工序，大大提高了生产效率，从而开创了大规模生产标准产品的工业经济时代。

（2）经济与社会结构的创新。通过调整人们的责、权、利关系以提高组织效能。例如，美国通用汽车公司20世纪20年代采用事业部制，解决了统一领导与分散经营的矛盾，使规模经营与适应市场的要求得到了统一，极大地增强了企业竞争力。

6. 环境创新

环境是企业经营的土壤，同时也制约着企业的经营。环境创新不是指企业为适应外界变化而调整内部结构或活动，而是指通过企业积极的创新活动去改造环境，去引导环境朝着有利于企业经营的方向变化。例如，通过企业的公关活动，影响社区政府政策的制定；通过企业的技术创新，影响社会技术进步的方向；等等。就企业来说，环境创新的主要内容是市场创新。

市场创新主要是指通过企业的活动去引导消费，创造需求。新产品的开发往往被认为是企业创造市场需求的主要途径。其实，市场创新的更多内容是通过企业的营销活动来进行的，即在产品的材料、结构、性能不变的前提下，或通过市场的地理转移，或改进交易和支付方式以及通过揭示产品新的使用价值，来寻找新用户，也可以通过广告宣传等促销工作，来赋予产品以一定的心理期望价值，影响人们对某种消费行为的社会评价，从而诱发和强化消费者的购买动机，增加产品的销售量。

1.1.3 创新与创业的基本关系

早在2014年9月夏季达沃斯论坛上,李克强总理在公开场合发出"大众创业、万众创新"的号召。他提出,要在960万平方公里土地上掀起"大众创业""草根创业"的新浪潮,形成"万众创新""人人创新"的新态势。2015年3月,这两句话又被写进了政府工作报告中,由此在全国兴起了创新、创业的新热潮。

如果说"引进与模仿"曾加速了中国工业化和现代化的进程,使中国在短短的30多年内完成了发达国家上百年时间才能完成的工业化之路。那么,"自主创新"将是中国赢得第三次工业革命的必要手段,而基于"自主创新"基础上的"创新、创业"是中国经济可持续发展的"造血干细胞"和中国企业转型升级的核心动力。

那么,"创新"与"创业"两者之间究竟有着怎样的关系呢?

1. 创新与创业的融合关系

创业活动本质上就是人们的一种创新性实践活动。无论是何种性质、类型的创业活动,它们都有一个共同的特征,即创业是主体的一种能动的、开创性实践活动。创业是一个从无到有的实践。尽管有人认为,创新不是"创造新东西"的简单缩写,而是具有特定的经济学内涵。但是,通过理论或实践创新推出新的认识成果和物质产品,毕竟还是创新实践的标志性内涵。正是在这样的意义上,创业从本质上体现着创新的特质。创业的核心是创办企业,即通过创业者的努力,导致一个新的生产或服务性企业的诞生。是否创办企业或者创办企业是否成功,是判断创业与非创业、成功的创业或失败的创业活动的根本标志。

1975年7月,当美国微软公司刚刚成立的时候,除了比尔·盖茨、保罗·艾伦和他们的秘书之外,可以说几乎一无所有。然而,凭着比尔·盖茨天才的创新和创业能力,一个领导世界的计算机软件公司诞生了,并在现代高科技企业行列中独领风骚。

创业活动与一般成熟企业的管理活动之间最大的区别就在于创业是在一个空白的基础上的起步,它的任务是要创办、建立起一个新的企业,而成熟企业的管理则在于要把已经建立起来的企业做大做强。前者是从无到有,后者则是从小到大、从弱到强。正是基于这一认识,一些学者坚持认为,尽管我国许多国有企业的主管带领企业进行企业内创业,并取得了巨大成就,但从创业者的识别特征看,它们不能被称为创业者。创业是一种推陈出新的社会实践活动。对原有的思想理念、制度文化和科学技术进行革新、改造、突破、超越乃至淘汰,这是一切创新活动共有的特质,而创业正是具有这样特质的一种实践活动。现代社会的创业,实际上是一种充满着激烈竞争的社会实践活动,这种竞争的一个具体表征,就是新创企业不断地以新的产品和服务方式取代那些产品和服务相对落后了的企业。创业是主体能动性的实践行为。主体能动性是一切创新活动的内在动因,创业过程中的主体能动性充分体现了它的创新性特征。首先,创业是一种高度的自主行为,在创业实践的全过程中,主体的主观能动性将会得到最充分的发挥和张扬。兴办企业或经营性实体,是行为人的一种自我要求和自愿的行为,虽然外部环境会为人们的创业实践提供一些帮助和引导,但人们最终是否迈出创业这一步,取决于主体自身的条件,依赖于主体的意向和决心,在这一过程中,创业主体自身的意志和愿望始终是居主导地位。其次,主体的素养和能力等主体性要素是决定创业活动成败的关键,从某种意义上说,创业是创业者对于现实社会存在着的某种创造财富和职业的可能性,也即我们通常所说的创业机会的一种把握、利用和开发。创业机会对于人们来说是一视同仁的。

2. 创业与创新的互动关系

创业与创新两个范畴之间有着本质上的契合、内涵上的相互包容和实践过程中的互动发展。约瑟夫·熊彼特教授认为,创新是生产要素和生产条件的一种从未有过的新组合,这种"新组合"能够使原来的成本曲线不断更新,由此会产生超额利润或潜在的超额利润。创新活动的这些本质内涵,体现着它与创业活动性质上的一致性和关联性。创新是创业的基础,创业推动着创新。从总体上说,科学技术、思想观念的创新,促进了人们物质生产和生活方式的变革,引发新的生产、生活方式,进而为整个社会不断地提供新的消费需求,这是创业活动之所以源源不断的根本动因;另一方面,现代创业活动依赖于科学技术、生产流程和经营理念创新支持下的产品和服务创新,也就是说,创新是一批又一批新企业诞生的内在支撑和根本保障。

美国麻省理工学院(MIT)的人认为,作为MIT的一员,你做出许多创新成果是理所当然的;当你通过创业实现这些成果的价值时,大家才会真正佩服你。

在20世纪早期,创业仍然被认为与企业的经营是不同的。20世纪30年代中期,创业的概念被拓展了。约瑟夫·熊彼特教授提出,创业包括创新和未曾尝试过的技术,或者所谓的"创造性毁灭"。"创造性毁灭"就是用相应的更好的产品、工序、观念和企业,来替代现存的产品、工序、观念和企业的过程。他认为,通过"创造性毁灭"的过程,旧的和过时了的方法和产品会被更好的替代。通过对旧的方法和产品的毁灭,迎来对新的方法和产品的创造。他还认为,企业家们是"创造性毁灭"过程背后的驱动力。他们是把突破性的思想和创新带入市场的人。约瑟夫·熊彼特教授对"创造性毁灭"过程的描述更进一步突出了创新在创业中的重要作用。

(1) 创新是创业的源泉,是创业的本质。创业者在创业过程中需要具有持续旺盛的创新、创业意识,才可能产生富有创意的想法或方案,才可能不断寻求新的模式、新的出路,最终获得创业成功。没有高新技术创新作为依托的创业,在市场竞争中缺乏核心竞争力,很容易遭淘汰。在MIT,往往会有令人意想不到的产品,并且,许多创意在学校的引导与帮助下转化成真正的产品,并成功实现了创业,因此,MIT积淀下来的创新气质是其创业发展的基础,也是其创业的源泉所在。

(2) 创新的价值在于创业。从某种程度上讲,创新的价值就在于将潜在的知识、技术和市场机会转化为现实生产力,实现社会财富增长,造福人类社会。而实现这种转化的根本途径就是创业。创业者可能不是创新者或发明家,但必须具有能发现潜在商业机会并敢于冒险的特质;创新者也并不一定是创业者或企业家,但科技创新成果则经由创业者推向市场,使其潜在价值市场化,创新成果才能转化为现实生产力。当然,由一个人完成的诞生在宿舍里的技术创新很难经得起市场的考验,没有技术依托的突发奇想要想获得成功的可能性很小。

(3) 创业的本质是创新。创业应该是具有创业精神的个体与有价值的商业机会的结合,是开创新的事业,其本质在于把握机会、创造性地整合资源、创新和超前行动。创新包括技术创新、制度创新和管理创新。对于创业者及其所创建的企业来说,创新就是将新的理念和设想通过新产品、新流程、新市场需求以及新的服务方式有效地融入市场中,进而创造新的价值或财富的过程。

(4) 创业推动并深化创新。创业可以推动新发明、新产品或新服务的不断涌现,创造出新的市场需求,从而进一步推动和深化科技创新,因而提高了企业或整个国家的创新能力,推动经济增长。在MIT,学校对创新创业始终抱着开放和赞许的态度,对创业者给予莫大的支持,老师和学生们参与创业不仅合规,更能赢得尊敬和羡慕。因为创业的成功,又会极大地激发MIT人更高的创新热情。

1.2 创新意识

哈佛大学前校长陆登庭在北京大学演讲时说:"在迈向新世纪的过程中,一种最好的教育就是让人们具有创新性,使人们变得更善于思考,更有追求的理想和洞察力,成为更完善、更成功的人。"因此,创新意识对一个人创新能力的养成十分重要。

创新意识是指人们根据社会和个体生活发展的需要,引起创造前所未有的事物或观念的动机,并在创造活动中表现出的意向、愿望和设想。创新意识有主动性和被动性两大类。它是人类意识活动中的一种积极的、富有成果性的表现形式,是人们进行创造活动的出发点和内在动力,是创造性思维和创造力的前提。

创新意识是人们对创新与其价值性、重要性的一种认识水平、认识程度以及由此形成的对待创新的态度,并以这种态度来规范和调整自己的活动方向的一种稳定的精神态势。创新意识总是代表着一定社会主体奋斗的明确目标和价值指向性,成为一定主体产生稳定、持久的创新需要、价值追求和思维定式以及理性自觉的推动力量,成为唤醒、激励和发挥人们所蕴含的潜在本质力量的重要精神力量。

创新意识包括创造动机、创造兴趣、创造情感和创造意志。

创新意识的培养和开发是培养创造人才的起点,必须注意从小培养创新意识。教育部门应以此为教学改革的重点之一,一个具有创新意识的民族才有希望成为知识经济时代的科技强国。许多学校大力建设国家级高校学生科技创业实验基地和大学科技园,举行创新大赛,就是一种具体而有效的实践。

1. 创新意识的特征

(1) 新颖性。创新意识或是为了满足新的社会需求,或是用新的方式更好地满足原来的社会需求,创新意识是求新意识。

（2）历史性。创新意识是以提高物质生活和精神生活水平需要为出发点的，而这种需要很大程度上受具体的社会历史条件的制约，在阶级社会里，创新意识受阶级性和道德观的影响和制约。人们的创新意识激起的创造活动和产生的创造成果，应为人类进步和社会发展服务，创新意识必须考虑社会效果。

（3）差异性。各人的创新意识和他们的社会地位、环境氛围、文化素养、兴趣爱好、情感志趣等方面都有一定的联系，这些因素对创新意识的产生起重大影响。而这类因素因人而异，因此对于创新意识既要考察社会背景，又要考察其文化素养和志趣动机。

2. 创新意识的作用

（1）创新意识是决定一个国家、民族创新能力最直接的精神力量。

在今天，创新能力实际上就是国家、民族发展能力的代名词，是一个国家和民族解决自身生存、发展问题能力大小的最客观和最重要的标志。

1861年，著名的自然科学家威廉·巴顿·罗杰斯创建了MIT，历经150年的发展，MIT的创新能力已经在世界范围内家喻户晓。作为美国的"工业发动机"，时至今日，MIT应用科研成果解决复杂问题方面的能力依然世界一流，在解决能源紧缺、气候变暖、疾病治疗、扶贫救困等领域，MIT一直扮演着重要的角色。

（2）创新意识促成社会多种因素的变化，推动社会的全面进步。

创新意识根源于社会生产方式，它的形成和发展必然进一步推动社会生产方式的进步，从而带动经济的飞速发展，促进上层建筑的进步。创新意识能进一步推动人的思想解放，有利于人们形成开拓意识、领先意识等先进观念；创新意识可促进社会政治向更加民主、宽容的方向发展，这是创新发展需要的基本社会条件。这些条件反过来又促进创新意识的扩展，更有利于创新活动的进行。

随着科技与社会的发展，MIT一直处于科学前沿，不管是信息技术革命，还是新能源革命，MIT在技术创新上都做出了重要贡献。他们的创新成果引领了社会发展的潮流，诸如电子墨水技术、第六感技术、3D打印技术等。

（3）创新意识能促成人才素质结构的变化，提升人的本质力量。

创新实质上确定了一种新的人才标准，它代表着人才素质变化的性质和方向，它输出着一种重要的信息：社会需要充满生机和活力的人、有开拓精神的人、有新思想道德素质和现代科学文化素质的人。它客观上引导人们朝这个目标提高自己的素质，使人的本质力量在更高的层次上得以确证。它激发人的主体性、能动性、创造性的进一步发挥，从而使人自身的内涵获得极大的丰富和扩展。

因为创新，MIT先后诞生了80位诺贝尔奖得主，成为世界上诺贝尔奖得主最多的大学，令其他大学羡慕不已。我们熟知的"中国航天之父""中国导弹之父"钱学森和诺贝尔奖得主丁肇中，都是MIT的校友。

创新意识测评卷

要求:请先认真阅读并记住下面的关于选项的提示,并遵从自己自然感觉,快速选取三个选项中的一项。

(提示 A:没有或极少时间是这样;B:偶尔如此;C:常常是这样。)

	A	B	C
1. 我从来没有这样做过呀!	A	B	C
2. 这改变太激进了吧。	A	B	C
3. 别人也这样做了吗?	A	B	C
4. 这不是我们的职责。	A	B	C
5. 我们以前就做过啦。	A	B	C
6. 你别开玩笑了!	A	B	C
7. 让我们回到现实中来吧。	A	B	C
8. 这才不是我们的问题呢。	A	B	C
9. 为什么要改?以前还不是运作得不错。	A	B	C
10. 我们没有这样做也很好呀。	A	B	C
11. 我们会变成别人的笑柄的。	A	B	C
12. 不喜欢那些新点子,有什么用!	A	B	C

评分与评价:

选"A"得0分,选"B"得1分,选"C"得2分。你的总分是:

以上列出的是阻碍创新的价值观,在这些观念指导下,会感到一切变动都不必要,一切新的都值得怀疑。如果总分在16分以上,表明你的某些观念在阻碍着你的创造。

1.3 创新思维

思维具有非凡的魔力,只要你学会运用它,你也可以像爱因斯坦一样聪明和有创造力。美国宇航局大门的铭石上刻着:"只要你敢想,就能实现。"

创新思维是指以新颖独创的方法解决问题的思维过程,通过这种思维能突破常规思维的界限,以超常规甚至反常规的方法、视角去思考问题,提出与众不同的解决方案,从而产生新颖的、独到的、有社会意义的思维成果。创新思维的本质在于将创新意识的感性愿望提升到理性的探索上,实现创新活动由感性认识到理性思考的飞跃。

一家皮鞋公司的老总发现国内市场基本饱和,他想把公司的业务拓展到非洲去。于是他先找了销售部的小王,要把小王安排去非洲拓展皮鞋市场。小王一听就哭了,说:"老板,是不是您对我工作不满意了,要找理由辞退我啊?您知道非洲人都是赤脚的,根本不可能买皮鞋的啊!我不去!"老总没有办法,又去找了销售部的小张,尝试着要安排小张去非洲。谁知小张听了老总的意思后,不仅没有像小王那样的反应,而是开心得连连感谢老总。老总被他搞得都有点糊涂了,就问小张为什么这么高兴。小张开心地对老总说:"老总啊,非洲人全是赤脚的,我只要让他们100个人有一个人买我的皮鞋,您想想,整个非洲我们要销售多少双皮鞋啊!这个机会太好了,我马上就去准备。"同样的问题,不同的思维得出的结论就会不同。

爱因斯坦说过:"我们的观念决定我们所看到的世界。"世界上绝大多数人都拥有一定的创新天赋,但许多人会盲从于习惯,盲从于权威,不愿与众不同,不敢标新立异。而创新思维就是不受现成的常规思路的约束,寻求对问题的全新和独特性的解答及方法的思维过程。创新思维它是相对于传统思维而言的,创新思维是所有人都具有的。

日本有一家生产味精的公司,该公司的产品已经在国内达到80%的市场占有率,基本处于饱和状态,公司的销售业绩徘徊不前。为了打破瓶颈,公司面向全体员工征集合理化建议。结果,有一个新入职的小姑娘建议将现有的塑料味精瓶盖上的小孔开大点,就可以让顾客在使用味精的时候自然增加了消耗量。在众多形形色色的建议中,公司采纳了这条建议,改进了瓶盖的模具,在基本没有增加什么成本的情况下,使得公司的味精销售量增加了32%。

众所周知,一般企业都是通过投入大量资金做广告或者搞促销活动来提高销量的。而在这个例子中,为了提高销量,则是通过扩大味精瓶子盖上的小孔而让消费者不知不觉中增大了味精的用量,只用很小的代价就达到了提高销量的目的。

1. 创造性人物与创新思维的特征

(1)创造性人物的关键特征。

美国犹他大学管理学教授、动机学世界权威赫茨伯依格,依据他几十年的经验,提出具有创造性的突出人物有以下十大关键特征。

① 智商超常,但非天才。毫无疑问,智商超常是创新的先决条件,然而创新者未必都是天才。

② 善出难题,不畏权势。

③ 标新立异,不循规蹈矩,不靠传统的做法去建功立业。

④ 感人所不知,善求答案。没有发现糊涂就没有创新,承认我不知道,这也是创新的一个先决条件。

⑤ 我就是我,不与人比。

⑥ 以做事为乐，真正的创造者必然从他所干的事业中取得快乐，他会为自己的成就、长进、责任和有意思的工作而感到愉悦。

⑦ 积极探索困难的解决方案，不信天命。

⑧ 只求成就，不求发迹。创造者很少是野心家，他更喜欢的是做事的成就。

⑨ 合理用脑，有张有弛。

⑩ 才思敏锐，激情迸发。

（2）创新思维的特征。

从上述具有创造性的突出人物的关键特征里，我们不难总结出创新思维的特征。

① 独立性。所谓创新思维的独立性就是与众人、前人不同，独具卓识。这是因为创新思维所要解决的问题是没有现成答案的，不能照搬常规、传统方法来处理，需要有新颖独特的思维。

独立性体现在思维中的怀疑因子：对"司空见惯""完美无缺"者的质疑；力破陈规、锐意进取，勇于向旧的习惯传统进行挑战。

② 联动性。这里的联动性是"由此及彼"性，有创新想象的参与。想象是创造之母，它能结合以往的知识与经验，在头脑形成创造性新形象，把观念的东西形象化，从而使创造活动顺利展开。其形式有纵向联动，如发现一种现象后能顺其深入研究，穷根究底；逆向联动，如由一种现象想到其反面；横向联动，如由一种现象联想与之相似、相关的事物。

③ 多向性。即善于从不同的角度想问题。追求目标要执着，但我们不赞成思维的执着。多向思维依赖于：发散机制，如对同一问题可提出多种设想答案，即发散思维能力；换元机制，如灵活地变换影响事物质和量的众因素中的某一个，从而产生新的思路；转向机制，如思维在一个方向受阻后马上转向另一方向；创优机制，如寻找最优答案。

④ 综合性。创新是一种探索性的活动，从问题的发现、提出，到创造成功，整个过程势必包含许多曲折反复，因而也一定有多种思维方式的参与：既有知觉的洞察和灵感的闪现，又有想象的驰骋和类比的启迪，更不乏演绎与归纳、发散与集中、假象与试探。只有突破刻板思维的约束，综合灵活地运用多种创造性思维方法，才会有非同寻常的创造。

2. 创新思维的形式

富有创新思维的人往往坚信"办法总比困难多"。保守的常规思维是制约创新思维的最大敌人。有一位科学家说，所谓创造力，就是观察到的事物与别人不同，所构想的事物与别人不同。要学会从不同的角度来观察事物。由于观察世界的角度不同，每个人的世界观也会有所不同。

创新思维使人能突破思维定式思考问题，从新的思路去寻找解决问题的方法。常用的创新思维有发散思维、逆向思维、侧向思维、求异思维、类比思维、综合思维等形式。

（1）发散思维。

发散思维也叫多向思维、辐射思维或扩散思维，是指对某一问题或事物的思考过程中，不拘泥于一点或一条线索，而是从仅有的信息中尽可能向多方向扩展，不受已经确定的方式、方法、规则和范围等的约束，并且从这种扩散的思考中求得常规的和非常规的多种设想的思考。

发散思维的常用操作方式有:材料发散,就是用某种材料为基点,设想它的多种用途,并对材料的各种专用特性进行研究、改进,达到要求的目标;功能扩散,以某种事物的功能为扩散中心,设想这种功能的其他用途;形态扩散,以某种事物形态(颜色、形状、声音、气味等)为扩散中心设想出能被利用的各种可能性。发散思维与综合思维不同,综合思维由多点集中到一点,而发散思维则由一点扩散到多点。

（2）逆向思维。

逆向思维指不遵行通常的思考方法,而是从相反方向思考问题,也叫作反向思维。因为客观世界上许多事物之间甲能产生乙,乙也能产生甲。例如,化学能能转化为电能,据此意大利科学家伏特1800年发明了伏打电池。反过来,电能也能转化为化学能。通过电解,英国化学家戴维1807年发现了钾、钠、钙、镁、锶、钡、硼七种元素。

说话声音高低能引起金属片相应的振动;相反,金属片的振动也可以引起声音高低的变化。爱迪生在对电话的改进中,发明了世界上第一台留声机。

小学时都学过"司马光砸缸"的故事。小孩落水会淹死,要救出落入水缸的小孩,常规方法是把人拉出水面。司马光考虑的不是常人想的"人离水能活"这一条方法,而是反过来"水离人,人也能活"这种思维方法,结果砸破水缸救出小孩,这就是一种逆向思维。

在商业营销运作中,也常有逆向思维应用:如做钟表生意的都喜欢说自己的表准,而一个表厂却说他们的表不够准时,每天会有1秒的误差,结果不但没有失去顾客,反而得到大家的认可,顾客踊跃购买。

（3）侧向思维。

侧向思维指从与问题相距很远的事物中受到启示,从而解决问题的思维方式。19世纪末,法国园艺学家莫尼哀从植物的盘根错节想到了水泥加固的方法。

当一个人为某一问题苦苦思索时,在大脑里形成了一种优势灶,一旦受到其他事物的启发,就很容易与这个优势灶产生相联系的反应,从而解决问题。

侧向思维与逆向思维一样,都是相对常规思维活动而言的。它们的区别在于:逆向思维在许多场合表现为与他人的思维方向相反,但轨迹一致;而侧向思维不仅在方向上,而且在轨迹上也有所不同,偏重于另辟蹊径。

有这样一个故事。一人想过河,便大声问那些船老大会不会游泳,会游泳的船老大都围了过来,只有一位在原地不动,他便过去问那人水性好不好。该船老大说:"对不起,我不会游泳!"过河者说:"好,我坐你的船!"人们不禁要问,为什么要乘不会游泳的船老大的船呢?原来,船老大不会游泳,出于本能自然是小心划船,反而比较安全。这人就是运用了侧向思维。

（4）求异思维。

善于"标新立异"是发明家的共同之处。这就需要我们有一种求异思维,在常人习以为常的工具、方法中标新立异,创出新品。求异思维的关键在于不受任何框架、任何模式的约束,能够突破、跳出传统观念和习惯势力的禁锢,从新的角度认识问题,以新的思路、新的方法创造人类前所未有的更好、更美的东西。日常所说的"出奇制胜",就是求异思维,使"圆变方,纵变横,平面变立体,飞机入水,船上天"。例如,手机制造,其屏幕越来越大,功能越来越强,成本越来越高。有厂家推出功能减少、使用方便、价格低廉的手机,就是求异思维的结果。

（5）类比思维。

培根有句名言:"类比联想支配发明。"类比思维是一种逻辑思维方式,人们通过类比已有事物开启创造未知事物的发明思路。它把已有的事和物与一些表面看来与之毫不相干的事和物联系起来,寻找创新的目标和解决的方法,如由鸟的飞行运动制成了飞机。仿生工程的大发展就是类比思维的结果。

（6）综合思维。

从某一事物出发,以此为发散点,尽可能多地与另一（或一些）事物联结成具有新价值（或附加价值）的新事物的思维方式。在发明创造中,可以把几个不同的主意融合起来,取其长处、相互补充、组合起来,用以解决一个难题或者完成一件作品,这就是综合思维,又称集中思维。

综合思维可以综合多种方法,对原理、设计、结构进行合理改进、互补、综合,达到理想目标。近年来普遍使用的"头脑风暴法"（也称为脑力激荡法）和之前常说的"诸葛亮会议""三个臭皮匠,抵个诸葛亮"等就是这种思维的具体应用。

牛顿组合了开普勒天体运行三定律和伽利略的物体垂直运动与水平运动规律,创造了经典力学,引起了以蒸汽机为标志的技术革命;麦克斯韦组合了法拉第的电磁感应理论和拉格朗日、哈密尔顿的数学方法,创造了更加完备的电磁理论,因此引发了以发电机、电动机为标志的技术革命;狄拉克组合了爱因斯坦的相对论和薛定谔方程,创造了相对量子力学,引起了以原子能技术和电子计算机技术为标志的新技术革命。

创新思维能力测评卷

下面是10个题目,如果符合你的情况则回答"是",不符合则回答"否",拿不准则回答"不确定"。

1. 你认为那些使用古怪和生僻词语的作家,纯粹是为了炫耀。
2. 无论什么问题,要让你产生兴趣,总比让别人产生兴趣要困难得多。
3. 对那些经常做没把握事情的人,你不看好他们。
4. 你常常凭直觉来判断问题的正确与错误。
5. 你善于分析问题,但不擅长对分析结果进行综合、提炼。
6. 你审美能力较强。

7. 你的兴趣在于不断提出新的建议,而不在于说服别人去接受这些建议。

8. 你喜欢那些一门心思埋头苦干的人。

9. 你不喜欢提那些显得无知的问题。

10. 你做事总是有的放矢,不盲目行事。

评分标准:下表题号后分别为"是""不确定"与"否"的评分。

	1	2	3	4	5	6	7	8	9	10
是	1	0	0	4	1	3	2	0	0	0
不确定	0	1	1	0	0	0	1	1	1	1
否	2	4	2	-2	2	-1	0	2	3	2
每题得分										
总得分										

得分 22 分以上,则说明被测试者有较高的创造思维能力,适合从事环境较为自由,没有太多约束,对创新性有较高要求的职位,如美编、装潢设计、工程设计、软件编程人员等。

得分 21~11 分,则说明被测试者善于在创造性与习惯做法之间找出均衡,具有一定的创新意识,适合从事管理工作,也适合从事其他许多与人打交道的工作,如市场营销。

得分 10 分以下,则说明被测试者缺乏创新思维能力,属于循规蹈矩的人,做事总是有板有眼,一丝不苟,适合从事对纪律性要求较高的职位,如会计、质量监督员等职位。

1.4 创新助你成功

哈佛大学的西奥多·莱维特教授认为:创造力是指想象出新事物的能力,而创新则是把新想法付诸行动。

泰森打擂咬对手耳朵的丑闻,传遍了全世界。但大多数人只把他当成茶余饭后的谈资,只有一个美国巧克力商人在"咬耳丑闻"发生以后,就赶紧推出了一种形状像耳朵的巧克力,上面缺了一个角,象征着被泰森咬伤的那只著名的霍利菲尔德的耳朵。这种巧克力很快在诸多品牌巧克力中突颖而出,巧克力商人也因此一举发了大财。全世界十几亿甚至几十亿人都知道,但是能够把这条信息变成财富的只有这个美国商人。

在我们周围,不乏创造力活跃的人士,思想的火花不断迸发出新的想法,点子一个接着一个,但往往缺乏去实现它们的毅力和能力,或者没有人愿意承担把它们付诸行动的责任。创新人士的价值在于不仅能够发挥创造力,而且能把想象变成现实。

无数成功的例子告诉我们,人们不可能做的事,往往不是由于缺乏力量和金钱,而是由于缺乏想象力和创造力。有一句话说得好:"只有想不到,没有做不到!"在以创新为基础的知识经济里,人类的创造力是最主要的价值源泉。思维的想象力和创造力,是每个人的财富,是每个人在这个世界上唯一能够绝对控制的东西。

世界上因创新而获得成功的人不胜枚举。这些勇于创新的人首先勇于告别自己原来熟知的领域,乐于到新的天地里寻求发展。表1-1说明了许多发明家原先所从事的职业与其发明毫不相干,但他们均在新的领域获得了巨大成功。

表1-1 发明家与原来所从事职业

发明家	原来从事的职业
柯达彩色胶卷的发明者 万尼斯和高杜基斯	原来曾是音乐家
柯达公司的创始人 乔治·伊斯曼	原来是一家银行的记账员
圆珠笔的发明者 拉迪斯·罗伯罗	曾当过雕刻家、画家和记者
安全剃刀的发明者 金·坎伯·吉利	原来是一家酒厂的推销员
充气轮胎的发明者 约翰·布埃德·邓洛普	原来是一名兽医

1.4.1 营造创新环境

很多成功的组织得益于对于创新的重视,对于人才的激励,创建鼓励创新的制度和文化,营造适宜创新的土壤,为创新人才的成长提供良好的发展空间。在职场上没有创新思维是非常悲哀的事情,职业人缺乏创新就意味着职业价值的降低和职业生涯的终结。

对任何个人和组织而言,永远不变的真理是"一切都在改变"。具有创新意识的组织应该是创新的孵化器,是新生事物的催化剂,是破旧立新的倡导者,是追求创新的先驱者。美国国家科学基金会研究表明:"就每单位的研究经费而言,每投入一美元,小型机构所发明的新产品数量,大约是中型公司的四倍,是大型公司的二十四倍。"

3M公司是世界上以创新而闻名的公司,他们的"创新产品小组"是创新支持系统的最重要的形式。这种创新小组有三个显著的特征:由各种专门人才全力参与,任务无限期;全是志愿者;具有相当的自主权。最令3M公司感到欣慰的是,每个成员在开发新产品时,都将产品研发当作自己的事业来对待,而且公司的领导会放手全力支持他们这样做。

这些企业的成功,来自于他们永不满足、持续创新的精神。任何组织都没有任何理由拒绝创新,没有理由不接纳具有创新精神的现代职业人,并需为他们营造适合发挥创新的优秀环境,因为这是所有组织成功的基础。

1.4.2 克服创新障碍

机制问题有时也会成为创新的障碍,虽然创新是所有个人和组织都应该追求的,但实际上很多组织内部的因素难以容忍创新的存在,因为对于组织和团队而言,创新人士大多数以自我为中心,激情多于理性,往往无视规矩,破坏秩序。很少有领导愿意重视他们,鼓励和提升他们,反而经常会嫉妒和排斥他们。就像放在桶里的螃蟹,每当有一只螃蟹努力向上攀爬,总有其他的螃蟹蜂拥而上一起使劲将它拉下来,而不是为它搭梯子先让它爬出去。虽然螃蟹并不是有意识地这样做,但是人类社会这种意识根深蒂固,所谓"木秀于林,风必摧之",就是这种现象的真实写照。当有些人在某个地方有突出特长或取得瞩目成就的时候,人们普遍的心理是担心会带给自己不利的威胁,不是赞赏并支持他的创新,而是共同出击,把他拉回跟自己一样的地步,以求得心理平衡。创新的障碍更多来自于人们的主观方面。创造力受阻碍的原因主要有以下几种:

(1) 用判断或经验过早下结论,对于周围的意见忧虑重重。
(2) 限于习惯性思维,过分拘泥于先例和根深蒂固的偏见。
(3) 由于强烈的外在因素而引起的障碍。
(4) 创造动机只停留在想象之中。
(5) 怯懦退缩,害怕失败。
(6) 不相信自我评价,希望找到快速解决问题的办法。
(7) 知识博杂,或专业过窄,非常容易陷入专一的研究兴趣。
(8) 担心与现实或假设的对手发生冲突。
(9) 信奉存在绝对真理,过分迷信权威,不敢越雷池半步。

1.4.3 保持积极心态

在创新过程中,遭受挫折、失败是常有的事,就像职业球员也会经常输球一样。职业球员不会因为输一两个球而放弃整场比赛,或者结束自己的运动生涯。现代职业人也不会因为一两次的失败而改变自己对事业的态度。

容忍失败是创新的重要思想准备,埃默生电气公司的查尔斯·奈特强调说:"要有承担失败的能力,除非你肯接受错误,否则,你不可能有任何创新和突破。"

优秀的组织都应该具有容忍失败的胸怀。一个成熟的现代职业人应该以坦然、平和、永不言败的心态去对待挫折和失败。当挫折来自于团队内部的时候,应坚信依靠时间和努力可以改变自己的处境。当挫折来自于团队外部的时候,则应以勇敢、坚定、乐观的态度去战胜它。现代职业人在创新的过程中要有"屡败屡战"的精神,虽然历经失败,但不能容许放弃努力,失败只表明尝试的可能性减少,同时也意味着离成功越来越近。如果因为失败而放弃努力,也许因此就放弃了成功。一个成功者只会改变方法而不会改变目标,一个失败者总是改变目标而不懂得改变方法。

一个人在前进与创新的过程中,必然会遇到各种各样的困难与阻力,其个人的心态将直接影响团队的整体士气。如果大家都有强烈的成功欲望,能积极进取,其所在的团队也必然是蓬勃向上充满生机和活力的。当遇到困难的时候,如能以积极的心态去面对,把困难看作是机遇和挑战,最终就可能获得成功。

1.4.4　学会应对变化

Intel 公司的创始人之一戈登·摩尔,在 1975 年曾预言,计算机芯片的处理速度每 18 个月就会增加一倍,这就是著名的"摩尔定律"。"淘汰自己的产品"这个口号对于微软的产品规划者、策略制定者、产品开发者、产品工程师和产品经理是十分清楚的使命和目标。畅销书《谁动了我的奶酪?》告诉了大家一些简明而又深刻的道理——变化是永恒的,学会如何应对变化才是根本。以下是写在奶酪墙上的话:

变化总是在发生——他们总是不断地拿走你的奶酪。

预见变化——随时做好奶酪被拿走的准备。

追踪变化——经常闻一闻你的奶酪,你就会知道,它什么时候开始变质。

尽快适应变化——越早放弃旧的奶酪,你就会越早发现新的奶酪。

改变——随着奶酪的变化而变化。

享受变化——尝试冒险,去享受新的奶酪的美味。

做好迅速变化的准备,不断享受变化。

记住,他们仍然会不断地拿走你的奶酪。

因为变化是永恒的主题,所以才要求不断创新。具备创新精神,首要的是一定要具备创造性学习的潜质。某全球著名会计师事务所在北京大学招聘员工时,这家专业性极强的事务所招聘条件并不要求会计专业出身,或者有会计实务的经验,而要求英语能力或者计算机能力出众。负责招聘工作的人解释说:"这并不是因为我们需要英语和计算机人才,因为这两项能力出众只是意味着你已经具备了很好的学习能力。"在他们看来,能熟练运用英语和计算机,在很大程度上并非是老师教出来的,而是自己学出来的。要学好这两项必须自身具有很高的学习能力,所以他们把这些作为选才的标准,这就说明,最重要的不是你现在拥有什么,而是你有没有学习能力。

只有学习能力强的人才能轻松应对变化。因此,拥有创造性的学习能力,才是最根本的应变之道。创造性学习能力,在任何时代都不会过时,无论时代怎样变化,一旦拥有了这种能力,不仅能永远立于不败之地,而且能成为适应时代变化大潮的弄潮儿。

【思考题】

1. 请列举出你的家人、朋友或者你本人有过的创新例子。
2. 自己在创新上有哪些不足?如何才能取得进步?

第二讲　创新能力与方法

目前我国正面临经济发展的最大机遇和挑战。在未来的岁月里,我国经济成败的关键在于能否培养出大批具有一流创新素质的人才。改革开放以后,我国培养出的大量学生到美国等西方国家攻读学位或工作,中国学生读书和考试成绩往往优于美国等西方学生,而在进行科学研究和创办产业时,情况正相反,暴露出了中国学生创新能力的不足。近年来,中国的SCI论文数已居世界前列,但其中原始创新的较少。中国的发明专利也较少,而中国所拥有的高新产业中的核心技术则更少。为什么会出现这种情况呢?关键在于人才。我国的在校大学生总数已达世界第一(2015年达到了3700万),不缺一般人才,关键在于我国未能培养出大批具有一流创新素质的人才。著名科学家钱学森先生就曾经发出过"为什么我们学校里总是培养不出大师级的杰出人才"这样令人振聋发聩的问题。那么,怎样才能培养出大批具有创新意识和创新能力的学生呢?这是我国教育界面临的一个重要问题。

2.1　关于创新能力

2.1.1　创新能力的概念

创新能力是人类突破旧认识、旧事物,探索和创造有价值的新知识、新事物的能力。它涉及一个人的多种能力,如认识能力、观察能力、判断能力、分析能力、想象能力、学习能力、信息处理能力、解决问题能力等,是一个人综合能力的具体体现。

如果这个世界没有创新能力,便不会有今日人类的文明,可能还过着钻木取火的原始生活。如果一个人不具备创新能力,他就是庸才;如果一个民族没有创新人才,那么它便是一个落后的民族。

彼得·德鲁克(Peter F. Drucker)说:"不断创新必须成为知识工作者工作、使命和责任的一部分。创造未来是高风险的,但是墨守成规不去创新的风险更高。"1998年,江泽民同志指出:"创新是一个民族进步的灵魂,是一个国家兴旺发达的不竭动力。创新的关键在人才,人才的成长靠教育。"有鉴于此,我国将大学生创新能力的培养作为教育改革的重要目标,在教育界引发了一次对创新能力的内涵、创新能力培养的影响因素以及方式方法的大讨论。

据美国彭博社消息,2015年全球最具创新能力的50个国家的排名中,韩国位列榜首,日本居第2,新加坡、澳大利亚、新西兰分列第8、第13以及第18位。亚洲入选国家还有中国(22位)、马来西亚(27位)、中国香港(34位)以及泰国(46位)。

据悉,至2016年1月16日,以市场价值为依据排名的全球最大的10家科技企业中,有9家位于美国。其中前三位依次为苹果(6250亿美元)、微软(3770亿美元)、谷歌(3420亿美元)。中国的腾讯排名第10,市场价值为1470亿美元。

另一份由波士顿咨询公司的调研结果显示,2014年全球最具创新能力的三家公司分别是苹果、谷歌、三星,日本丰田汽车排名第8,索尼第10。

从上述排名可以看出,虽然我国的经济与科技发展很快,但创新能力与先进的发达国家相比,还存在着明显的差距。

2.1.2 创新能力的影响因素

在科学技术飞速发展的今天,创新意识和创新能力越来越成为衡量一个国家国际竞争力和国际地位的最重要的决定因素。近年来,我国在科技创新方面的改革举措力度之大、范围之广、影响之深前所未有,改革成效已初步显现,科技对经济社会发展的支撑和引领作用日益突出。

"随着创新成为全球竞争的关键,越来越多的新兴经济体遭遇到了复杂的问题,那就是'人才引进'只能由人才流失和流入之间的平衡来得出。全世界范围内,我们都可以看到创新在进行的迹象,这令人振奋。"欧洲工商管理学院(INSEAD)的布鲁诺·兰温(Bruno Lanvin)称。

据全球人才竞争力指数排行榜显示,2015年,人才竞争力指数瑞士排行榜首,新加坡获得第二名,丹麦获得第三名。亚洲国家中,日本排列第21名,韩国第28名。尽管中国是全球第二大经济体,人才竞争力指数却排列第47名。

影响大学生创新能力的因素主要有如下几点。

1. 主观因素

(1) 缺乏创新意识和创新欲望。

许多学生进入大学后,缺乏对自己职业生涯的规划与设计,仅仅满足于毕业后能找个好工作,或专转本,或考研究生,仅关注学校要求通过的英语四六级考试和计算机等级考试,不能热心参加各种文化活动和科技活动,和高中生活一样,仅仅停留于汲取书本知识,疏忽了各种能力的培养。这在一定程度上影响了大学生创新意识和创新欲望的激发。

(2) 缺乏创新兴趣。

目前大学生的兴趣往往会随着时间、环境、心情而变化,他们很多热衷于做"低头一族",往往热衷于电脑游戏和手机游戏,遇到问题习惯于找"度娘",遇到困难没有迎难而上的勇气与毅力,对创新往往不感兴趣。

(3) 惯性思维。

法国生物学家贝尔纳所说:"妨碍人们学习的最大障碍,并不是未知的东西,而是已知的东西。"也就是说,先前形成的知识、经验、习惯,都会使人们形成认知的固定倾向,从而影响后来的分析、判断,形成"惯性思维",也叫"思维定式"。惯性思维是由先前的活动而造成的一种对活动的特殊的心理准备状态,或活动的倾向性。在环境不变的条件下,它能使人应用已掌握的方法迅速解决问题。当情境发生变化时,它则会妨碍人采用新的方法。消极的惯性思维是束缚创造性思维的枷锁,即思维总是摆脱不了已有"框框"的束缚。

(4) 对创新的知行不统一。

大学生们一般都会有或多或少的创新动机。他们对创新有一定的认识,也希望在学习和实践过程中产生新思想与新理论,但他们对创新的知行很不统一。一方面他们在认识上追求创新,体现出了比较积极主动的精神状态;而另一方面,他们在行动上却迟迟不能落实,主动作用发挥不够,投身实践的勇气和能力欠缺。

2. 客观因素

(1) 求稳趋同、怯于质疑的传统文化影响。

中国的孩子从小就被教育"在家要听家长的话,在学校要听老师的话,在单位要听领导的话",而"木秀于林,风必摧之"及"枪打出头鸟"等类似之说,一直在影响着整个中华民族,导致了人们过于求稳趋同,不敢求异冒险,服从听话成了大家做人的基本准则,缺乏一种大胆质疑的批判思维,缺乏一种创造的内在冲动。

(2) 应试教育模式的负面影响。

我国现行的人才培养模式,其实质就是应试教育。它虽然培养了一代又一代富有牺牲精神的人才,创造过无数的成功和辉煌,但也存在着严重缺陷:一是抹杀了教师和学生的创造性;二是上课方式缺乏信息反馈和民主气氛,灌输有余,启发不足;三是学习方式以记忆为主,对知识复制有余,创新不够。同时,学生在参加工作前基本上在校园内度过,没有涉足真实的社会,缺乏对社会的了解。学习和实践从根本上是脱节的。这种教育模式,使得我们的学生既缺乏创造性,又缺乏与人合作的精神。

(3) 创新的支持系统不完善的影响。

虽然我国已经是世界第二大经济体,但和美国等先进发达国家的差距依然明显,尤其在教育理念、基础设施和实验条件等方面依然严重滞后,教师的创新能力也不容乐观。这些无疑会大大影响大学生创新能力的培养。不论是政府和学校,还是社会和家庭,对学生的培养都面临着"教育目标重新定位,教育方式重新选择,教育效果重新评估"等问题。这些深层次的问题不解决,大学生创新的支持系统就建设不好,也就很难有效提升大学生创新能力的培养水平。

3. 社会因素

眼前的大学校园,不是象牙塔,更是一个色彩斑斓的现实世界。从整个社会和大学生们生活的具体社会环境看,影响他们创新能力的社会因素大致可以分为政治环境因素、经济环境因素、文化环境因素和交往环境因素。

（1）政治环境对大学生创新能力的影响。

众所周知,一个民主、稳定、和谐的社会政治生活环境,既是各类人才健康成长、发挥积极作用的政治基础,也是社会创新意识、创新精神、创新能力发育和发展并转化为现实生产力的基本前提。如果一个社会没有"既有自由,又有纪律,既有民主,又有集中,既有统一意志,又有个人心情舒畅的生动活泼的政治局面",那么它就会失去生机和活力,就要落后于不断发展的时代,甚至被世界潮流所淘汰。只有政通人和,发展和保持民主、和谐、稳定的社会政治生活环境,才能有力保障大学生创新意识、创新精神和创新能力的培养。

（2）经济环境对大学生创新能力的影响。

马克思说:"人们从事的一切活动,都同他们的利益有关。"就创新活动的条件而言,经济因素在根本层次上起着决定性的作用,因此,经济基础是大学生们创新能力培养的必要社会条件和物质利益动因。

（3）文化环境对大学生创新能力的影响。

文化作为人类社会持久性活动及其成果的灵魂和精髓,与经济、政治三位一体,构成社会的有机系统和基本结构,以物质资源的高消耗为基础的粗放型经济增长方式的日益转变和以知识、科技、信息、教育为基础的知识经济的兴起,标志着人类社会真正的文化时代的来临。具有高度凝聚力和科学创新精神的社会主义文化,是大学生们创新意识、创新精神和创新能力培养的社会文化基质和内在精神动力。

（4）交往环境对大学生创新能力的影响。

人是社会动物,人的一切活动都与其所处的经济、政治和文化环境时刻发生着关联。单个人的活动也反映着社会的影响,具有社会活动的意义,它受到内在和外在的社会规则、思维方式、价值观念的约束、激励和推动,受到其他社会成员的交互影响。人的活动是社会互动的表现形式,所以,整个社会的科学文化素质特别是创新素养的生长发育的现实状态,以及具体的社会文化环境和交往情境,就成为大学生们创新意识、创新精神和创新能力培养的重要社会条件或制约因素。

2.1.3 创新能力的培养方法

1. 培养自学能力

较强的自主学习能力对一个人的成长极有好处,并将终身受益。学生在教师讲解学习内容前,应先尽量进行自学,学着独立思考。若有些地方看不懂,可以标注出来,上课时有针对性地集中注意力听讲,这样可迅速学懂弄通。良好的独立自学能力和习惯的培养,有助于平时多读参考书,扩大自己的知识视野,为今后的学习和工作打下良好的基础。

2. 培养提问习惯

爱因斯坦说:"提出问题比解决问题更重要。"我们不仅要学会已有的知识,更要积极思考这些知识是怎样得到的?为什么会是这样?还有什么局限性?这就要求我们在日常学习中,树立问题意识,积极去捕捉各种问题。思维心理学指出:思维总是从问题开始的。所以要把学习引向深入,就要对熟悉的知识进行全新的思考,以敏锐的目光去多问几个为什么。对已有的知识进行大胆的质疑和发问,即使它们是前人已证明过的结论也应这样,因为新的创造总是在否定旧有的结论中成长的。同时提问本身就要思考。经验证明,往往经常提出问题的学生学习都主动、刻苦,并具有较强的创新意识。而那些不认真思考的人是很难提出问题的。因此,培养自己大胆提出问题并努力去寻找答案的能力,对创新能力的培养是非常重要的。

3. 学会用多种方法解答问题

创造性思维首先是发散性思维,从各个不同角度对同一问题进行多方位的分析思考,再通过综合比较,选出最适合的答案,最后用指向一点的收敛思维去解决问题。创新成果就可能产生在这个过程中,也就是中国的成语"多谋善断"。所以尽量多思路思考、回答问题,标新立异,对培养创造能力非常必要。

4. 注意积累有创造性的方法

在学习知识的同时,要经常注意学习各种具有创造性的方法。因为这些方法都是前人创造性劳动的成果,通过学习可以增强创造技巧和创新能力。积累的方法越多,遇事时解决和创新的办法也就会越多,工作起来就更得心应手。

2.1.4 企业创新能力

企业创新就是根据市场需求的发展趋势,为生产经营与市场需求相适应的产品,而充分利用并不断优化自身资源与社会资源配置,从企业经营管理各个层面上进行的创造和革新。

企业创新能力就是企业在多大程度上能够系统地完成与创新有关的各项活动的能力。包括:

(1)在技术上,企业能否将科学的概念转化成为用户开发的产品,并且生产、制造和提供给消费者。

(2)企业提供的产品能否被用户认可,企业能否有效地说服用户接受自己的产品。

(3)企业能否有效地管理这一过程,并获得一定的财务回报。

1. 企业创新能力的表现形式

企业创新能力的表现形式主要有发展战略创新、产品(或服务)创新、技术创新、组织与制度创新、管理创新、营销创新、文化创新等。

(1)发展战略创新。

战略是以未来为主导,与环境相联系,以现实为基础,对企业发展的策划、规划,它研究的是企业的明天。

发展战略创新是对原有的发展战略进行变革,是为了制定出更高水平的发展战略。实现企业发展战略创新,就要制定新的经营内容、新的经营手段、新的人事框架、新的管理体制、新的经营策略等。

我国加入WTO后,企业面对的是世界性的跨国公司,置身于竞争日趋白热化的市场大环境中,要想立于不败之地,关键是进行战略研究、战略选择与战略创新。

(2) 产品(服务)创新。

产品(服务)创新指的是创造某种新产品或新服务,或对某一新或老产品的功能进行创新,改进原有服务方法及手段。这对于生产企业来说,是产品创新;对于服务行业而言,主要是服务创新。例如,手机在短短的几年时间已从模拟机发展到数字机、可视数字机、可以上网和可以拍照的智能手机等。手机的更新换代,生动地告诉我们产品的创新是多么迅速。

(3) 技术创新。

技术创新是企业发展的源泉、竞争的根本。技术创新是指一种新的生产方式的引入,这种新方法可以建立在一种新的科学发现的基础上,也可以是以获利为目的经营某种商品的新方法,还可以是工艺上的创新。新的生产方式,具体是指企业从投入品到产出品的整个物质生产过程中发生的"革命性"的变化,或称"突变"。这种突变与在循环流转中年复一年的同质流动或小步骤调整不同,既包括原材料、能源、设备、产品等硬件创新,也包括工艺程序设计、操作方法改进等软件创新。其中产品创新按新产品的创新和改进程度,可以分为全新新产品、换代新产品、改进新产品和仿造新产品;工艺创新则可以分为独立的工艺创新和伴随性的工艺创新。

(4) 组织与制度创新。

组织与制度创新主要有三种。一是以组织结构为重点的变革和创新,如重新划分或合并部门、组织流程改造、改变岗位及岗位职责、调整管理幅度等。二是以人为重点的变革和创新,即改变员工的观念和态度,包括知识的更新、态度的变革、个人行为乃至整个群体行为的变革等。例如,GE 总裁韦尔奇在执政后就曾采取一系列措施来促进 GE 这家老企业重新焕发创新动力。有一个部门主管工作很得力,所在部门连续几年盈利,但韦尔奇认为可以干得更好。这位主管不理解,韦尔奇建议其休假一个月,放下一切,等再回来时,变得就像刚接下这个职位,而不是已经做了 4 年。休假之后,这位主管果然调整了心态,像换了个人似的,对本部门工作又有了新的思路和对策。三是以任务和技术为重点的创新,即对任务重新组合分配,并通过更新设备、技术创新等,来达到组织创新的目的。

(5) 管理创新。

管理方式是进行管理创新的重要手段,也是管理创新的直接成果。它直接影响着资源配置的效率和效益,是企业实现资源有效配置的必要条件。第二次世界大战以来,许多管理学家、企业家把科学技术成果广泛引入企业管理之中,创造了许多旨在提高资源配置效率和效益的现代管理方法,如线性规划、目标管理、全面质量管理、网络计划技术、库存管理、决策技术、市场预测技术等。这些方法的产生和运用,对企业提高资源利用的效率和效益都产生了十分重要的推动作用。

管理创新是指一种更有效而尚未被组织采用的新的管理方式或方法的引入,是组织通过实施新的和有效的管理模式、管理方法和手段,变革和替代原有的不适应组织发展要求的习惯做法和模式,使组织的管理系统具有更高的管理效能。

例如,Intel 总裁葛洛夫(Andrew Grove)的管理创新就是因环境情况和被管理者的改变而改变:实行产出导向管理——产出不限于工程师和工人,也适用于行政人员及管理人员;在 Intel 公司,工作人员不只对上司负责,也对同事负责;打破障碍,培养主管与员工的亲密关系等。

(6) 营销创新。

所谓营销创新,就是根据营销环境的变化情况,并结合企业自身的资源条件和经营实力,寻求营销要素在某一方面或某一系列的突破或变革的过程。在这个过程中,并非要求一定要有创造发明,只要能够适应环境,赢得消费者的心理且不触犯法律、法规和通行惯例,同时能被企业所接受,那么这种营销创新即是成功的。

例如,在 2001 年"五一"黄金周来临之前,江苏某酒业集团公司就成立了自己的旅行社,并推出"酒文化二日游"新项目,这是目前国内唯一的酒文化之旅。公司地处江苏省泗阳县,毗邻洪泽湖,酒文化源远流长。企业所在地在隋唐时即以酒业兴旺名闻遐迩,明清时最为隆盛,曾有 9 省 72 家大客商云集于此。《红楼梦》作者曹雪芹路过该地停船 3 天,留下"清风明月酒一船"诗句。该集团公司旅行社推出的"酒文化二日游",除参观"百年地下酒窖""唐酒坊""酒道馆""美人泉""夕钓台",品尝所生产酒以外,还可参观周边市县著名景点如周恩来纪念馆、明祖陵、楚霸王项羽故里等。

(7) 文化创新。

企业文化就是企业在长期的经营和管理活动中确立的、信奉并付诸实践的价值观、思维方式以及行为模式。它在本质上是一种促进或阻碍企业发展的管理思想和管理方法,属于思想范畴的概念。

企业文化创新就是企业为了适应新的环境,把新的经营理念、价值观、企业精神等要素重新组合,引入企业文化体系并具有新功能的创造性过程。它是围绕新的技术革命的挑战和经济全球化、信息化,用新的价值观和视野来谋划和建构新的企业文化,使企业真正成为学习型组织、创造型组织,为培育和提升企业核心竞争力提供全方位服务。

2. 企业创新能力影响因素

(1) 企业文化。

企业文化是企业内部影响企业创新与变革的重要因素。企业文化是将企业凝聚起来的"胶水",这种凝聚效应全面体现于企业的各个方面,任何为了提高企业创新能力的举措必然应该有相应的企业文化转型计划。

最有助于创新的企业文化特征有:更加外向型而非封闭型的文化;更加灵活、适应变化的文化而非一味求稳的文化;扁平化而非等级化管理的文化。企业文化中还应强调持续学习和不断适应。在支持和鼓励创新中,企业文化若要起到关键作用,就必须着力将文化的作用和影响渗透至企业战略的各个层面,如员工、政策、企业行为、激励机制、企业的语言和系统架构等。

最能促进创新的企业文化往往强调团队协作、以客户为中心、公平对待员工、采取主动等理念。

(2）领导风格。

一个企业的领导者在推动创新方面起着至关重要的作用,而其中领导者的风格又直接决定企业创新能力的高低。因为领导风格往往塑造了企业的组织文化和气氛。那些卓有成效的领导者往往会提供创新的方向,建立有利于创新的组织文化和气氛,鼓励个人的高度主动性,推行有效的多功能团队的协作和融合,以确保最佳操作或措施在公司中的推广和充分运用。

Hay 集团总裁莫瑞博士（Murray Dalziel）认为,最具创新能力的企业的领导风格通常为权威型、亲和型和辅导型这三种类型。这三种类型的领导风格往往能够提供明晰的愿景与方向、培养团队的和谐以及关注个人的长期发展,因此更有利于企业的创新。

（3）员工的学习能力。

员工要注意在岗学习（on job learning）或在岗培训（on job training）,不断学习和充电的员工构成了企业中创新能力的根基。

（4）创新的评价机制。

在企业现有的绩效考核过程中,应该将创新纳入评价体系。如果将创新纳入个人和企业的绩效评估体系,就应该有相应的激励机制和奖励体系。而创新是否成功,往往要经过数年的考验才能被衡量。因此,短期和长期的评估体系应同时具备,同时到位。

（5）员工的主动性与合作精神。

迅速采取行动,富有主人翁精神,员工之间充分沟通,具有良好的团队合作精神。典型例子是某医疗器械公司。他们有两条产品线,分别生产心脏复苏机和家庭医疗保健产品。以前,这两条产品线针对的客户一个是医院,一个是家庭,没有任何重合之处。后来这两条产品线的负责人经常在一起开会研究,对产品进行创新,心脏复苏机也逐渐走进许多家庭,从而实现了两条产品线的整合。

2.2 关于创新方法

创新方法是建立在认识规律基础上的创新心理、创新思维方法的技巧和手段,是实现创新的中介,是社会快速推出新技术、新产品的一种可用资源。

黑格尔说:"方法是任何事物所不能抗拒的、最高的、无限的力量。"自从人们意识到创新的重要作用后,在生活、学习、工作中不断地探索创新方法,积累创新经验,进行创新活动。如今,创新方法是一个企业能否长期生存的重要依据,创新方法是企业长盛不衰的精髓,对企业的生存与发展起着至关重要的作用。

国内外创新学家已经总结出 300 多种创新方法,其中常用的有 100 多种。

2.2.1 移植法

所谓移植法,是将某一事物或领域的原理、结构、功能、方法、材料等引用或移植到另一事物或领域中区,用以变革事物的创新方法。其实质是借用已有的创新成果进行新目标下的再创新,使已有的成果在新的条件下得以进一步延续、发挥和拓展。

1. 原理移植

将某种科学技术原理向新的研究领域类推或外延。虽然领域不同,但无论是理论还是技术,都会发现具有一些共同的基本原理。因此,可根据不同的要求和目的作移植创新。如磁被发现后,科学家就巧妙地将其应用到很多领域,创造了很多的发明,甚至连人们喝的水都能跟磁挂上了钩。

2. 方法移植

17世纪的笛卡尔是科学方法移植的先驱。他以高度的想象力,借助曲线上"点的运动"的想象,把代数方法移植于几何领域,使代数、几何融为一体而创立解析几何;美国阿波罗11号所使用的"月球轨道指令舱"与"登月舱"分离方法,移植于巨轮不能泊岸时用驳船靠岸的办法;现代企业把《孙子兵法》中的战略和战术用于商战,不断拓宽企业在市场上的规模和提高企业的知名度,等等,都是运用了方法移植。

3. 回采移植

许多被弃置不用的"陈旧"技术,只要赋予现代技术并加以改造,往往会导致新的创造。例如,帆船是古代船舶的标志,但又出现在20世纪80年代。而且它不仅应用于航海领域,更加令人惊奇的是该种原理与技术竟然进入了太空领域,前不久出现的"太空光帆"就是这样一种"技术回采"的成果。

4. 功能移植

功能移植是把诸如激光技术、超声波技术、超导技术、光纤技术、生物工程技术以及其他信息、控制、材料、动力等一系列通用技术所具有的技术功能,以某种形式应用于其他领域。如采用液压技术便可较好地解决远距离传动的问题,且简化机构并操作方便;电子计算机的应用则使机械加工程序化、自动化。

5. 结构移植

结构移植是将某种事物的结构形式或特征向另一事物移植,以开发出新的产品、发挥新的作用的创新方法。掌上电脑就是移植于手机的设计,而智能手机又移植于电脑。穿戴式"士兵骨骼"则移植于人体骨骼。

2.2.2 头脑风暴法

头脑风暴法也叫智力激励法、集思广益法、BS法、畅谈会法等,是由美国创造学家A. F. 奥斯本于1939年首次提出、1953年正式发表的一种激发性思维的方法。此法经各国创造学研究者的实践和发展,至今已经形成了一个发明技法群,深受众多企业和组织的青睐。采用头脑风暴法组织群体决策时,要集中有关专家召开专题会议,主持者以明确的方式向所有参与者阐明问题,说明会议的规则,尽力创造出融洽轻松的会议气氛。主持人一般不发表意见,以免影响会议的自由气氛,由专家们"自由"提出尽可能多的方案。

1. 组织形式

小组人数一般为 10~15 人（课堂教学也可以班为单位），最好由不同专业或不同岗位者组成；时间一般为 20~60 分钟。

设主持人一名，主持人只主持会议，对设想不做评论。设记录员 1~2 人，要求认真将与会者每一设想不论好坏都完整地记录下来。

2. 会议类型

（1）设想开发型：这是为获取大量的设想、为课题寻找多种解题思路而召开的会议，因此，要求参与者要善于想象，语言表达能力要强。

（2）设想论证型：这是为将众多的设想归纳转换成实用型方案召开的会议。要求与会者善于归纳、善于分析判断。

3. 会前准备工作

（1）会议要明确主题。会议主题提前通报给与会人员，让与会者有一定准备。

（2）选好主持人。主持人要熟悉并掌握该技法的要点和操作要素，摸清主题现状和发展趋势。

（3）参与者要有一定的训练基础，懂得该会议提倡的规则和方法。

（4）会前可进行柔化训练，即对缺乏创新锻炼者进行打破常规思考、转变思维角度的训练活动，以减少思维惯性，从单调的紧张工作环境中解放出来，以饱满的创造热情投入激励设想活动。

4. 会议规则

为使与会者畅所欲言，互相启发和激励，达到较高效率，必须严格遵守下列规则：

（1）禁止批评和评论，也不要自谦。对别人提出的任何想法都不能批判、不得阻拦。即使自己认为是幼稚的、错误的，甚至是荒诞离奇的设想，也不得予以驳斥，同时也不允许自我批判，在心理上调动每一个与会者的积极性，彻底防止出现一些"扼杀性语句"和"自我扼杀语句"。诸如"这根本行不通""你这想法太陈旧了""这是不可能的""这不符合某某定律"以及"我提一个不成熟的看法""我有一个不一定行得通的想法"等语句，禁止在会议上出现。只有这样，与会者才可能在充分放松的心境下，在别人设想的激励下，集中全部精力开拓自己的思路。

（2）聚焦目标，追求设想数量，越多越好。在"头脑风暴"实施会上，只强制大家提设想，越多越好。会议以谋取设想的数量为目标。

（3）鼓励巧妙地利用和改善他人的设想，这是激励的关键所在。每个与会者都要从他人的设想中激励自己，从中得到启示，或补充他人的设想，或将他人的若干设想综合起来提出新的设想等。

（4）与会人员一律平等，各种设想全部记录下来。与会人员，不论是该方面的专家、员工，还是其他领域的学者，以及该领域的外行，一律平等；各种设想，不论大小，甚至是最荒诞的设想，记录人员也要认真地将其完整地记录下来。

（5）主张独立思考，不允许私下交谈，以免干扰别人思维。

（6）提倡自由发言，畅所欲言，任意思考。会议提倡自由奔放、随便思考、任意想象、尽量发挥，主意越新、越怪越好，因为它能启发人推导出好的观念。

（7）不强调个人的成绩，应以小组的整体利益为重，注意和理解别人的贡献，人人创造民主环境，不以多数人的意见阻碍个人新的观点的产生，激发个人追求更多、更好的主意。

5. 会议实施步骤

（1）会前准备：参与人、主持人和课题任务应落实，必要时可进行柔性训练。

（2）设想开发：由主持人公布会议主题并介绍与主题相关的参考情况；突破思维惯性，大胆进行联想；主持人控制好时间，力争在有限的时间内获得尽可能多的创意性设想。

（3）设想的分类与整理：一般分为实用型和幻想型两类。前者是指如今技术工艺可以实现的设想，后者指如今的技术工艺还不能完成的设想。

（4）完善实用型设想：对实用型设想，再用脑力激荡法去进行论证、进行二次开发，进一步扩大设想的实现范围。

（5）幻想型设想再开发：对幻想型设想，再用脑力激荡法进行开发，通过进一步开发，就有可能将创意的萌芽转化为成熟的实用型设想。这是头脑风暴法的一个关键步骤，也是该方法质量高低的明显标志。

6. 原则

头脑风暴法应遵守如下原则：

（1）庭外判决原则（延迟评判原则）。对各种意见、方案的评判必须放到最后阶段，此前不能对别人的意见提出批评和评价。认真对待任何一种设想，而不管其是否适当和可行。

（2）自由畅想原则。欢迎各抒己见，自由鸣放，创造一种自由、活跃的气氛，激发参与者提出各种荒诞的想法，使与会者思想放松，这是头脑风暴法的关键。

（3）以量求质原则。追求数量，意见越多，产生好意见的可能性越大，这是获得高质量创造性设想的条件。

（4）综合改善原则。探索取长补短和改进办法。除提出自己的意见外，鼓励参与者对他人已经提出的设想进行补充、改进和综合，强调相互启发、相互补充和相互完善，这是头脑风暴法能否成功的标准。

（5）突出求异创新，这是智力激励法的宗旨。

（6）限时限人原则。

2.2.3　5W1H 法

5W1H 分析法又称"六何"法，是一种思考方法，也可以说是一种创造技法。它是对选定的项目、工序或操作，都要从原因（何因）、对象（何事）、地点（何地）、时间（何时）、人员（何人）、方法（何法）六个方面提出问题进行思考。这种看似很可笑、很天真的问话和思考办法，可使思考的内容深化、科学化。目前，5W1H 法已广泛应用于改进工作、改善管理、技术开发、价值分析等方面。

1. 实施程序

首先,对某种现行的方法或现有的产品,从6个角度做检查提问,即为什么(Why)、做什么(What)、何人(Who)、何时(When)、何地(Where)、如何(How)。

其次,将发现的疑点、难点列出。

最后,讨论分析,寻找改进措施。

如果现行的方法或产品经此检查基本满意,则认为该方法或产品可取;若其中某些点的答复有问题,则就在这些方面加以改进;要是某方面有独到的优点,则应借此扩大产品的效用。

5W1H法视问题的性质不同,设问检查的内容也不同。例如:

① 为什么(Why):为什么发光?为什么要做成这个形状?为什么不用机械代替人力?为什么产品制造的环节这么多?为什么要这么做?

② 做什么(What):条件是什么?目的是什么?重点是什么?功能是什么?规范是什么?要素是什么?

③ 谁(Who):谁来办合适?谁能做?谁不宜加入?谁是顾客?谁支持?谁来决策?忽略了谁?

④ 何时(When):何时完成?何时安装?何时销售?何时产量最高?何时最切时宜?需要几天为合适?

⑤ 何地(Where):何地最适宜种植?何处做才最经济?从何处去买?卖到什么地方?安装在哪里最恰当?何地有资源?

⑥ 怎样(How):怎样做最省力?怎样做最快?怎样效率最高?怎样改进?怎样避免失败?怎样求发展?怎样扩大销路?怎样改善外观?怎样方便使用?

对于最后一问How,有时可扩展为两个问题:怎样(How to)与多少(How much),此即5W2H法。

⑦ 多少(How much):功能如何?效果如何?利弊如何?安全性如何?销售额如何?成本多少?

2. 应用示例

(1) 管理方面的应用。

某航空公司在机场候机室二楼设小卖部,生意相当清淡。公司经理用5W1H法检查问题何在,结果发现在Who、Where及When三方面存在问题。

① 谁是顾客?机场小卖部应当把入境的旅客当主顾才对,而这些客人不需要上二楼。在二楼逗留的大部分是送客或接客的人,他们完全可以在市内大市场里挑肥拣瘦,不必到机场来买东西。

② 小卖部设置在何处?原来旅客出入境的路线,都是经海关检查后,直接从一楼左侧走了,根本不需要走二楼。小卖部的位置没有设在旅客的必经之路。

③ 何时购物?出境旅客只有当行李到海关检查交付航空公司后,才有闲情光顾小卖

部。而原来机场安排旅客上机前才能将行李交运,这样就从时间限制了旅客。

由此可见,小卖部生意不佳的原因是:未把旅客当主顾;小卖部的位置偏离了旅客的必经之路;旅客没有购物时间。

针对这三点,研究改进措施,以顾客为主顾,调整海关检查路线和行李交付时间。此后,小卖部生意兴隆。

(2) 应用示例。

下面以人工养殖珍珠技术为例加以说明。

刚开始人工养殖珍珠时,贝的成珠率低,且容易死掉。应用5W1H法可以将问题缩小到几个方面,方便分别研究和解决。

① What:放什么东西贝不容易死掉?放砂子不行,改用裹着贝肉的贝壳碎粒行否?

② When:什么季节在贝里放东西最容易成功?贝长到多大时适宜殖珠?一天中的什么时辰做最有利?

③ Where:殖贝的位置选何处为好?

④ How to:如何使贝开口?放进异物后如何养护?

针对每一问题,拟定各种可行方案,分别试验鉴定后,找到最佳方法。

2.2.4 列举法

列举法是具体运用发散性思维来克服思维定式的一种创造技法。它可以帮助我们拓宽思路,打破思维的僵化与麻木。

列举法主要有缺点列举法和希望点列举法两种。

1. 缺点列举法

"金无足赤,人无完人。"任何一件产品都不可能十全十美,如果不断发现和挖掘事物的小缺点,然后用新的技术加以改革,就会创造出许多新的产品来。缺点列举法是一种改进型的创造技法。它通过全面地寻找创造对象目前所存在的具体缺点,并从对缺点的认识中开发创新的思路,从而消除或改进这些缺点。

(1) 实施方法。

① 会议法。

召开一次缺点列举会,会议由5~10人参加,会前由主管部门针对某项事物,选择一个需要改革的主题,让与会者围绕此主题尽量列举各种缺点,越多越好。另请一人将提出的缺点记录在一卡片上并编号,之后从中挑选出主要缺点,并针对这些缺点制订出切实可行的革新方案。一次会议的时间约1~2小时,会议的主题宜小不宜大。

② 用户调查法。

企业中改进新产品时使用缺点列举法可以与征求用户意见结合起来,通过销售、售后服务、意见卡等渠道广泛征集意见。用户提出的意见有时是产品设计人员所不易想到的。

③ 对照比较法。

将同类新产品集中在一起,从比较中找缺点,甚至对名牌新产品吹毛求疵,找到可以改进之处。用这种方法开发新产品起点高、步子大。

（2）实施步骤。

① 对象剖析。依据一定的原则把研究对象分解为若干个子系统,直至完成基本单元的组合。

② 缺点罗列。逐一列出各基本单元的各种不足之处。

③ 设想开发。针对已罗列出的各种缺点,逐一提出弥补和改进的设想。

④ 设想处理。

（3）应用示例:改进自行车雨衣。

① 胶布雨衣夏天闷热不透风。

② 塑料雨衣冬季变硬变脆容易坏。

③ 穿雨衣骑自行车上下车不方便。

④ 风雨大时,脸部淋雨使人睁不开眼,影响安全。

⑤ 雨衣下摆贴身,雨水顺此易弄湿裤腿与鞋。

⑥ 胶布色彩太单调,无装饰感等。

针对这些缺点可提出许多改进方案。如采用新材料使塑料雨衣不脆不硬;在雨帽上加一副防雨眼镜或眼罩;增加色彩,分别设计男、女、老、少不同式样的雨衣,等等。

2. 希望点列举法

希望点列举法是通过提出种种希望,经过分类、归纳、整理、确定发明目标的创造方法。这是一种积极的、主动型的创造技法,它是根据有需要、有愿望就会有创造的原理,主动去发现需要,寻找愿望,通过列举各方面的希望点来开展创造。

（1）实施方法。

与缺点列举法类似,希望点列举法的实施形式灵活多样,常用的有:

① 书面搜集法。

按事先拟定的目标,设计一种卡片,发动用户和本单位的职工,请他们提供各种想法。

② 会议法。

召开5~10人的小型会议约1~2小时,由主持人就革新项目或产品开发征集意见,激励与会者开动脑筋,互相启发,畅所欲言。

③ 访问谈话法。

派人直接走访用户或商店等,倾听各类希望性的建议与设想。

（2）实施步骤。

对采用以上方法收集到的各种意见和希望进行分析研究,并制订可行方案。具体程序为:

① 对现有的某个事物提出希望。希望一般来自于两个方面:事物本身存在不足,希望改进;人们的需求变更,有新的要求。

② 评价所产生的希望,找出可行的设想。

③ 对可行性希望做具体研究,以制订方案、实施创造。

(3) 应用示例。

有人提出,希望发明一种"定时安眠药",在疲劳时可以让你安稳地休息片刻,然后定时醒来,继续工作,而且经常服用无副作用。这种设想是现有产品所不具备的,所以它常用于新产品的开发上。

2.2.5 原型启发法

原型启发就是通过与假设的事物具有相似形的东西,来启发人们解决新问题的途径,能够起启发作用的事物叫作原型。原型可以来源于生活、生产和实验。鱼的体形是创造船体的原型,飞鸟是世界上第一架飞机的原型,而中国古代的巧匠鲁班受到带齿小草伤人的原型启发发明了锯子,瓦特通过观察到水蒸气掀动壶盖的原型发明了蒸汽机。很多原型都可能有启发作用,如自然现象、日常用品、机器、示意图、文字描述、口头描述等都是常见的原型。由原型启发而得到的创造发明特别多。

实施方法:

(1) 资料的启发。

美国发明家威斯汀豪斯发明能控制整列火车的制动装置,就是从一本杂志上得到的启示。有篇文章介绍挖隧道时,驱动风钻的压缩空气是用橡皮管从 900 米以外的空气压缩机送来的,他受此启发,创造了气动刹车的装置。

(2) 技术的启发。

在修补沥青路面时,常常需要将原有的沥青烤软,但用红外线加热或烘烤方法均只对沥青路面表面有效,难以使内部软化。有人想到家用微波炉可将食品内部迅速加热,于是将此技术应用于筑路机上,取得了很好的效果。

(3) 生物的启发。

瑞士发明家乔治喜欢带着狗外出散步,有一次散步回家,发现自己裤腿上和狗身上都粘满了一种草籽。草籽粘在狗毛上很牢,要花一定功夫才能把草籽拉下来。乔治感到很奇怪,他运用了敏锐的观察力,用放大镜仔细观察这种草籽。终于发现,草籽的纤维与狗毛是交叉在一起的,他想,如果采用这两种形状的结构不就可以发明一个搭扣吗?从此,人们的生活中多了一个好帮手——乔治发明的尼龙搭扣。今天,我们穿的鞋有的就是用尼龙搭扣扣上的,背的书包有的也是用尼龙搭扣扣上的。

(4) 常识的启发。

骡马常患一种病,叫结症,主要是由于骡马吃进去的草料不消化,在肠子里结成块而引起的,死亡率很大,是兽医面临的一大难题。解放军兽医李留栓一次在家看见夫人打蛋,受到了启发:鸡蛋很难握破但极易击碎。有此创造了一种奇特的"撞击术"——用一只手深入肠道按住结粪,另一只手在腹腔外对准突然一击,粪即破碎。几年中,他们用这种方法治疗了两千多匹病马,无一死亡。

(5) 生活的启发。

美国工程师杜里埃认为,为保证内燃机有效地工作,必须使汽油和空气能够混合均匀,但总是找不到解决问题的方法。有一天,他在家看到妻子喷洒香水,突然灵光一闪,终于创造出了发动机的汽化器。

(6) 现象的启发。

一天,年轻的大夫勒内·雷奈克偶尔观看几个小孩子玩跷跷板。他们一上一下地玩腻了。于是有一个孩子把耳朵贴近木板的一端,另一个孩子就用钉子刮擦木板的另一端,这时木板一头传来清晰的刮擦声。雷奈克对这种传声现象感到很惊奇,于是牢牢记在心上,由此发明了一种最重要的医学仪器——听诊器。

(7) 原理的启发。

有人研究了西瓜皮能滑倒人的原理,发现这是西瓜皮受脚踩后压出了水分,减小摩擦而致,由此弄清了冰刀式滑冰鞋只能在冰上滑而不能在光滑的玻璃上滑的道理;又有人分析了香蕉皮滑倒人的原理,发现香蕉皮由几百个薄层构成,层与层之间可相对滑动,由此找到与香蕉皮有类似结构的二硫化钼,它具有良好的耐热性,为机械转动、滑动的润滑开创了一个新天地。

2.2.6 形态分析法

1. 形态分析法

美国加州理工学院的兹维基教授创造的形态分析法,就是一种根据形态学来分析事物的方法。其特点是把研究对象或问题,分为一些基本组成部分,然后对某一个基本组成部分单独进行处理,分别提供各种解决问题的办法或方案,最后形成解决整个问题的总方案。这时会有若干个总方案,因为是通过不同的组合关系而得到不同的总方案的。所有的总方案中的每一个是否可行,必须采用形态学方法进行分析。

(1) 形态分析法的组成。

茨维基把形态分析法分为五个组成部分:

① 明确地提出问题,并加以解释。

② 把问题分解成若干个基本组成部分,每个部分都有明确的定义,并且有其特性。

③ 建立一个包含所有基本组成部分的多维矩阵(形态模型),在这个矩阵中应包含所有可能的总的解决方案。

④ 检查这个矩阵中所有的总方案是否可行,并加以分析和评价。

⑤ 对各个可行的总方案进行比较,从中选出一个最佳的总方案。

此法最大的优点是对一项"未来技术"(即形态模型中的一个总方案)的可行性分析,不足的是当组合个数过多时,即总方案的个数太多时,第四步的可行性研究就比较困难。这种方法既可用来探索新技术,也可以估计出实现新技术的可能性,为探索未来描绘出一幅清晰的画面。

(2) 形态分析法的具体实施。

① 明确用此技法所要解决的问题(发明、设计)。

② 将要解决的问题,按重要功能等基本组成部分,列出有关的独立因素。

③ 详细列出各独立因素所含的要素。

④ 将各要素排列组合成创造性设想。

2. 应用示例

台湾有位学者运用形态分析法分析了中国历史上众多的爱情故事,发现这些故事虽然年代、地点和人物姓名各不相同,但有一个雷同的模式,即"书生落难、小姐搭救、后花园私订终身、应考及第、衣锦团圆"。此模式中独立可变的要素有书生、落难、小姐、搭救、后花园、私订终身、应考及第、衣锦团圆8个。而每个要素的形态分别是:

(1) 书生。

①旧式书生;②新式大学毕业生;③音乐家;④未成名的工程师;⑤画家;⑥中国书生;⑦外国书生;⑧老童生;⑨未成功的企业家;⑩到外国去的中国厨师;⑪青年科学家;⑫医生;⑬文学家;⑭女性书生。

(2) 落难。

①没有路费;②被冻风雪之中;③途遇强盗;④患病;⑤游泳遇险;⑥车祸;⑦画卖不出去;⑧工程受到意外损失;⑨未婚妻变心;⑩从事科学研究心身疲惫;⑪开演奏会无人光顾;⑫演奏时昏倒;⑬写完小说不能出版;⑭在国外洗盘子。

(3) 小姐。

①大家闺秀;②酒吧女郎;③高中女生;④大学女生;⑤校花;⑥歌星;⑦外国女郎;⑧航空小姐;⑨游泳女将;⑩网球女将;⑪女导游。

(4) 搭救。

①捐款;②示爱;③鼓励;④恳求爸爸给他安排职业;⑤跳入河中营救他;⑥长年看护病人;⑦帮他补课;⑧拜托有钱的叔叔给他开演奏会;⑨赞助留学费用。

(5) 后花园。

①东京;②台北;③伦敦;④咖啡馆;⑤书房;⑥邻家;⑦博物馆;⑧飞机上;⑨游泳场;⑩途中;⑪山中;⑫女郎家中;⑬河畔;⑭医院;⑮学校;⑯演奏大厅。

(6) 私订终身。

①接吻;②默许;③送信物;④郊游;⑤给予鼓励;⑥通信;⑦互相研讨音乐艺术;⑧男弹琴女唱歌;⑨讨论学术问题。

(7) 应考及第。

①旧时中状元;②中探花;③洋博士;④中国博士;⑤演奏会盛况空前;⑥一幅画被博物馆收藏了;⑦做生意发大财;⑧考取大学;⑨成名;⑩做官;⑪大病痊愈;⑫做出发明。

(8) 衣锦团圆。

①结婚;②他或她变了心;③死掉;④一个人远走高飞;⑤家人同意婚事;⑥母亲不同意婚事;⑦私奔;⑧没有结局;⑨长相思;⑩环球旅行结婚。

从上面这些要素及其可变性态可以推知,由这些形态可组合出4亿多个故事来。例如按(1)③—(2)④—(3)⑥—(4)⑥—(5)⑫—(6)⑤—(7)⑨—(8)⑨的组合选取,便可构造下述故事:一位小提琴手忽然患了严重的病症,精神几乎崩溃。他的女朋友,现在已是歌星的她日夜看护着他。在女郎家受到鼓励使他恢复练琴的勇气，终于在演奏会上一举成名。当他带着鲜花赶回女郎家时，伊人杳杳竟不知去向，空留下永恒的怀念。

如果将这一故事梗概再做些充实、修饰，就可成为一篇动人的小说。

2.2.7 仿生法

仿生法就是模仿生物"形""色""音""功能""结构"等，从而发明创造出新事物的方法。

自古以来，自然界就是人类发现各种科学技术原理及重大发明的源泉。生物界有着种类繁多的动植物及物质存在，它们在漫长的进化过程中，为了求得生存与发展，逐渐具备了适应自然界变化的本领。人类生活在自然界中，与周围的生物作"邻居"，这些生物各种各样的奇异本领，一直吸引着人们去想象和模仿，坚持不懈地向生物索取着技术原理。

仿生学的研究范围主要包括：信息仿生、控制仿生、力学仿生、化学仿生、能量仿生、原理仿生、技术仿生等。

1. 信息仿生

主要是通过研究、模拟生物的感觉（包括视觉、听觉、嗅觉、触觉）、智能以及信息储存、提取、传输等方面的机理，构思和研制新的信息系统。

仿生学家根据苍蝇嗅觉器的结构和功能，仿制成功一种十分奇特的小型气体分析仪。这种仪器的"探头"不是金属，而是活的苍蝇。就是把非常纤细的微电极插到苍蝇的嗅觉神经上，将引导出来的神经电信号经电子线路放大后，送给分析器；分析器一经发现气味物质的信号，便能发出警报。这种仪器已经被安装在宇宙飞船的座舱里，用来检测舱内气体的成分。

仿生学家仿照水母耳朵的结构和功能，设计了水母耳风暴预测仪，相当精确地模拟了水母感受次声波的器官。把这种仪器安装在舰船的前甲板上，当接收到风暴的次声波时，可令360°旋转的喇叭自行停止旋转，它所指的方向，就是风暴前进的方向；指示器上的读数即可告知风暴的强度。这种预测仪能提前15小时对风暴做出预报，对航海和渔业的安全都有重要意义。

2. 控制仿生

主要通过研究模拟生物的体内稳态（反馈调节）、运动控制、动物的定向与导航、生态系统的涨落及人机系统的功能原理，来构思和研制新的控制系统。例如，人们根据蜜蜂的复眼能够利用偏振光的原理导航，发明了用于航空和航海的非磁性"偏光天文罗盘"。这种罗盘对于不能使用磁罗盘的高纬度地区，显示出极大的优越性。

3. 力学仿生

主要通过研究并模仿生物体大体结构与精细结构的静力学性质，以及生物体各组成部分在体内相对运动和生物体在环境中运动的动力学性质，来建立相似的结构。例如，建筑上模仿贝壳修造的大跨度薄壳建筑，模仿股骨结构建造的支柱，既消除应力特别集中的区域,又可用最少的建材承受最大的载荷。军事上模仿海豚皮肤的沟槽结构,把人工海豚皮包敷在船舰外壳上,可减少航行湍流,提高航速。

4. 化学仿生

主要通过研究模拟生物酶的催化作用、生物的化学合成、能量转换等,来构思高效催化剂等化学产品、化学工艺以及新材料、新能源等。

早在20世纪40年代,人们根据对萤火虫的研究,创造了冷光灯,使人类的照明光源发生了很大变化。近年来,科学家先是从萤火虫的发光器中分离出了纯荧光素,后来又分离出了荧光酶,接着又用化学方法人工合成了荧光素。由荧光素、荧光酶、ATP(三磷酸腺苷)和水混合而成的生物光源,可在充满爆炸性瓦斯的矿井中当闪光灯。由于这种光没有电源,不会产生磁场,因而可以在生物光源的照明下,做清除磁性水雷等工作。

在搞清森林害虫舞毒蛾性引诱激素的化学结构后,制造出了一种类似有机化合物,在田间捕虫笼中用千万分之一微克,便可诱杀雄虫。

5. 能量仿生

能量仿生是研究与模仿生物电器官生物发光、肌肉直接把化学能转换成机械能等生物体中的能量转换过程。

仿生学家们经过对电鱼的解剖研究,发现在电鱼体内有一种奇特的发电器官。这些发电器是由许多叫电板或电盘的半透明的盘形细胞构成的。由于电鱼的种类不同,所以发电器的形状、位置、电板数都不一样。电鳗的发电器呈棱形,位于尾部脊椎两侧的肌肉中;电鳐的发电器形似扁平的肾脏,排列在身体中线两侧,共有200万块电板;电鲶的发电器起源于某种腺体,位于皮肤与肌肉之间,约有500万块电板。单个电板产生的电压很微弱,但由于电板很多,产生的电压就很大了。电鱼这种非凡的本领,引起了人们极大的兴趣。19世纪初,意大利物理学家伏特,以电鱼发电器官为模型,设计出世界上最早的伏特电池。因为这种电池是根据电鱼的天然发电器设计的,所以把它叫作"人造电器官"。

6. 原理仿生

俄国科学院动物研究所研究了地球上许多动物的运动原理后,模仿其运动原理设计研制了各种新颖的交通工具:按蜘蛛的爬行原理设计了军用越野车;根据蛇的爬行原理设计并改善了履带车的噪声;利用企鹅奔跑的原理设计了雪地汽车;甚至还准备参照袋鼠的运动方式来设计一种可以超越障碍的越野车。

【思考题】

1. 日常生活中哪件物品是可以优化的?如何优化?
2. 运用原型启发法创造或创新一种新的产品。

第三讲　创业与创业者

如果事业的成功是我们的理想彼岸,那么我们即将开始的创业过程就是在茫茫波涛中建造大桥的过程。每一根桥桩必须定位精确,每一根钢筋必须焊接可靠,每一次水泥砼必须灌注结实,每一段桥梁必须安装精准……只要任何一处或任何一时出现失误,那么,这个彼岸将永远无法达到,即使达到,也必将让您付出极大的代价!

渴望着创业的同学们,请认真地走好每一步,认真审视自己的任何一个决定。细节决定成败,这是一个颠扑不破的真理!

3.1　关于创业

21世纪,创业成了一个神奇的字眼,曾几何时,令大学校园里的青年学子意气风发,跃跃欲试。但一旦"下海",则很少有人能够成功"畅游"的,所以长时间以来,谈论其概念者多,付之于行动者少。创业是每个大学毕业生的梦,只是有的敢于行动已经出发在路上,而有的只停留在口头的计划上而没有实施。创业,没有想象中那么复杂,也没有预想中那么简单,只要了解清楚创业,正确认识创业,做好创业的各种准备,大学生的创业梦想是完全可以顺利实现的。

某学院机电一体化专业毕业的张某,一心想要自己当老板。于是毕业后盲目创业,学着别人贩卖蔬菜、水果、服装甚至女孩饰品,几经波折,不仅没有干成一件事,反而把父母给他的启动资金全给折腾完了。后来在学长的点拨下,他请教老师做了一个创业资源分析。经过分析,他发现自己最大的长处还是所学的专业。于是,他开了一家小型的汽车修理店,感到一下子有了光明的前景。

创业并不是一件容易的事,除了付出艰辛和努力外,还需要对自己的优势和不足有一个正确的评价,只有这样,才能走向成功。张某的专业是机电一体化,汽车修理与他的专业非常相关,在认识到自己的长处后,他及时调整方向,最终获得了成功。

3.1.1　创业的概念

创业有狭义和广义之分。狭义的创业概念为"创建一个新企业的过程"。广义的创业概念是"通过企业创造事业的过程",包括创建新企业和企业内部创业两方面。这里的组织形式泛指营利性组织和非营利性组织,组织机构一般是私营的,也不排斥官方的;既包括大型的事业,也包括小规模的事业。可见,创业是创业者通过发现和识别商业机会,成立活动组织,利用各种资源,提供产品和服务,以创造价值的行为过程。

创业具有较高的风险,但也有较高的回报。大学生创业主要由在校大学生和大学毕业生群体组成。大学生属于高级知识人群,并且经过多年的教育,肩上背负着社会的种种期望,所以他们有强烈的创业欲望。特别是随着就业压力的越来越大,"史上最难就业季"的不断到来,不少毕业生把目光从"当员工"转向了"当老板"。然而,目前我国大学生自主创业的实际人数并不多,来自北京市人力资源和社会保障局创业指导中心的数字显示,2013年北京地区高校毕业生有22.9万人,有意从事自主创业的人员约占毕业生总数的10%左右,而最终能选择自主创业的仅为1%。有关专家和业内人士表示,大学生创业素质的缺乏以及相关配套支持的不完善是导致大学生创业难的主要原因。

3.1.2 创业的意义

随着高等教育从"精英教育"向"大众教育"的转变,高校毕业生就业形势日益严峻,在"史上最难就业季"的社会大背景下,大学毕业生创业具有很重要的现实意义。

1. 有利于缓解大学生就业压力

大学生的创业有利于解决大学生就业难的问题。创业能力是一个人在创业实践活动中的自我生存、自我发展的能力。一个创业能力很强的大学毕业生不但不会成为社会的就业压力,相反还能通过自主创业活动来增加就业岗位,以缓解社会的就业压力。为此,国家各级党政部门纷纷把"鼓励和支持高校毕业生自主创业"作为化解当前社会就业难的主要政策之一。

2. 有利于大学生自我价值的实现

大学毕业生通过自主创业,可以把自己的兴趣与职业紧密结合,做自己最感兴趣、最愿意做和自己认为最值得做的事情,在五彩缤纷的社会舞台中大显身手,最大限度地发挥自己的才能,并获得合理的报酬。当前社会鼓励大学生创业,虽然是从化解就业难的角度出发,但从大学生自身来说,其创业的主要原动力则在于谋求自我价值的实现。而只有提高大学生创业的比例,整个社会才能形成创业的风气,才能建立"价值回报"的社会新秩序。

3. 有利于大学生自身素质的提高

我国高校扩招以后,伴随着就业压力,大学生素质与我国高等教育的水平一直被人们诟病。在提高大学教育管理水平与大学生素质的各类探索实践中,大学生创业无疑是最经济、最有效的办法之一。通过创业实践,大学生可以充分调动自己的主观能动性,改变自身就业心态,自主学习,独立思考,并学会自我调节与控制。也只有这样,大学生创业才能成功。对于一个能自我学习,懂得如何管理自己的时间与财务,善于拓展人脉关系,并能够主动调适工作心态,积极适应社会的大学生,其就业将不存在任何问题。

4. 有利于培养大学生的创新精神

创新是一个民族的灵魂,是一个国家兴旺发达的不竭动力。青年大学生作为中国最具活力的群体,如果失去了创造的冲动和欲望,那么中华民族最终将失去发展的动力。大学生的创业活动,有利于培养他们勇于开拓创新的精神,把就业压力转化为创业动力,培养出越来越多的各行各业的创业者。美国作为世界最发达的国家,其大学生的创业比例一直在20%以上。美国前总统里根曾说:一个国家最珍贵的精神遗产就是创新,这是国家强大与繁荣的根源。中国的未来在于大学生,中华民族的精神永恒则在于大学生旺盛的创造力与创新追求。

总之,大学生创业不仅可以促进知识成果向生产力的转变,推动社会财富的增加,同时也有利于大学生的长远发展。

3.1.3 创业的要素

在创业过程中,人才是相当重要的,由各种人才组成的一个创业团队决定着创业过程的失败或成功。创新决定企业的生命力,而人才决定企业的创新能力和水平。

人才、技术、资本与市场是构成创业的四大核心要素,四者中又以人才最为重要。一个成功的创业家需要熟悉各种人才、市场、财务和法律,并通过取得人才,成功地经营所创立的事业。

1. 人才

人才在创业的过程和今后的发展中都极为重要。认识、发现并利用人才是创业者进行创业的关键环节。现代风险资本的奠基人乔治·多里奥认为:"宁可考虑向有二流主意的一流人物投资,绝不向有一流主意的二流人物投资。"确实,不是一个拥有技术的科学家或工程师就能够创业成功。创业,不仅需要好的技术,更需要其他素质与能力。因此,创业者及合作伙伴们的素质与能力是创业成功的第一要素。这不仅要求每个成员都拥有超强的能力,而且要求各成员之间能够形成能力互补、拥有共同愿景和价值观的和谐团队,然后通过相互信任、自觉合作、积极努力,才能实现创业目标。

2. 技术

技术是将知识运用到实践中的手段、途径、工具或方法。企业之所以存在,是因为社会的需要。而社会需要的技术,并不完全等同于科学家眼中的科学技术。社会需要的技术既有建立在科学基础上的技术,又必须是能够满足社会实际需要的技术。因此,仅有技术水平上的高技术,并不一定能够创业成功。如果选择的技术虽然符合实际,在创业之初显得非常火爆,但这样的技术已趋于普适的技术,很快就会度过技术的生命周期。所以,应该以市场需要为选择技术的中心,比较适宜的选择是:在市场中已经显现出应用前景,但还没有应用,或是技术在市场上刚刚出现,即技术只需超前于市场半步。总之,技术应考虑是否有独特性、创新性,是否有竞争力,是否能带来高利润,他人仿效的难易程度等。

3. 资本

从创业的角度来看,创业资本是创业的关键要素。台湾地区一家企业咨询公司总结了近千家创业企业失败的原因,创业资金的匮乏是重要的原因之一。正如俗话所说的那样:不是有钱就有了一切,但是没有钱是万万不能的。无论多么好的技术或多么好的创意,没有资金都只能是空想。作为一个创业者,对于资金的把握应注意三点:一是资金的筹措;二是资金的运用;三是资金的分配。在这一过程中,必须注意到资金风险的存在,必须保证有足够的运作资金和风险保障金。

4. 市场

企业的存在是因为能够满足市场的需要,如果没有市场需求,那么,新创的企业就没有生存的价值,自然也就不能生存。市场是要在创业之前明确认定并充分考证的,比如:市场的容量、相同产品之间的竞争力、潜在的市场生长力、市场的持续发展力。例如,腾讯QQ开始只做即时通信市场,用心做了几年之后,当它把即时通信市场做得相当稳当以后,就开始涉足多个市场,比如拍拍网、QQ游戏、QQ空间、校园网等。市场是企业扩大发展的前提和保障。

3.1.4 创业的类型

不同行业、不同商业模式、不同创业时机都可能产生出不同的创业形态和创业轨迹。到底选择哪种创业类型呢?很多人有不同的选择,如有的人选择能赚钱的,有的人选择自己感兴趣的,有的人选择自己喜欢的。

上述这几种选择都对,但又都是不全面的。在众多创业家里,史玉柱可以说是一个找到了上述答案完美平衡点的奇人。他所从事的行业不止一个,甚至不止三五个,更令人佩服的是,这些行业都成功了。他先后做过软件、保健品、网游,后来还从事银行业和保健酒业。难道史玉柱对这些行业都了如指掌吗?事实还真是如此。仅凭兴趣和爱好加入创业大军的人不在少数,但他们很少去认真考量兴趣和市场之间的关系。舍弃兴趣固然是件值得遗憾的事情,但失去生活本身则会更加不堪。

所以,基于上述原因,对大学生而言,创业的类型可以从以下几个方面进行分类。

1. 按照创业技术即专业背景分类

(1) 专业型。依托专业知识为出发点进行创业,如管理咨询、会计师、出版商、电脑程序设计师、工程师、建筑师、教师、律师、公关等。这一类型好处就是与专业知识十分对口,在创业过程中人力成本方面投资较少。

(2) 创作型。以创作取胜的创业类型,如画家、歌手、作家、摄影师、雕刻家、工艺品制作者等。

(3) 商业型。如代理商、经纪人、直销等。

(4) 技术型。如厨师、园艺师、汽车维修师、收藏家等。

2. 按照创业主体分类

(1) 勤奋型。这类创业者依靠自身的勤劳而自食其力,如便利店、馒头店、网店等,雇员基本为自己或家人的小型企业。

(2) 智慧型。这类创业者依靠自身的知识和技能创业,如维修店、诊所、科技类公司等利用自身专业或专业技术创业。

（3）关系型。这类创业者依靠家族或者自己的自身关系，做大企业的小伙伴。如配件、包装、新品测试等经营业务单一而用户群体稳定的创业。

（4）机会型。这类创业者是发现了某个商业机会，为了体现自身价值而创业的，有时甚至舍弃原来优越的职业或职务而创业。

（5）冒险型。冒险型创业大有背水一战的气势，这类创业者勇于承担风险，为了实现梦想，可以义无反顾地投身到某个具有不确定因素的项目中进行创业活动。

3. 按照创业动机分类

（1）生存型。这类创业者以生产某种产品来满足顾客的需求。

（2）机会型。这类创业者以体现自身价值为目标而创业。

（3）主动型。这类创业者大多崇尚自由，自信独立，不愿受人约束，把创业视为一种生活方式。

（4）被动型。这类创业者大多出自外界条件的逼迫，不得已选择创业，但是由于没有退路，只能前进，往往可以取得很大成功。

（5）赚钱型。这类创业者的目标就是赚钱，同时喜欢做老板的感觉。

（6）变现型。这类创业者自身在某一领域拥有某种资源，通过利用这部分资源而创立企业，使其变成自己赚钱的生意。

3.1.5　创业的一般过程

创业，需要经历一个从无到有创建自己事业的过程，这期间，必须能够发现和评估新的市场机会，在此基础上选定创业项目、拟定创业计划、筹集创业资金、最后正式创办并管理新企业，这是创业要经历的一般过程。

1. 选定创业项目

对大量创业成功者的实例研究证明，一个新企业的诞生往往是伴随着一种灵感或创意而开始的，因此选定好的创业项目是创业成功的前提和基础。选择创业项目，不仅要对自身的兴趣、特长、实力进行全面客观的分析，而且要善于发现市场机会，把握未来发展趋势。

2. 拟定创业计划

选定创业项目是指决定创业"干什么"；拟定创业计划则是指决定创业"怎么干"。好的计划是创业成功的一半。只有拟出切实可行的创业计划，创业活动才能有的放矢，减少失误，提高创业成功的把握度。

3. 筹集创业资金

常言说，巧妇难为无米之炊。创业也是一样，必须有一定的资金，否则，创业活动就无法开展。但是，由于创业者一般都缺乏资金，因此，筹集创业启动资金就成为创业者必须解决的一个重要问题。

4. 办理创业的有关法律手续

投资创办企业必须按照有关法律法规要求,办理有关手续方能开业。其项目主要是办理工商登记注册手续、办理税务登记手续、办理银行开户手续等。

5. 实施与管理创业计划

创业者完成了前4个步骤的工作后,接下来就要按照拟定的创业计划要求,组织调配人、财、物等资源,实施创业计划并加强管理。如果说前4个步骤是创业活动的准备阶段,那么这一步骤就是创业活动的实施阶段。创业实施阶段的工作既是创业活动的重点,也是创业活动的难点。这一阶段的工作不仅要求创业者要有吃苦耐劳、百折不挠的精神,更要求创业者讲究工作方法、运用经营管理策略,方能实现创业目标。

3.1.6　大学生创业环境分析

十八届三中全会通过的《中共中央关于全面深化改革若干重大问题的决定》指出,要"健全促进就业创业体制机制"、"完善扶持创业的优惠政策,形成政府激励创业、社会支持创业、劳动者勇于创业新机制",并强调要"实行激励高校毕业生自主创业政策"。近年来,为鼓励大学生创业,国家陆续出台了一系列扶持政策,尤其在2015年3月,李克强总理把"大众创业、万众创新"写入政府工作报告后,有越来越多的大学生加入了自主创业的队伍。然而,相比欧美一些发达国家10%以上的创业率,我国高校毕业生的创业比例显然极不理想。

所谓创业环境,实际上就是创业活动的舞台。任何创业活动都是在一定的社会环境下进行的,在大学生迈向社会进入创业阶段的时候,呈现在他们面前的就是一个巨大的时空舞台。在这个舞台上,诸多事物和要素互动联系、碰撞,形成了一个面面俱到的现实环境系统,因此创业环境对大学生创业十分关键。现阶段大学生创业所面临的宏观环境和微观环境都十分复杂。因此,在大学生就业形势日益严峻的社会背景下,采取有效措施,为大学生创业营造良好的环境,对促进大学生创业并带动其就业具有十分重要的作用。

1. 宏观环境分析

(1) 金融政策,政府支持。

当前,我国一些地方政府解决这一问题的通常方法是专项资金扶持和贴息贷款,通过这种途径在短期内扶持多数创业人。政府为大学生自主创业提供各方面的保障,主要采用经济、行政以及法律的手段。例如,简化不必要程序;建立创业教育培训中心,免费为大学生提供项目风险评估和指导;尽快落实国家针对大学生创业的税收减免的相关优惠政策;大学生创办的企业被认定为青年就业见习基地的,就可享受有关补贴等。

(2) 创业培训,重视实践。

政府部门除在资金上支持大学生创业外,还通过学校等教育机构对大学生进行创业培训。培训内容包括申请贷款程序、创业者应具备的心理素质和基本的金融知识等。通过系列培训,使创业大学生能坚持理想,贯彻计划,取得最终的成功。学校环境方面,有:学校政策鼓励支持,形成创业文化;在学校建立配套科技园,加强创业教育,通过创业实践或比赛等多种形式,培养大学生创业能力;向大学生适度开放校内市场,以利于大学生创业实践,搭建创业服务平台。

(3) 宽容失败,鼓励创业。

对于大学生创业失败的,审查机构审查其非人为故意造成的,可以免除其所贷资金的利息,并可相应放长其还贷期限。对于希望重新创业并提交可行计划的,仍可在其未还清所欠贷款的情况下,再次提供其无担保贷款,以此营造宽容失败、鼓励创业的社会环境。大学生毕竟阅历浅、经验不足,即使失败了,在心理上也应有一定的承受能力,家人也要理解和包容他们。

2. 微观环境分析

微观环境分析,也就是与创业本身、与创业者有关的环境分析,这包括很多方面的内容,可以是创业过程的环境分析,也可以是创业条件的环境分析,在这里,重点讲述一下大学生作为创业者的SWOT环境分析。

(1) 优势。

① 接受新鲜事物快,甚至是潮流的引领者。

② 思维普遍活跃,不管敢不敢干,至少敢想。

③ 自信心较足,对认准的事情有激情去做。

④ 年纪轻,精力旺盛,故有"年轻是最大的资本"之说。

(2) 劣势。

① 缺乏社会经验和职业经历,尤其缺乏人际关系和商业网络。

② 缺乏真正有商业前景的创业项目,许多创业点子经不起市场的考验。

③ 缺乏商业信用,在校大学生信用档案与社会没有接轨,导致融资借贷困难重重。

④ 心理承受能力差,遇到挫折易放弃,有的创业者在前期感到创业艰难,没有尝试就轻易放弃了。

⑤ 整个社会文化和商业交往中往往不信任青年人,如俗话说的"嘴上没毛,办事不牢",这很不利于年轻人创业。

(3) 机遇。

现在国家政策鼓励大学生创业,学校也注重培养大学生的创业技能与创业素养,社会也开始逐步承认大学生创业,家庭也开始给予大学生一些创业的资金。大学生创业的环境在逐渐改善。

(4) 威胁。

人才竞争越来越激烈,大学生毕业走向社会的社会压力越来越大。虽然自己创业,但是市场竞争非常激烈,资金压力巨大。要想得到家长和社会的认可,更不容易。

大学生创业既有优势和机遇,又存在劣势和威胁。大学生在创业的同时要根据自己的特点,抓住机遇发挥优势,要找出具体的不足,制订方案,解决威胁与困难,从而实现自己的创业目标。

KAB、SYB

创业教育是素质教育的一个重要方面,是全面推进素质教育的重要突破口,也是创新教育模式的重大举措。近年来,我国诸多高校通过开展 KAB、SYB 等创业培训教育,着力培养学生的创新思维、专业和实践能力以及提高学生的创业精神和创业素质,有利于促进应试教育向素质教育的转变。

◇ KAB——大学生创业教育项目

KAB,英文全称"Know About Business",大学生创业教育项目,意思是"了解企业",是国际劳工组织为培养大学生的创业意识和创业能力而专门开发的教育项目,以在校大学生为主要对象,通过教授有关企业和创业的基本知识,帮助大学生树立企业家精神。该项目一般以选修课形式在大学开展,学生通过选修该课程可以获得相应的学分。KAB 课程一个很大的特点就是先让学员去体验,体验之后再回来讨论,而不是先学习若干理论知识。

通过开展 KAB 创业教育,可以帮助大学生正确认识企业和自己,了解供需关系和劳动力市场现状,树立正确的择业观和职业观,培养大学生的创业意识和敬业精神,做好就业、创业的心理准备和职业生涯规划。KAB 创业教育与高校职业指导部门密切合作,给大学生就业多提供一种选择。

在创业教育较为发达的国家,创业教育可分为创业启蒙教育、创业通识教育和创业专业教育三个不同的层次。国际劳工组织的创业教育课程体系中,KAB 项目与"创办和改善你的企业"项目(SIYB)、"扩大你的企业"项目(EYB)共同构成一个完整的创业培训体系。KAB 项目处于创业启蒙阶段,是创业教育的基础。创业启蒙教育要求学生对企业运营方式和特点有所了解,普及创业知识,增强创业意识,激发创业潜能。与此同时,培育创业文化,推动形成尊重创业的社会环境。

◇ SYB——创办你的企业

SYB 的全称是"Start Your Business",意为"创办你的企业",它是"创办和改善你的企业"(SIYB)系列培训教程的一个重要组成部分,由联合国国际劳工组织开发,为有愿望开办自己中小企业的创业者量身定制的培训项目。

SYB 是一套简明、通俗、易懂、实用的创业培训教材,已经在全球 80 多个国家广泛推行和使用。该培训课程总共分为两大部分:第一部分是创业意识培训,共两步;第二部分是创业计划培训,共八步。

第 1 步 将你作为创业者来评价(即创业适应性分析);

第 2 步 为自己建立一个好的企业构思(即创业项目的构思和创业项目的选择);

第 3 步 评估你的市场(即产品、客户及竞争对手的分析);

第4步　了解企业的人员组织(即经营上的人员安排);
第5步　选择一种企业法律形态(即申办何种经营许可);
第6步　了解法律环境和你的责任(即创业方面的法律法规,创业对你意味着何种法律风险和法律责任);
第7步　预测启动资金需求;
第8步　制订利润计划(包括成本效益分析);
第9步　判断你的企业能否生存(包括创业项目的可行性分析,创业计划书的草拟);
第10步　开办企业(介绍开办企业的实际程序和步骤)。

3.2　关于创业者

根据麦可思对江苏省2014届大学毕业生的调查结果,2014届大学毕业生自主创业的比例为2.8%,与全国平均水平持平。其中,高职高专毕业生自主创业的比例为3.9%,本科生自主创业的比例为1.7%,主要动机是"理想就是成为创业者",其比例占了创业者总人数的46%,"有好的创业项目"占25%,"未找到合适的工作"占11%。

根据调查结果表明,自主创业依然还没有成为大学毕业生的主要选择。自主创业因门槛高,不能成为主流的选择。因此,我们需要更多的理性思考,不可盲从身边的潮流。

大学生创业者是一批对收入有更高期待的人群,而通过创业,他们的收入确实高于受雇的同届毕业生。

总体而言,年轻的创业者们更多是以一种积极的心态开始创业,他们做出这样的选择往往是出于遵循自己的梦想或是把握身边的机遇,自主创业的毕业生们有着强大的内在动力。

虽然创业的收入高于其他职业选择,但创业依然没有成为毕业生的工作首选。由此,你可以得到对创业的一个初步认识:这是一条属于少数人的路,但是从收入的角度来看这似乎也是一个回报更丰厚的就业选择。那么,什么样的人真正适合创业? 什么样的专业和行业里创业机会更多? 创业中的最大风险是什么?

其实,创业者强大的内在动力,并不是任何人都具有的,创业是一个异常艰苦的过程,需要付出更多的努力和汗水,强大的信念更是创业者必不可少的精神支撑。因此在决定是否创业之前,你必须要了解自己的能力素质是否真的适合创业,切不可仅凭一时兴起盲目地加入创业的潮流中。

3.2.1　创业者的素养要求

创业者的素养,是指在创业者的主观世界中,那些具有开创性的思想、观念、个性、意志、作风和品质等。而其显性表征是许多人都会流露出想要创业的意愿。在互联网上,以"创业"为关键词,在0.0001秒内就能搜索出数千万条信息。据媒体调查显示,在北京、上海、广州、成都、西安6座城市中,18~34岁城市青年中有16.6%已经有过或正在进行自主创业,48.3%的青年有自主创业想法,正在等待合适的机会,两者合计高达60%以上。具体来说,大学生创业素养的内涵主要包括以下几点。

1. 远大理想——兴奋源泉

每一个成功的创业者都是一个绝对的梦想家。比尔·盖茨在创业之初的梦想就是让每个家庭都能用上互联网;飞机的发明源于莱特兄弟"人类也能在天空中像鸟一样飞翔"的梦想……历史上每一个伟大的企业都是起源于创业者的一个伟大的梦想。如果你想创业,就一定要先给自己确定一个具有强烈吸引力的大梦想、大目标,这个梦想一定要能让你兴奋。

20岁时,戴比·菲尔兹(Debbi Fields)几乎一无所有。作为一个年轻的家庭主妇,她毫无商业经验,但她拥有绝佳的巧克力甜饼配方,并梦想全世界的人都能分享到。

1977年,菲尔兹开设了自己第一家店(Mrs. Field's),尽管很多人认为她仅靠卖甜饼无法将业务维持下去。菲尔兹的果断决定和雄心壮志使得小小甜饼店变成了一家大公司,600多个销售点遍布美国等十多个国家。

2. 坚强意志——成功保障

坚强的意志包括了坚持、专注以及克制诱惑的能力。很多实例证明,创业者不断坚持的精神能够解决任何问题。在管理学中有这样一句名言:"创业途中如果有今天、明天、后天,大多数人往往都死在了明天晚上,而后天,太阳才会出来。"这是一种不幸和悲哀,因此,只要创业者坚持的方向是符合历史发展规律的,对人们有益的方向,坚持下去就一定会有不错的结果。拥有坚强的意志,是创业者获得成功的有力保障。

软银的创始人孙正义在一次获奖的时候哭着说道:"我突然想起小时候,坐在两轮拖车上,车上黏糊糊的,令人觉得很难受。如今已经去世的祖母当时经常拉着车,在我们家附近搜集残羹剩饭,作为家畜的饲料,因此车上总是滑滑的。她一路辛苦过来……我也辛苦过来了……但我不会因此而自满,我会继续努力挑战世界!"

3. 积极心态——发现机会

积极的心态是创业成功者必须具备的精神品质。毫无疑问,创业是一个机遇和挑战并存的过程,只有拥有积极的思维模式和人生态度,才能从事物的两面中取正弃负,发现更多机会。

亚马逊创始人杰夫·贝索斯(Jeff Bezos)非常清楚积极思考的能量。他以"每个挑战都是一次机会"为座右铭。事实上,贝索斯把一家很小的互联网创业公司发展成全球最大的书店。

亚马逊于1995年7月正式启动,两个月内就轻松实现每周2万美元的销售额。20世纪90年代末,互联网公司纷纷倒闭,亚马逊股价也从100美元降至6美元。雪上加霜的是,一些评论家预测,美国最大的书店巴诺(Barnes & Nobles)启动在线业务,这将彻底击垮亚马逊。紧要关头贝索斯挺身而出,向外界表达了乐观和信心,针对批评言论,他还一一列举了公司的积极因素,包括已经完成的和准备实施的。

贝索斯带领亚马逊不断壮大,出售从图书到衣服、玩具等各种商品。今天,亚马逊年度营收已超过百亿美元,这很大程度上要得益于贝索斯的积极思考。

4. 敢为气魄——必备品质

虽然创业的过程对于很多人来说是一个充满激情与喜悦的过程,但它也同样是一个充满风险、艰辛与坎坷的过程。从风险的角度来说,创业的过程实际就是一种不断挑战风险的过程,是一种风险与收益博弈的过程。真正的创业者不是要万无一失地去做事情,而是要去尽量规避风险获得高回报。所以,拥有敢为的气魄,是创业者必须具备的精神品质。

没有人能比维京集团(Virgin Group)创始人理查德·布兰森(Richard Branson)更理解"激情"一词的含义。布兰森的激情,从他对创建公司的强烈欲望中可窥一斑。始建于1970年的维京集团,旗下拥有超过200家公司,业务范围涵盖音乐、出版、移动电话,甚至太空旅行。布兰森曾打过一个比方,"生意就好像公共汽车,总会有下一班车过来。"

5. 诚信态度——精神基石

诚信是创业者精神的基石,也是创业者的立身之本。在创业者修炼领导艺术的所有原则中,诚信是绝对不能妥协的原则。市场经济是法制经济,更是信用经济、诚信经济。没有诚信的商业社会,将充满极大的道德风险,会显著抬高交易成本,造成社会资源的巨大浪费。

1985年,海尔从德国引进了世界一流的冰箱生产线。一年后,有用户反映海尔冰箱存在质量问题。海尔公司在给用户换货后,对全厂冰箱进行了检查,发现库存的76台冰箱虽然不影响冰箱的制冷功能,但外观有划痕。时任厂长的张瑞敏决定将这些冰箱当众砸毁,并提出"有缺陷的产品就是不合格产品"的观点,在社会上引起极大的震动。

6. 善于合作——精华所在

小富靠个人,大富靠团队。合作是创业者精神的精华。正如艾伯特·赫希曼所言:创业者在重大决策中实行集体行为而非个人行为。尽管伟大的创业者表面上常常是一个人的表演,但真正的创业者其实是擅长合作的,而且这种合作精神需要扩展到企业的每个员工。

京东商城董事局主席刘强东如是说:"如果你企业失败了,我相信一定是团队的失败。如果你企业成功了,也一定是拥有一支优秀的团队。柯达为什么失败了?那是柯达的管理团队没有跟上时代变化,不是显像的技术落后了。世界上发明第一台数码相机的是柯达,只是它不敢变化,团队出了问题,导致了它现在已经倒闭的惨状。今天我相信几乎所有的民营企业,没有官二代、没有富二代、没有特殊技术的企业,团队成为你成功唯一的理由,如果失败的话,也一定是因为你的团队,不要找任何借口。"

7. 承担责任——甘于奉献

伟大的创业者不仅仅完全为了实现个人的财富梦想而创业,而且包括帮助普通人实现自己的梦想,创业精神中也包括创业者必须承担社会责任并且拥有一种甘于奉献的精神。一个人创业所做的事业,应该把实现社会价值和赚取阳光财富结合起来,成功的创业者应该是一个有社会责任感的人。

玫琳凯·艾施女士(Mary Kay Ash)很早以前为一个家用产品公司做销售,虽然25年间她的销售业绩一直名列前茅,但是由于性别歧视,艾施始终无法在晋升和加薪时获得和男同事一样的待遇。艾施发誓要改变这样的状况,于1963年她用5000美元创办了玫琳凯公司。她创建的玫琳凯(Mary Kay Cosmetics)品牌,帮助了超过50万名女性开创了自己的事业。

艾施以具有强大驱动力和富于灵感的领导风格闻名,她创办公司的态度是"你能做到!"她甚至会用凯迪拉克轿车奖给顶尖的销售者。由于其强大的领导力技巧,艾施被认为是近35年来最具影响力的25位商业领袖之一,而玫琳凯也被评为美国最适合工作的企业之一。

8. 超强适应——精神力量

成功的创业者一定要有超强的适应性,不但能够适应艰苦的生活,也同样要能够适应成功与富足,特别是在很多暂时取得阶段性成功的时候,一定不能被胜利冲昏头脑,只有迅速适应新的环境,将自己及企业的状态调整到符合新情况的状态,才能使企业一直走正确的道路,这也是一个成功创业者必须具备的精神力量。

Google创办人谢尔盖·布林(Sergey Brin)和拉里·佩奇(Larry Page)更进一步,他们不仅对变化及时反应,还引领发展方向。凭借众多新创意,谷歌不断引领互联网发展,将人们的所见所为提升到一个前所未有的新境界。拥有这种先锋精神,也无怪乎谷歌能跻身最强大的网络公司行列。

3.2.2 创业者素养提升途径

"如果你问我有没有创业的黄金年龄的话,从那些最吸引我们的申请来看,我认为很可能是25岁左右。"保罗·格雷厄姆在2006年10月的一篇文章中这样写道。不过,如果等得太久,那么本来前途光明的创业者也会变得束手束脚。那些有创业潜力的人很可能在30岁出头时就有了孩子和贷款,因此,相比25岁的时候,他们的创业能力也早已大不如前。"等到32岁,他们或许会成为更优秀的程序员,但也要承担更高的生活成本。"格雷厄姆写道。25岁的人可以说占尽了最大的优势,他们拥有名为"精力、贫穷、无根、同窗和无知"的武器。许多成功的创业者在回望自己的成功之路时也往往感叹:一无所有的时候往往是创业能力的奠基之时。随着时间的推移,创业者不仅要注意防止自身能力素质的衰退,而且要不断地提升自己的能力素质。

1. 创业技术的更新

对学生而言,创业技术主要来源于大学的专业背景,进入社会以后则依靠持续的学习、自我完善和提升。如果要做一名成功的创业者,持续的学习显然是必要的。而且,需要拿出像科学家钻研技术一般的专注和坚持。首先,你可以从工作中学习专业知识(on job learning)。实际上,大多数实用技术均来自于工作。其次,就是偷经学义。很多创业家在立稳脚跟之后,还在不断地接受培训,MBA、EMBA由此应运而生。最后,和有技术的人合伙。要像科学家那样对自己所从事的专业拥有足够的掌控力，要能够跟得上时代的技术更迭。

其实，只要大家在工作过程中肯动脑子，并时刻注重把握工作经历中的各个细节，敢于将市场需求和大胆设想结合起来，这就是一个技术的更新过程，相伴相生的就是商机。实际上，在创业过程中遇到的各种问题，往往就是一个新机会的前奏，解决了这个问题，就会向前迈进一大步。

2. 创业经验的累积

在很多行业都有这样一个现象，就是行业里的创业者们有很多都是在原来企业工作多年，然后再跳槽出来单干的，结果这个行业的CEO们原来都是上下级关系，或者是同事关系。还有一种显而易见的商业现象是，一条街上往往聚集着一个行当，而家家户户的生意都还过得去，并不会因为竞争过于激烈而生意很差。为什么他们没有进入别的行业去创业？为什么同一行业的人喜欢聚集在一起做生意？原因就在于创业经验的积累，他们已经掌握了本行业的资源，无论原料、渠道还是客户，又何必舍近求远呢？

创业经验的积累主要来源于三个方面：没有经验，有人教最好；没有人教自己学；学不到，花钱请有经验的人。

投入所要从事的行业中去是学习经验最好的办法，而学习某个行业的经验的捷径就是从事销售工作，从业务员干起。有的人怕吃苦、怕拒绝，抹不下脸做销售。而销售工作包括了一个行业的所有环节，如沟通技巧、产品特性、客户关系管理等。很多创业家都是做销售出身就是这个道理。

另外，经验一定是积累得来的。现实商业环境也是如此，很多学历不高的人恰恰成了商业上的佼佼者。这就是说，经商是一种最艰苦最实用的教育。对"一穷二白"的年轻人而言，经验更加重要。因为每一个创业的环节都很可能成为我们的"短板"而限制我们的公司发展壮大。

3.2.3 创业者的三种关键能力

1. 人脉经营能力

赵本山不仅是一个表演艺术家，他更是一名成功的商人。从"乡村爱情"到"本山快乐营"，手下成为明星大腕的弟子有许多，赵本山曾对他的徒弟说过这样的话："在娱乐圈里，不看你有多少钱，而是看谁带你玩。"人际关系并不是中国的特殊国情，全世界都一样，就连美国也是如此，贾斯汀·比伯就是由男星亚瑟一手捧红的。如果你家族里有经商、做企业的，你就能体会到，很多时候事情能否成功的关键不在于利益，而在于立场，也就是关系。

（1）人脉的类型。

经常看真人秀节目的人就会发现，大部分被淘汰选手离开现场时的感言是："在××节目的这段时间真的很愉快，在这里认识了许多朋友。"当然，他们不一定都非常清楚认识这些人意味着什么，然而认识许多朋友显然意味着更多的可能性。

① 血缘、亲属关系。血缘关系可以说是人际关系的根据地。由于它的独一无二性、不可复制性以及发展受限的性质，这种关系是很坚固的。在中国的传统伦理中，这种社会关系的帮助甚至是义务的和不可推卸的。在创业过程中，来自父母的帮助往往是最大的；其次是爱人，他们不仅能给予你资金支持，还会同你共渡难关。但是，你要在血缘关系中谨记两条原则：第一，平时就要多走动，即使亲戚之间的帮忙也要互相给予，不能总是单方面的；第二，亲兄弟明算账，不要强人所难。绝不能把亲戚的帮助看作理所当然，一旦被拒就恼羞成怒，不要因为钱毁了亲情，得不偿失。

② 同学关系。同学关系在社会关系中的重要性是伴随着同学数量、层次、丰富度等的增长而变化的。同学关系的一大特点是其形成过程大多纯洁、真挚，带有理想主义的色彩。那时大家生活在一起，没有权力和金钱的斗争，彼此也不会有什么隔阂，特别是同桌、同寝室的感情更浓烈。不管任何人，都或多或少有着对学生时代的怀念。也正因为如此，毕业后的同学们会更珍惜那段情谊，有困难或者需要同学帮助时往往义不容辞。同学关系在创业中的作用就在于在资源上给予帮助和互补，在信息上及时沟通交流，在困难时还可以获得感情支持。

③ 业务、同事关系。这类关系是将来走上工作岗位后在工作过程中形成的人际关系。在同一个单位里，可以是你们的上级、平级，也可能是下级。而业务关系则可能是客户、供应商、竞争对手等。这两种人际关系有着共同的特点：他们和你身处同一行业，且活跃于商业第一线，本身就有许多资源优势，如客户、产品、信息、销售渠道、市场机会等。在你创业时这些资源将会提供有效的帮助。

（2）创业人脉评估。

不是每个创业家都有可以帮助自己的所谓"人脉"，但是没有人脉和不知道没有人脉完全是两码事。一般成功的创业家都会在创业前仔细评估自己有哪些优势及劣势，即使"人脉"是其劣势，他们也会仔细评估。以朋友关系为例，现在来试着做一个人脉评估，请回答以下问题：

① 你有几个你认为最好的朋友？
② 分别叫什么名字？
③ 有在商业上成功的么？
④ 都分别从事什么行业？
⑤ 有在行政机关工作的么？
⑥ 都分别在哪些部门？
⑦ 有在银行工作的么？
⑧ 如果你创业，他们能帮上你的忙吗？
⑨ 已经成功的朋友，能够辅导你创业么？

可能你会说，自己还是个学生，大多来自普通家庭，去哪找那么多优势关系呢？这就需要平时去建立人脉。若实在没有人脉关系，则将创业技术、经验发挥到极致，不然，总会需要人脉的帮助的。

（3）人脉的拓展。

人脉，其实是设计出来的。当然，在设计人脉之前，大家要在心里埋下一个拓展人脉的种子，而且人格魅力永远是拓展一切人际关系的前提，随时随地都有可能出现设计人脉的机会。

① 社交活动。

A. 聚会活动类。同学聚会、老乡聚会、欢迎新同事聚会、专业俱乐部甚至打麻将、网络游戏等，这些都是非常重要的聚会，而"你在做什么"是这类聚会的中心议题，大家会发现，人们因为各种各样的原因聚集在一起，如果你也是其中一员，那你和其他人就有共同点，就有发展关系的基础。参加此类聚会前，你可以准备自己的名片，拿好手机做好互留电话、互相关注对方微博、加QQ好友的准备。

B. 会议考察类。行业会议、部门间会议、外出考察、年会等，这些是拓展行业内人脉的重要途径。在一些品牌代理年会上，就经常有人参加完一个会议，就增加一个贸易产品的代理，可以说，此类社交活动蕴藏着大量直接而有效的商机。

C. 仪式庆典类。婚礼、寿宴、葬礼、开业典礼、店庆、节庆等。很多中国人为烦琐的中式礼节而烦恼，可这些令人恼火的仪式庆典却是商业人士大显身手的机会，中国人烦过节，但也喜欢过节。参加此类社交活动，首先在尊重庆典礼仪和主办方要求的前提下，要多和陌生人接触，当然，更要具备和陌生人打开话题的技巧与能力。此外，还要想好自己能为对方提供什么，让对方明白自己的价值，毕竟关系都是双方面的。还要注意，在各种社交场合中认识的人，事后都要适时地联系，否则等于没认识。

② 培训深造。

A. 商学院。饭统网的启动资金就是臧力在中欧国际工商学院就读期间获得的，还没毕业，他就得到了数名同学的支持，一毕业就开始了创业的历程。可以说，继续深造是提升人脉质量的一条捷径。

B. 培训。不同企业对员工培训的重视程度和系统性虽然有所不同，但几乎都会对员工进行短期或长期的培训，外出培训是一种主要方式，广袤的培训市场也就是这样形成的。这种培训班往往会通过各种活动为大家创造彼此认识的机会，如随机打乱座位、承办茶话会等。

③ 偶遇。

A. 乘坐交通工具。坐飞机、高铁、火车、汽车，甚至在公园木凳上的偶然一坐，都难以预料这样的行为会让你遇到谁，谁又能帮助我们什么。总之，不要刻意经营偶遇，但也不用拒绝巧合。

B. 演出比赛。音乐会、体育赛事、电影、演唱会、话剧，在长达数小时的观赏过程中，说不定你就能通过一个不期而遇的感动或震撼而产生共鸣，一个同道中人可能就此出现。

C. 网络。无论多么稀奇古怪的兴趣爱好、莫名其妙的标签，都能在网上找到一群兴趣近似的人。例如，QQ中许多人加入一两个以兴趣爱好作为连接点的群。以户外运动为例，很多户外运动爱好者都是通过网络认识，然后去共同完成对某一路线的挑战的。这种同甘共苦的经历对我们与陌生人建立稳固的关系大有裨益。

2. 财务管理能力

创业路艰难,谁都知道。但是有多少创业者认真思考过,什么是创业者要跨出的最重要一步。可以肯定地告诉大家,如果不懂财务知识,首先就在起点上落后了。创业过程中要与税务、工商、基金等打交道,说不定还要抵押、贷款。发展到一定阶段,不可避免地要与股票、扩张、上市等产生联系。需要掌握的财务管理能力主要包括以下五个方面的内容:一是筹集资金,为此要预测好资金的需要量并保证企业生产经营对资金的需求;二是投资管理,即负责企业投资并选择合适的投资项目;三是利润分配,即处理好利润分配问题,满足扩大再生产的要求;四是银行和保管,即对企业现金收入和支出、有价证券的买卖及其财务交易事项进行管理;五是信用和收款,包括制定信用政策,催收企业的应收账款等。

(1) 财务预测。

做财务预测的过程很简单:第一,估算各种费用和支出。例如,员工工资支出,房租、水电费、电脑、网络、办公设备费、广告推广费用。第二,要做收入预测表,越具体越容易,可以按月或年来做。第三,做现金流表。把第一步中的成本费用(人员工资、房租、基础设备费用等)都按月算出来,减掉第二步中的收入预测,预算就做完了。

做完预算后的数字一定会令你触目惊心,也许真的让你找到了一棵摇钱树,也许你会汗颜,那项目根本就没法做!

有些创业者做财务预测做着做着就"恼羞成怒"了:"做这些预算有什么意义啊?我要赶紧行动起来!"然而,合理的财务预测才是帮助我们制订和运行各种计划的最好工具。

① 从成本开始,而不是收入。

预测成本比收入简单得多。固定成本一般包括:租金、公共费用支出(水费、电费、天然气费等)、通信费、法律费、保险费、许可费、技术费、广告费、人员工资等;变动成本则包括已销售商品成本、材料和供应成本、包装成本、直接人工成本等。

另外,由于广告和营销成本总是超出预期,预计时应加倍计算这些成本;由于法律费、许可费用没有经验可参考,而且总是超出预期,可用三倍的费用进行预计;记录直接销售和客户服务的时间,将它们作为直接人工成本。

② 用保守和积极两种方式预测收入。

常常在保守的现实和积极的理想状态间起伏,这会让你动力十足,这种理想状态一直被称为"大胆的理想主义"。做财务预测时,你可以通过制订两套收入计划(一套积极、一套保守),这样你会迫使自己做出保守的假定,然后根据积极的计划再放宽其中一些假定。

例如,保守的收入计划可以采取如下假定:较低的价格点、两种营销渠道、销售人员在前三年并没有每年有两种新产品或服务推出。积极计划可以包括如下假定:基础产品的价格低,高端产品的价格高,三到四种营销渠道,以佣金制度支付两名销售人员的工资,第一年有一种新产品或服务推出,第二年和第三年可能有五种产品甚至更多产品推出。

③ 复核主要比率,确保计划可行。

在制定了积极的收入预测以后,一般就很容易忘掉成本。正确的做法是,在做好详细的预算后,每个月将实际收支与预算做对比,然后修改未来三个月的预算。如果能做到这点,就会盈利或者少亏;否则,可能全部亏掉。

(2) 资金筹措。

创业失败的主要原因永远不会是资金,所谓资金链断裂、房租上涨等因素,完全要归咎于经营不善。所以,如果你努力创业,却始终在资金筹措环节功败垂成,那只能说明你还需要好好磨炼自己的资金筹措能力。资本从来都是"嫌贫爱富"的主儿,在你最困难的时候,它不会出现,等你成功了,它们就蜂拥而至了。创业初期的财务风险只能自己承担。

① 自力更生。

自有资金、民间借贷、朋友拼凑是自己筹措创业资金的主要方式。这里需要说明的是,找亲朋好友借贷款不能远远超出自身偿还能力的数额,否则生意不成情意也就不在了,将来想东山再起也只能是痴人说梦。

② 银行贷款。

通过银行贷款是最为规范的融资手段,通常有创业贷款,抵押贷款,存单、国债等质押贷款和保证贷款四种形式。

A. 创业贷款。按照我国目前的相关政策,符合条件的借款人,根据个人的资源状况和偿还能力,最高可获得单笔 50 万元的贷款支持;对创业达一定规模的还可提出更高额度的贷款申请。

B. 抵押贷款。目前,银行对外办理多种个人贷款,只要抵押手续符合要求即可。需要注意的是,抵押贷款金额一般不会超过抵押物评估价的 70%。

C. 存单、国债等质押贷款。存单质押贷款的起点一般为 5000 元,每笔贷款不超过质押面额的 80%。通常情况下,到银行网点当天即可取得贷款。

D. 保证贷款。如果我们没有存单、国债,也没有保单,但我们的父母有一份稳定的收入,那么这也能成为绝好的信贷资源。这种贷款不用办理任何抵押、评估手续。如果我们有这样的亲属,可以以他的名义办理贷款,在准备好各种材料的情况下,当天即能获得创业资金。

③ 典当贷款。

"长期贷款找银行,短期筹资找典当",是不少初创企业顺利拿到贷款、突破企业发展瓶颈的真实体会。初创企业融资难,主要是企业资信不高导致担保抵押难。另外,抵押财产需要办理的财产评估、登记、保险、公证等复杂手续也常常令大家望而却步。典当贷款无须信用调查、他人担保等,只要有值钱的东西,很快就能获得资金。

④ 融资租赁。

融资租赁是指由出租方融通资金为承租方提供所需设备,具有融资、融物双重职能的租赁交易。简单来说,就是企业生产用的设备、设施等固定资产,大家可以不选择购买,而是找租赁公司购买,这样可以为企业节省一大笔固定资金支出。在这种方式下,企业的营业利润率必须超过借款利息率。

⑤ 风险投资。

风险投资是近年来越来越热的一个新词汇。风险投资往往是为有前途的高成长性企业准备的。它的获利方式是通过向新创企业提供股权资本，为其提供经营管理和咨询服务，以期在被投资企业发展成熟后，通过股权转让获取中长期资本增值收益。对大学生而言，如果想从风险投资家那里拿到资金，要特别注意的是做好项目包装（写好商业计划书、训练核心团队、做好财务预测等）。其中，商业计划书在风险投资中始终扮演着重要的角色，它是得到融资最有价值的工具。

（3）现金管理。

要把钱袋管好的关键在于"人"和"制度"，这一部分内容是测试我们能否成为真正创业者的关键指标，假创业者看到这里会头昏脑胀，真创业者则会醍醐灌顶。谨记：以下内容都是工具，是帮助大家把企业经营得更好的手段。

① 基本会计账簿。

会计账簿是以会计凭证为依据，对各项经济业务进行全面、连续系统地记录和核算的簿籍，是由专用的格式及以一定形式联结在一起的账页所组成。

A. 总分类账。总分类账就是按照总分类科目开设账页，对企业全部经济业务进行总分类登记，进行总分类核算和记录的账簿。

B. 明细分类账。明细分类账是根据总分类科目，按所属明细科目开设账页，对某一类经济业务进行分类登记，提供明细核算资料的账簿。

C. 现金日记账。每天结束，应计算当日的现金收入合计数、现金支出合计数，结出当天账面余额，并与实际库存额核对相符。

D. 银行存款日记账。由出纳人员根据银行收款凭证、付款凭证及所附的有关原始凭证，按照业务发生的先后顺序逐笔登记。每天结束，应计算银行存款收入合计、银行存款支出合计，并结出账面余额。

② 会计和出纳。

A. 会计。初创企业的会计工作主要有：进行日常会计核算的账务处理工作，填制和审核会计凭证，登记明细账和总账，负责编制财务报表以及税金的计算、申报等。

B. 出纳。初创企业的出纳工作主要有：日常收支业务的办理，包括现金收付、银行存款结算业务的办理，保管库存现金、各种有价证券、支票、结算凭证、空白收据和有关印章，发票的开具，工资发放；上述收支业务的账务核算。

③ 结算方式。

创业之初的企业合理选择银行结算方式，对加速资金周转、抑制贷款拖欠、促进企业发展具有重要意义。根据《票据法》《支付结算办法》规定，企业主要采用的银行结算办法包括：支票、银行汇票、银行承兑汇票、商业承兑汇票、银行本票、汇兑、委托收款、托收承付、信用卡和国内信用证。

A. 支票。支票由出票单位签发，出票单位开户银行为支票的付款人，手续简便，包括有现金支票，也可以提现；转账支票，可以转账；普通支票可以转账，可以提现，要求收妥抵用。

B. 银行汇票。由出票银行签发的,由其在见票时按照实际结算金额无条件付给收款人或者持票人的票据。银行汇票签发银行作为付款人,付款保证性强;代理付款人先付款,后清算资金,特别适用于交易额不确定的款项结算与异地采购之用。

C. 汇兑。汇兑是汇款时委托银行将款项汇往异地收款单位的一种结算方式。汇兑是企业、单位间款项结算的主要方式之一,通用性强,适用于异地结算,早已被广大企业、单位所接受。

3. 策划营销能力

营销大师科特勒说:"每一种品牌都应该在其选择的利益方面成为'第一名'。'第一名'的定位包括'最好的质量、最佳的服务、最好的设计、最安全的、最快的、最人性化的、最创新的、最可靠的、最著名的、价格最低的、价值最高的'。如果一家公司坚持不懈地反复强调某一定位,并且令人信服地进行传播,它就可能出名,并取得优势。"从这段话可以看出,产品品牌的建立过程是先定位再传播,传播的形式和方法是"反复强调某一定位"。

(1) 市场定位。

在市场分化的今天,任何一家商店和任何一种产品的目标客户都不可能是所有人,同时也不是每位顾客都能为大家带来价值。因此,没有必要、也不用在不会带来价值的顾客身上浪费太多的资金和人力。所以,一定要确定与筛选好目标顾客,裁减顾客就是裁减成本。下面以开一家服饰店为例,看一看市场定位的过程。

① 产品。

决定所卖服饰是男装还是女装?是知名品牌还是杂牌?是淑女还是少女服饰?是嘻哈、甜美、通勤还是街拍风格?一直追问下去,直至回答到自己再也答不上来为止。到那时,再仔细想想,自己真的要做这种产品吗?自己了解它吗?你确定你了解本地该产品的销售现状吗?你掌握它的流行趋势了吗?

② 价格。

恰当的价格策略是项目能否成功的关键,特别是对市场已相对成熟的产品而言。产品价格应制定得低到公众会有购买的愿望,同时又能赚到钱。可以通过访问亲朋好友、邻居搜集市场数据。下面几个问题,完全可以用在自己的产品或服务上:

A. 你打算买这种产品或服务吗?

B. 你愿意付多少钱?

C. 你想从哪里买?

除了市场数据之外,从竞争对手处调研也是一个制定价格策略的重要手段,这也是市场定位前期必须要采集的数据。这里有两类竞争者是要重点注意的对象。一是市场领导者,品类的领导品牌不管是作为其市场地位,还是它的市场策略与成功经验都值得我们关注;二是直接竞争者,这是指在同一个品类内处在同一个细分市场的品牌间的竞争对手,了解直接竞争者的主要目的是扬长避短,有利于采取更有效的、甚至是针对性的竞争策略。

③ 渠道。

一旦制定了价格策略,其实渠道策略也就相对成形了。这里的渠道有两层含义,一是进货渠道,二是销售渠道。店址是极为重要的,应在有需求且顾客容易找到的地方出售。当然,为了达到差异化竞争的目的,可以在这两种渠道上做文章。

以外贸服饰店为例。目前,世界上很多知名品牌,尤其是服饰、鞋类等,都在我国贴牌生产或来料加工,合作方式多种多样,在合作过程中产生了大量的计划外产品,也就是人们常说的出口转内销产品。这些外转内服饰款式新、质量好、价格低,在市场上极受欢迎。许多大城市出现了一种专门销售外转内服饰的"品牌服饰折扣店",其鲜明的特色和诱人的价格,受到了消费者的追捧。那么,外贸服饰店的进货和销售渠道如何呢?

首先看进货渠道。稍加了解就会发现,广州的火车站附近有数十家外贸服装批发城。另外,也可以和专业加工外贸服装的工厂建立长久的供货关系。如果由于进货量小,无法直接从厂家进货,也可通过一些中间批发商或电子商务平台进货,如"阿里巴巴"等国内较大型的网站。

销售渠道则包括两层含义:经营模式和店址选择。外贸服饰店一般会有折扣店经营和区域代理批发两种经营模式。店址则一般选择在以下三个区域:第一,人流密集的繁华街道;第二,成熟的居民区;第三,学校周边。

(2) 营销定位。

在确定满足目标顾客的需要之后,需要设计一个营销组合方案并实施之,使定位到位,这也就是产品价格、渠道策略和沟通策略有机组合的过程。如今,完全意义上的产品差异化已经很难实现,必须通过营销的差异化来定位。目前市场上同质化的产品很多,但营销的差异化要比产品模仿难得多。特别对大学生而言,自己就是负责产品营销的关键环节,一定要充分发挥创造性,年轻最不害怕失败。

现有产品在顾客心目中都有一定的位置。例如,人们认为可口可乐是世界上最大饮料生产商,格兰仕是中国最大的微波炉生产商,上海东方肝胆医院是中国最著名的肝胆专科医院等,这些产品和服务的提供者在与消费者长期的交易中所拥有的地位,是其他人很难取代的。因此,定位的基本原则不是去创造某种新奇的或与众不同的东西,而是去操纵人们心中原本的想法,去打开联想之结。

成功的品牌营销就是抓住消费者的心。而在此之前,必须了解他们的思考模式,这是进行定位的前提。仍以熟知的外贸服饰店为例,常见的营销方法有:印制传单、优惠券、各种特卖、促销活动、微信营销等。上述营销手段其实看起来更像是促销手段,而商家的目标不仅仅销售,品牌营销才会长期带动销售,不然就会陷入以利润换销量的泥淖之中。实际上,小小的外贸服饰店的品牌营销大有可为。

首先,建立品牌。在前面讲述了产品定位,此时,拿出定位结果——比如它就是森女系外贸女装。接着,你就可以开始搜罗关于"森女"这个词的渊源和历史,然后建立自己的品牌故事。自己的品牌故事可以体现在购物小票、购物袋、产品外包装、橱窗、店内墙面等各个客户目之所及的地方。最好还能加入你对森女风格的个人理解,将森女变成一种独特的风格,而自己则是这种风格的引领者。店面装饰、产品促销上,要尽力结合有关"森女"的重要地点、关键季节。总之,将"森女"服饰的文化、历史、潮流背景都挖掘出来。

其次,把自己融入品牌。一个相对完善的品牌情境建立以后,就要从该类型服饰的消费者的心理出发开始建立具体的品牌形象。作为店主,若能亲自"看店",毫无疑问,自己首先要变成一位名副其实的"森女"。而且,从妆发、服饰、鞋靴到饰品,最好都是自己店里的产品,把自己变成产品的代言人。另外,频繁展示并更换自己的得意穿搭,这一切都是为了向顾客展现你自己不仅懂得这种风格,而且还能完美驾驭这种风格的服饰。实际上,就是把自己变成品牌的一部分,这对于一家外贸服饰店而言非常重要,让顾客看到你对自己产品的热情、投入和自信。

最后,让顾客为你传播品牌。"她家的衣服好有特色,老板很有型,你们去看看吧。"其实每个创业者所能期望顾客对其朋友说的话也不过如此了。那么,顾客为什么会有为你传播品牌的热情呢?折扣、赠品等是常见的吸引客户的手段,辅以恰当的会员制会更有效果。适时地举办一些结合服饰推介的会员活动,有条件的话,还可以组织与"森女"相关的主题Party,把自己的店作为"森女"这种风格的俱乐部,接下来甚至可以接洽或组织一些商业活动,将自己的服饰品牌推向更加广阔的市场。

总之,什么是品牌营销成功的标志?当人们在"微博""微信""QQ空间"上"显摆",以使用我们的产品为荣时,那就是极大的成功。

(3) 效果控制。

著名广告大师约翰•沃纳梅克提出:"我知道我的广告费有一半浪费了,但遗憾的是,我不知道是哪一半被浪费了。"营销效果控制的功能就是确保上述三个步骤中的定位都能准确到位。到位过程其实就是一个再定位的过程。

一般来说,业绩目标的可量化程度是评价营销效果的重要指标,也是营销效果控制的基础条件。业绩目标的可量化程度是指用具体量化的值来测量达到目标的程度。例如,销售额、销售量等指标的可量化程度比较高,市场信息清晰度、客户满意度等指标的可量化程度则比较低。

仍以外贸服饰店为例,一个最简单和初级的营销效果控制应该包括表3-1所示数据的前后对比:

表3-1 营销效果数据对照表

参数	营销前	营销后
日客户数量		
销售额		
订单数		
新增客户数		
投资回报率		

营销可能带来人流量,但不一定带来销量,却可能带来利润;营销可能不会带来人流

量,但可能带来销量,也可能不会带来利润……营销带来的影响具有很多的可能性,究竟是营销的哪个环节出了问题或起到了积极的作用,如果不进行系统的数据分析,是不可能搞清楚的。现实生活中,大学生所能承担的创业项目,可能很多项目都类似于外贸服饰店这样的规模,这就要求大家更加注重精细化管理。如果在这一阶段,对营销管理能做到细致而有的放矢,这无疑可对未来扩大企业规模,迎接更大发展挑战积累大量而有益的经验。

您是否适合创业?

以下问题答"是"得1分,答"否"则不计分,请如实回答,完成后统计您所得的分数。

1. 您是否曾经为了某个理想而设下两年以上的长期计划,并且按计划进行直到完成?

2. 在学校和家庭生活中,您是否能在没有父母及师长的督促下,就可以自动地完成分派的工作?

3. 您是否喜欢独自完成自己的工作,并且做得很好?

4. 当您与朋友们在一起时,您的朋友是否常寻求您的指引和建议,您是否曾被推举为领导者?

5. 求学时期,您有没有赚钱的经验?您喜欢储蓄吗?

6. 您是否能够专注地投入个人兴趣连续10小时以上?

7. 您是否有习惯保存重要资料,并且井井有条地整理,以备需要时可以随时提取查阅?

8. 在平时生活中,您是否热衷于社区服务工作?您关心别人的需要吗?

9. 不论成绩如何,您是否喜欢音乐、艺术、体育以及课外活动课程?

10. 在求学期间,您是否曾经带动同学,完成一项由您领导的大型活动,如运动会、歌唱比赛、画海报宣传活动等?

11. 您喜欢在竞赛中看到自己表现良好吗?

12. 当您为别人工作时,发现其管理方式不当,您是否会想出适当的管理方式并建议其改进?

13. 当您需要别人帮助时,是否能充满自信地要求,并且能说服别人来帮助您?

14. 当您需要经济支援,是否也能说服别人掏钱帮助您?您在募款或义卖时,是不是充满自信而不害羞?

15. 当您要完成一项重要的工作时,你是否总是给自己足够时间仔细完成,而绝不会让时间虚度,在匆忙中草率完成?

16. 参加重要聚会时,您是否准时赴约?在平时生活中,您有时间观念吗?您是否能充分利用时间?

17. 您是否有能力安排一个恰当的环境,使您在工作时能不受干扰,有效率地专心工作?

18. 您交往的朋友中,是否有许多有成就、有智慧、有眼光、有远见、老成稳重型的人物?

19. 您在社区或学校社团等团体中,被认为是受欢迎的人物吗?

20. 您自认为是一个好的理财人物吗?当储蓄到一定数额时,您是否能想出好的生财计划,钱滚钱,赚出更多的利润来?

21. 您愿意为钱辛苦工作吗?钱对您重要吗?您是否可以为了赚钱而牺牲个人娱乐?

22. 您有足够的责任感为自己完成的工作负起责任吗?您是否总是独自挑起责任的担子,彻底了解工作目标并认真执行工作?

23. 您在工作时,是否有足够的耐心与耐力?

24. 您是否能在很短的时间内,结交许多新朋友?您是否能使新朋友对您留下深刻的印象?

测试分析:您的创业潜质

0~5分:您目前并不适合自行创业,还应在工作中学习更多技能、积累更多经验。

6~10分:您需要在旁人的指导下去创业,才有创业成功的机会。

11~15分:您非常适合自己创业,但在所有"否"的答案中,您必须分析出自己的问题并加以纠正。

16~20分:您个性中的特质,足以使您从小事业慢慢开始,并从妥善管理中获得经验,成为成功的创业者。

21~24分:您有无限的潜能,只要懂得掌握时机和运气,您将是未来的商业巨子。祝您成功!

在这些对自我的探索与发现中,若您真的拥有一颗不安于平凡的心、一些开拓者的胆识和为梦想打拼的热情,那么自主创业或许真的是一个不错的选择。

表格创意术

"表格创意术"是一种利用一个任务的多个要素自动结合,以产生新颖创意的思维方法。其具体做法是:第一,明确任务的要素;第二,列出各种变量,在每个要素下面,按照我们对于要素的愿望,列出尽可能多的变量。要素本身和变量的数目决定了表格的分量,如果一个表格有10个变量,那么就会产生100亿种不同的组合,而最好的创意可能都是这样于偶然间产生的。表3-2为图书营销的表格创意。

表3-2 图书营销的表格创意

图书营销的表格创意术			
包 装	发 行	推 广	销 售
1 封面:硬皮或软皮	传统发行及批发	广告	直销
2 电子书	与其他出版商一道发行	书评	直邮
3 同其他物品一道包装	在展览会或会议上发行	谈话节目	特别销售:附赠品
4 季节性包装	网上商店	插页广告	电话推销
5 礼品书	机场、酒店商店	优惠券或光盘	扫楼
6 单独或系列	超市	同慈善品搭配	售给图书馆或学校
7 其他功能的包装	家庭聚会	竞赛	出售国外版权

孙正义创富史

孙正义的父亲是一家弹子房的老板。弹子房的生意天晴时还算理想,一碰上雨天,便不尽人意,父亲对这靠天吃饭的弹子房感情很深,孙正义却不以为然,他当时就拿定主意,将来若经商,一定不做这种靠天吃饭的生意,他要自己把握命运。

高一那年,孙正义有机会去美国加利福尼亚参加一个英语短训班。在加州,那里自由、乐观、开放的氛围深深感染着孙正义。他做出了生平第一个大胆的决定,游说父母同意他赴美留学。生性传统的父母早已知道儿子的世界不属于弹子房内的方寸天地,他们同意了,1974年2月,孙正义重新呼吸到了加州自由的空气。那一年,他不到17岁。

1975年9月,孙正义到加州大学伯克利攻读经济专业。在大学,孙正义和许多同学一样也要勤工俭学,但他的想法不是靠刷盘子挣钱,而是倚靠"发明"挣取生活费用。孙正义搞"发明"有他奇特的一面:

从字典里随意找三个名词,然后想办法把这三样东西组合成一个新东西。每天他给自己五分钟来做这件事情,做不来就拉倒。一年下来,竟然有250多项"发明"。

在这些"发明"里,最重要的是"可以发声的多国语言翻译机"。它是从字典、声音合成器和计算机这三个单词组合而来的。

天性有敏锐的市场意识的孙正义没有忘记还要为自己的发明找到市场,经过百般游说,他终于赢得了"半导体声音合成芯片"的发明人和参与阿波罗登月计划的技术人员的青睐,依靠他们,孙正义的发明得以一步步完善,此后,利用假期回国探亲的机会,孙正义不遗余力地向日本的各大公司推销自己的发明,最终,夏普公司对发明表示了兴趣,给了

1亿日元买下了专利,这是孙正义掘的第一桶金。

"20岁时打出旗号,在领域内宣告我的存在;30岁时,储备至少1000亿日元资金;40来岁决一胜负;50多岁,实现营业规模1兆亿日元。"

这是19岁时的孙正义给自己定的人生目标,当时看来,这个目标未免狂妄,而回头看看他这一路走来,孙正义几乎每一个年龄段都实现或者提前实现了他19岁时定下的目标。

1980年,23岁的孙正义回到日本,满脑子创业想法的他没有急于求成,他花了将近一年的时间来思考下一步他该如何在他考虑的40种创业模式中选择最适合自己的模式。

对这40种项目,孙正义全部都做了详细的市场调查,并根据调查结果,做出了10年的预想损益表、资金周转表和组织结构图。每一个项目的资料有三四十厘米厚,40个项目全部合起来,文件足有10多米高。

然后他列出了选择事业的标准,这些标准有25项之多,其中比较重要的有:

(1) 该工作是否能使自己持续不厌倦地全身心投入,50年不变;
(2) 是不是有很大发展前途的领域;
(3) 10年内是否至少能成为全日本第一;
(4) 是不是别人可以模仿。

依照这些标准,他给自己的40个项目打分排队,计算机软件批发业务便从中脱颖而出。

1981年,孙正义以1000万日元注册了"softbank"(软件库),公司成立那天,孙正义雄心勃勃地踩在一个苹果箱上向仅有的两名雇员发表演讲(孙正义个子不高,约一米六左右);5年内销售规模达到100亿日元,10年内达到500亿日元,若干年后,要使公司发展成为几兆亿日元、几万人规模的公司。孙正义的这番誓词,让公司的两名雇员目瞪口呆,他们认定,这个其貌不扬的矮子一定是个夸夸其谈、异想天开的家伙,很快他们辞职了。孙正义对此只是附之一笑。他似乎坚定地认为,任何人的成功,的确需要一点疯狂的想法和疯狂的举动,而这一切的依据,是这个人心中必定要存在坚定的信念。

软银总裁孙正义一直被称为"日本先生.com"。美林证券分析员估计,孙正义掌握了日本70%的互联网经济。投资多样化的互联网股票和复制美国的商业模式成为孙正义奇异的商业模式。在美国,孙正义控股了雅虎、E-Trade等著名网站,一般占20%~30%股份,由网站的创建者来管理。孙正义与这些公司合资成立日本公司,由孙正义绝对控股。他把美国的模式成功复制到日本。这种复制非常成功,雅虎日本进入后几乎马上就靠广告盈利,因为无须品牌宣传投入,市场也没有出现竞争对手。雅虎日本成为日本85%上网者的门户站点,在孙正义把Nasdaq引入日本后,不仅以60%股份控股Nasdaq日本公司,特别重要的是,给他投资的众多电子商务网站提供了上市渠道。据悉,第二季开始E-Trade日本公司就准备在这个新建的市场上市。

这样,孙正义不仅在日本复制了美国互联网经济,而且复制了财富。雅虎日本公司成为日本第一个股价在1亿日元以上的公司。软银上市的5年时间里,市值已达到990亿美元,成为日本最大的公司,超过传统的工业巨头三菱。软银的股价在孙正义对互联网相关企业的大肆收购下创造奇迹,在网上银行与债券交易消息发布后,股价又上涨到97000日元。孙正义构筑帝国的狂热行动带动日本走出了"网络黑暗时代。"

孙正义被《福布斯》杂志称为"日本最热门企业家",名列"全球十大精英"之列,《商业周刊》连续两年将他评选为全球最有影响的电子商务投资者之首。《美国新闻》和《世界报道》还将他命名为"日本最有声誉的数字时代企业家"。

【思考题】

1. 结合自身条件,描述你的创业梦想,设立一个明确的创业目标。
2. 用 SWOT 分析你的创业环境。

第四讲　创业项目与选择

"适合的才是最好的",对于创业项目也是如此。如何正确地选择创业项目,是每个创业者都要思考的问题。拥有合适的创业项目是创业成功最重要的基础。每一位创业者都要对创业项目的选择抱以极其谨慎的态度,要按照自身技能、技术、经验、资金实力等实际情况,对各类项目加以甄选。

4.1　关于创业项目

4.1.1　创业项目的概念

1. 创业项目的概念

创业项目,顾名思义,是指创业者可能会用来进行创业的项目。创业项目包括四种形态,分别为:创意、技术、产品和企业。其中,创意是创业项目的最初形态,企业则是创业项目中比较成熟的形态。

2. 创业项目的产生

创业项目的产生是由多方面因素决定的。这些因素可以分为两大类:一类是宏观环境因素;一类是创业者的个性特征。宏观环境因素主要包括:经济因素、政治法律因素、社会文化因素、技术因素、人口因素、自然地理因素等。创业者的个性特征则主要体现在经验、认知、社会网络、创造能力等方面。宏观环境因素的变化产生了众多的创业机会,创业者通过运用认知能力,发挥人的主观能动性,对环境因素的变化进行识别和预测,对供给与需求不均衡状态进行分析和研究,发现由于环境的变化造成的商业机会,并抓住机会,生产新产品或提供新服务,以此来满足市场需求,创造企业价值。创业项目是由宏观环境因素和创业者个人特征相互作用而产生的。

3. 创业项目的分类

不同的创业项目要求创业者具有不同的创业素质、能力和创业条件。对创业项目进行适当的分类,有助于创业者对创业项目有一个大致的了解。创业项目主要有以下几类:

(1) 资源类项目。

此类项目要求创业者拥有特殊的资源。这些资源可以是自然资源,如矿石、石油等;也可以是人事关系资源。一般来说,创业者不可能拥有垄断性的自然资源,却可能拥有重要的人事关系资源。但也要注意,人事关系资源可能并不持久,人事关系变更可能会带来较大的创业风险。

（2）制造类项目。

这类项目又可以分为配套制造、技术制造、改良制造三小类。配套制造只制造整机的一部分零件、部件,为整机制造商提供所制造产品。这类项目并不要求有很好的创新技术,性价比越高越好。技术制造是指拥有自主创新的技术或者拥有某种领先技术,能够制造出他人无法制造的产品或服务。改良制造是指通过发现现有产品性能的不足,通过研发推出改良产品的制造。

需要注意的是,制造类项目一般需要拥有机械设备,这就要求创业者投入大量的资本来购买机器设备以形成生产能力。但由于技术飞速发展,机械设备不断更新,很容易造成原有机械设备落后过时,生产的产品质量难以得到保证,从而不得不淘汰旧机器设备,购买新的机器设备,这给创业者带来较大的创业风险。同时,在机器设备具有较强的专门用途的情况下,一般不容易转让,导致创业者在经营不景气的条件不能轻易退出。所以,创业者在选择制造类项目时,一定要慎重。

（3）技术创新类项目。

按国家有关标准来进行划分,主要分为：技术开发类项目、社会公益类项目、国家安全类项目、重大工程类项目。除此之外,还包括销售代理类项目、特许经营加盟类项目、事务所类项目等。

4.1.2 创业项目的构成要素

一个创业项目的构成要素通常包括创业项目提供的产品或服务、产品或服务的价格、市场、消费者、竞争者、经营方式、赢利模式等。

1. 产品或服务

产品或服务是指创业者准备生产、提供的产品或服务。这是创业项目的重要构成要素。产品特征主要包括产品的造型设计、性能、效用、滋味、气味、质地、结构等;服务特征主要体现在服务的方便、快捷、功能、质量上等。创业者进行创业时,应慎重考虑以下几个问题：产品或服务拥有哪些方面的属性特征,是否能够满足潜在消费者的某种需求,有哪些产品特征是不创造顾客价值因而可予以剔除的,消费者愿意付出多大的代价来获得这种满足,将会有多少潜在消费者愿意获得这种满足,产品或服务在消费者心目中将会是一个怎样的形象,与竞争对手的产品或服务之间的差别是什么,这些产品或服务的特征是否可以被容易模仿,产品或服务的目标顾客群是哪些,等等。

2. 价格

价格是指创业者准备向消费者提供产品或服务的货币水平。创业者应当考虑应该以什么价格来向消费者提供产品或服务。为了制定一个恰当的价格,创业者应当考虑产品的生产成本、市场需求量、市场上的供给量、市场上有没有替代产品、创业者准备采取的市场进入策略、产品的价格需求弹性、同种或类似产品的价格水平、购买者的需求程度等诸多因素。一般而言,生产成本越高,其价格越高;需求越是大于供给,价格越高,反之亦然;替代产品的价格水平将会影响到本产品的价格水平;创业者采取渗透策略和"撇脂策略"等不同的市场进入策略时,产品或服务的价格将会有所不同;产品的需求价格弹性将会影响到价格的制订;创业者也可以采取差别定价的方式向消费者推出产品或服务;等等。需要注意的是,产品或服务的价格取决于创业者准备采取的竞争战略。

3. 市场

创业者在推出产品或服务来满足潜在消费者的需求时,可以向市场推出一种产品,而不考虑各细分市场之间的差别;也可以针对不同的市场推出有差别的产品;还可以只针对一个细分市场推出一种产品或服务来满足该细分市场的需求。通常,可以根据年龄、性别、收入、人口、教育程度、婚姻状况、地理区域、行为特征等因素来进行市场细分。创业者应当对目标市场的特征进行仔细、认真、深入研究,根据目标市场的具体特征,推出适当的产品,进行恰当的定价,使用合适的分销策略,采用恰当的促销组合,制订有效的市场营销计划和战略,向潜在消费者提供产品或服务,满足顾客的需求。

4. 消费者

消费者是创业者拟推出的产品或服务的购买者。创业者推出的产品或服务能否被消费者认可、接受和购买,是创业成功与否的决定性因素之一。因此,关注消费者的消费心理和消费行为,对消费者的购买行为进行研究,具有非常重要的意义。收集消费者关于产品或服务质量、价格、性能、外观、耐用性等方面的意见、态度和建议,准确地把握消费者的需求和偏好信息,有助于对现有产品进行改进或开发新产品来更好地满足消费者的需求。对消费者的消费行为和消费心理进行研究,也是产品或服务定价、确定分销策略和促销策略的基础。

5. 竞争者

竞争者一般是指那些与创业项目提供的产品或服务相似,并且所服务的目标顾客也相似的其他企业。对竞争对手进行分析是确定创业项目在行业中战略地位的重要方法。竞争者分析是指通过某种分析方法识别出竞争对手,并对它们的目标、资源、市场力量和当前战略等要素进行评价。其目的是为了准确判断竞争对手的战略定位和发展方向,并在此基础上预测竞争对手未来的战略,准确评价竞争对手对创业项目的战略行为的反应,估计竞争对手在实现可持续竞争优势方面的能力。竞争者分析一般包括以下五项内容和步骤。

(1) 识别企业的竞争者。识别企业竞争者必须从市场和行业两个方面分析。

(2) 识别竞争者对手的策略。

(3) 判断竞争者目标。

(4) 评估竞争者的优势和劣势。

(5) 判断竞争者的反应模式。

6. 经营方式

经营方式是指创业项目在经营活动中所采取的方式和方法，如采掘、制造、批发、零售、咨询、租赁、代理等。创业项目的经营方式主要有自产自销、代购代销、来料加工、来样加工、来件装配、批发、零售、修理、运输、咨询服务等。

7. 赢利模式

创业者创业的首要任务是生存，为此就要把提供的产品或服务销售出去并能获得维持生存的利润。但新创企业要实现成长，必须要建立信誉和探索到成功的赢利模式。赢利模式是创业项目在竞争的市场环境下，为顾客提供产品或服务，满足顾客需要，实现顾客价值，并实现自身利润最大化，而综合地、有效地对其进行组织的关键生产要素及其之间的逻辑关系。常见的创业赢利模式有鲫鱼模式、专业化模式、包装生产模式、独创产品模式、策略跟进模式、配电盘模式、产品金字塔模式、战略领先模式等。

创业赢利模式之鲫鱼模式

在大海之中，鲨鱼是一个十分凶狠的家伙，非常不好相处，许多鱼类都是它们的攻击目标，但有一种小鱼却能与鲨鱼共游，鲨鱼非但不吃它，相反倒为它供食，这种鱼就是鲫鱼。

鲫鱼的生存方式，就是依附于鲨鱼，鲨鱼到哪儿它就跟到哪儿。当鲨鱼猎食时，它就跟着吃一些残羹冷炙，同时，因为它还会为鲨鱼驱除身体上的寄生虫，所以鲨鱼不但不反感它，反而十分感激它。因为有鲨鱼的保护，所以鲫鱼的处境十分安全。

正是基于这种"适者生存"的自然启示，聪明的温州人从中悟出许多道理，这就是：弱者借助强者生存，不但是智慧的，而且是有效的。

温州立峰摩托车集团的前身只是一个生产摩托车车把闸座的小厂。但这家企业最初开发的产品具有独特性，其表面防腐性能超过了日本企业标准，填补了国内空白，从而成为摩托车生产企业用来替代日本进口原件的替代品。企业最初通过推销争取到中国一家著名摩托车企业的产品配套，之后又与这家大型企业进一步合作。1992年，双方共同出资在瑞安建立了一家摩托车配件有限公司，立峰专为这家企业生产摩托车把闸等零配件。由此立峰成为依附于"大鲨鱼"的"鲫鱼"，几年时间产值就翻了三番，规模与效益较之与该企业合作前扩大了十多倍。

随后，立峰利用赚到的钱，不断进行外延扩张，产品种类由开始时的把闸不断增加，后来又发展成了整车生产。开始为名企贴牌，后来发展到独立运作，并获得了国家颁发的摩托车生产许可证。

一旦时机成熟，立峰脱离了与大企业的合作关系，成为一个独立的摩托车整车生产企业,"鲫鱼战术"大告成功。

这种模式在加工企业集中的长三角、珠三角一带十分流行,在广东东莞、江苏昆山,类似小企业随处可见。实践证明,这是初创小企业走向成功的一条捷径,风险小而成功概率高。类似立峰这样最后发展到"全面"生产的企业较少,更多则走向了专业化,走"专、精"的路子,如江苏江阴的曹明芳为上海一汽专业化生产汽车保险杠,甚至成了《福布斯》中国富豪。

"鲫鱼"这种模式的本质在于,大企业有通畅的产品流通渠道,有广大的客户群体,就像一条庞大凶猛的鲨鱼,而中小企业无论在资金、技术,还是在人才等方面,都存在着诸多先天不足。如果中小企业能找到与大企业的利益结合点,与大企业结成联盟,就可以有效地弥补自身的短板,自然也就可以分享大企业的利润大餐。"鲫鱼战术"对中小企业来说,可借鉴程度较高,是一种有效的赢利模式,可以采取多种多样的方法。例如:

◇ 配套与贴牌生产

全球经济一体化时代,社会分工会越来越细,一件商品的生产和营销往往被细分为众多的环节,由此给配套生产者提供了机会。大的、复杂的整机——汽车、摩托车、家用电器固然有众多的配套厂家,就连小型的商品如桌椅、香烟、白酒、望远镜等,也有许多是分工合作的产物,如山东的白酒很多就是采用四川的原浆,当年的秦池为此还掀起了一场偌大的风波。这些配套厂家就像众星捧月般地拱卫着上游厂家。不要小瞧配套这一角色,它的起点虽然低,利润虽然薄,但投资也少,很多项目往往只需要数十万元投资即能操作,因此恰恰适合了资金不足、经验缺乏的创业者。只要你和上游厂家搞好关系,勤恳工作,保证质量,那么你就可以借助这个平台,在不太长的时间内完成你的创业过渡期和危险期。

替品牌厂家贴牌加工生产,是一种较为新型的合作关系。品牌厂商为了降低生产成本,或者为了腾出手来开辟新的经营领域,往往会将热销中的商品托付给信得过的加工厂商生产。

贴牌生产目前不仅在跨国公司之间流行,一些国内驰名品牌或区域性品牌也提供贴牌生产。这就是那句话:一流的企业卖品牌,二流的企业卖技术,三流的企业卖产品,当然,还有超一流的企业,他们卖的是标准。在这样一个品牌争先的时代,一个品牌的建立需要大量人力、物力的投入。但品牌一旦建立,即可以产生所谓的品牌效应,品牌本身就可以用来赚钱。

加工商进行贴牌生产,要的就是品牌的声誉和消费者的认同。贴牌也分两种,一种是贴牌后自产自销,这叫借牌,需要交付贴牌费,一般只在区域市场销售;另一种就是产品生产出来后,交给原品牌所有者销售,也叫作代工。前者风险大于后者,投入也大于后者,但贴牌资格比较容易取得,一般仅限于国内品牌,国际性大品牌甚少采用此方式,创业者可酌情选择。

◇ 代理

代理商是生产商的经营延伸,举凡影响大一点的商品都有它的代理商。做代理商虽然是为他人作嫁衣裳,但与此同时也是在为自己积累经验。做代理商可以借助厂家有形的商品,为自己完成资本原始积累。与此同时,还能学习营销知识,建立渠道网络,可谓一举两得。

寻找那些品牌信誉好或者发展潜力大的产品做其代理,是一桩本小利大、事半功倍的买卖。初始创业者在规模上可考虑只开一家门店,从一个县或者一个地级市做起。

不过,傍大腕却不能过分依赖大腕。做代理最大的危险是被厂家卸磨杀驴。不仅是中小企业,就是一些已经颇具规模的企业,一旦深陷到只有靠"傍"过日子,也是十分危险的。像深圳华为,是中国电信市场的主要供应商之一。而中国电信凭借垄断优势,成为大腕中的大腕,随着电信事业的发展壮大,华为销售额猛增,早在2001年销售额就达到了225亿元。华为并没有很先进的管理手段和技术,但它站在中国电信这个巨人的肩膀上,着实大赚了一笔。前几年,中国电信受分拆影响,投资萎缩得厉害,华为跟着它日子也越来越不好过了。任正非为此写作了《华为的冬天》,对华为员工提出警戒。在任正非的带领下,华为加大自身研发投入,打造自身品牌,2016年销售额突破5200亿。

大树底下好乘凉,是说艳阳高照的时候,一旦刮风打雷,站在大树底下就十分危险,随时可能遭电击,或者大风吹折了树将你压死。所以说,小企业之于大企业、代理商之于生产商,只能依附,而不能依靠。依附是庇荫,借着大树遮风挡雨,健康成长;依靠则是藤缠于树,离开了树木,自身便立足不稳。

创业者开始创业的时候,难免有一段时间要将自己托付于人,但要尽快度过这一时期,不能沉迷其中,将自己的命运始终交给别人掌握。

小企业之于大企业,创业企业之于成熟企业,最理想的状态是既有经营上的联系,又有资本纽带关系,但不是被人控股,不是挂靠或下属关系。小企业在托庇大企业的时候,它仍旧保持独立,需要拥有较大的经营自主权,有可能的话,尽量同时托庇于多家大企业或成熟企业,则可以收到"东方不亮西方亮"的效果,大大提高企业的生命值。

4.2 创业项目选择

在对创业条件信息进行采集和测评,并对创业项目进行市场调研、收集项目资料信息,对创业项目有一个全面细致的了解之后,需要依据创业条件以及创业者的创业项目信息,依据项目初选的原则和方法,对创业者的众多创业项目进行初选与分析。

4.2.1 创业项目初选

1. 创业项目初选的概念

创业项目初选是指依据一定的原则、标准、方法和程序从两个以上的创业项目中选出创业项目,以便进一步对其进行可行性分析的过程。

2. 创业项目初选的意义

好的开始往往会带来好的结果。选择好的创业项目意味着创业成功了一半,对创业者能否取得创业成功有着重大的影响。因此,做好创业项目初选工作,从众多的创业项目中选择合适的创业项目,对创业者而言,显得至关重要。具体而言,创业项目初选的意义体现在以下几方面。

(1) 有助于选出可行的创业项目。

并不是每一个创业项目都是可行的,需要通过项目初选剔除不可行的项目。有些创业项目或者是经济上不可行,或者是财务上不可行,或者是技术上不可行,或者是兼而有之,这就要求从现有的众多的创业项目中选出一个或几个可行的创业项目并对其进行进一步分析,从而选择出成功的创业项目。

(2) 有助于创业者集中资源和精力选出创业项目,提高创业成功的可能性。

即使可行的项目有多个,由于创业者的资源有限和创业者本身的能力素质的限制,并不能实施所有可行的创业项目。在这种情况下,就需要对创业项目进行初选,选择最可行的一个或几个创业项目,对其进行分析以便决定是否实施,集中精力和资源于选中的创业项目,能够提高创业成功的可能性。

(3) 是进行可行性分析的基础。

在创业项目较多的情况下,创业者不可能对每一个项目都进行可行性分析,事实上,也没有必要对每一个项目都进行可行性分析。因此,剔除那些技术上明显不可行或者违背国家政策、法律、法规、规章等的创业项目,保留那些依据一定标准筛选出的创业项目,对其进行分析,以决定对其是否进行投资,就显得非常重要。

(4) 在一定程度上决定了创业能否取得成功。

创业需要具备多方面的条件,如资金、技术、创业团队、创业场所等,其中每一个条件都可能会影响到创业活动的顺利进行,甚至决定创业的成败。其中,有一个至关重要的方面,就是所选的创业项目的产品是否有市场,市场规模有多大,市场是否具有可持续性,创业者是否具有提供产品、满足消费者需求的技术和能力,最终将决定创业能否成功,而这需要通过项目初选来实现。

4.2.2 创业项目初选的准备工作

要保证项目初选的顺利进行,需要做好以下几项准备工作。

1. 对创业者具有的创业条件和创业能力、素质进行评估

对创业者而言,最合适的创业项目才是最好的创业项目。因此,选择的创业项目是否适合创业者是非常重要的。为了确定创业项目是否适合创业者,就不仅要对创业项目本身进行分析,包括项目提供的产品或服务、项目所需的资金、技术、项目运营需要具备的创业团队规模,还应对创业者具备的创业条件和创业素质、能力进行分析评价,包括创业者实际具有的资金实力、技术水平、实际的创业团队规模,创业者的心理素质、身体素质、知识结构、能力构成等。

2. 要拓宽项目选择的渠道

对一般的创业者而言,可以通过互联网、图书馆、电话号码黄页、财经图书、贸易出版物、朋友和熟人、投资贸易洽谈会、展览会、博览会、工商协会、研究机构、专利部门、经销商和批发商、政府有关部门、房地产经纪人等途径获得创业项目信息。此外，也可从与一些企业家的交谈中获得启发，通过旅游考察获得形成项目的第一手资料信息，从管理培训课程或创业培训讲座中获得有关的创业项目信息，通过对现有产品和服务进行改进或者通过解决创业者的抱怨形成新的创业项目。

3. 通过市场调研收集项目信息，正确认识项目

创业项目初选是依据一定标准从众多的创业项目中选择多个创业项目的过程，因此收集项目信息，对各个创业项目有一个清晰准确而又完整的认识是很重要的。通过市场调研，得到创业项目的相关资料信息，包括项目提供的产品或服务、产品或服务的市场、消费者、竞争者、所需的技术或资金、创业团队规模等信息，有助于对创业项目形成一个比较客观完整的认识。在此基础上进行项目初选，确保所选的项目与创业者拥有的创业条件和创业能力、素质相吻合，提高创业成功的可能性。

4. 要有科学的、具有前瞻性的项目选择理念

选择的项目与创业者过去的从业经验、技能、特长和兴趣爱好越吻合，则越有内在和持久的动力，成功的可能性也就越大。在行业的选择上不要盲目跟风，不要哪里热门便往哪里挤。进入热门行业不一定总能赚到钱，因为随着越来越多的企业和个人进入这一行业，竞争必将趋于白热化，利润空间必然会越来越小。相反，选择冷门行业也未必赚不到钱，也许现在的冷门行业会发展成未来的热门行业，在行业处于起步期时进入该行业，虽然风险较大，却会由于先进入该行业，形成先入优势，在竞争中占据主动地位。要记住"只有不景气的行业，没有不景气的企业"。

5. 了解项目初选的标准、原则、方法

创业项目初选是依据一定标准、原则、方法来进行的，要做到对项目进行恰当的选取，就需要对项目选择的标准、原则、方法或程序有正确的理解和把握，并能够运用这些标准、原则、方法和程序来进行项目初选工作。需要注意的是，依据不同的标准、方法，可能会有不同的项目初选结果，因而，运用正确、科学的项目选择标准、原则和方法就显得格外重要。

收集创业项目资料信息案例

收集创业项目资料信息主要涉及以下工作内容：明确项目信息的构成，确定需要收集的信息的类型，制订信息收集计划，实施信息收集计划，完成信息收集工作。

下面结合一个具体的案例来详细说明项目信息收集工作。

2008年5月20日下午2时，创业咨询师赵某在自己的办公室接待了前来进行创业咨

询的创业者张某。张某准备向参加全国注册会计师考试的考生提供培训辅导服务,特聘请咨询师赵某对该服务项目进行市场调研,以确定是否投资该项目。经过充分的协商沟通,双方签订了服务合同,赵某接受委托对该项目进行市场调研。为了完成市场调研,赵某首先对该项目信息进行收集。

◇ 明确项目信息的构成

项目的构成要素主要包括项目提供的产品或服务、产品或服务的价格、市场、消费者、竞争者、经营方式、赢利模式等。赵某对张某的服务项目的构成要素进行了初步明确。该注册会计师考试培训项目提供的服务是注册会计师考试相关科目的辅导和培训,其顾客是参加注册会计师考试的考生,其竞争者主要有已经存在的注册会计师考试培训机构,如中华会计网校等。

◇ 确定需要收集信息的类型

项目的信息资料来源主要有直接资料和间接资料。对该注册会计师考试培训项目而言,需要对与该培训项目相关的直接资料和间接资料进行收集。其中直接资料主要是通过访问法、观察法、实验法等收集的与该项目相关的资料信息,间接资料主要包括各注册会计师考试培训机构网站上的相关信息,报纸、杂志等刊物上发布的一些注册会计师考试信息等。

◇ 制订信息收集计划

在此基础上,赵某制订了针对该项目的信息收集计划,内容包括:收集的信息构成、具体的资料收集方法、信息收集的人员安排、信息收集的时间期限等。其中,该项目信息的构成主要有项目提供的服务信息、顾客信息、竞争对手信息等。赵某准备采用的资料收集方法主要有访问法和查找、接收相关信息。赵某计划聘请20名访问员进行访问,自己负责查找、接收与项目相关的信息。为了保证市场调研按时顺利完成,计划用5天左右的时间完成信息的收集工作。

◇ 实施信息收集计划

在制订信息收集计划后,赵某进行了调查问卷设计工作,在与张某就设计的调查问卷进行沟通确认后,印制问卷,由聘请的20名访问员向北京各大高校准备参加注册会计师考试的学生进行访问。同时,赵某也通过网上调查问卷的方式收集项目相关信息,并查找各注册会计师考试培训机构的价格、招生规模、辅导老师力量等信息。

◇ 完成信息收集工作

回收调查问卷后,赵某认真做好各类数据的统计与分析,形成了项目信息分析报告。在这个分析与处理信息的过程中,对于个体创业者来说,要注意避免直觉推断与乐观性偏见;对于群体创业者来说,要注意避免早期偏好与群体极化。

4.2.3　创业项目初选的原则与方法

创业项目初选是依据一定的标准、原则、方法和程序来进行的,这些标准、原则、方法或程序的科学与否直接关系到项目初选的结果。正确地运用科学的初选原则、方法、标准或程序来进行项目初选,能够得到恰当的选项结果;而错误地运用不科学的初选原则、方法、标准或程序,则会选取不适当的创业项目,从而导致创业失败。

1. 创业项目初选的原则

(1) 市场导向原则。

选择项目必须以市场为导向。也就是说,选择创业项目不能依据自己的想象和愿望,不能仅凭一腔热血或一时的冲动,而只能以满足市场需求为前提,发展需求量大、前景广阔的产业或项目。市场调研是了解市场需求状况的重要途径,特别是对第一次创业的创业者而言,更是要对市场需求状况作认真细致的了解。要了解市场需要什么,需要多少,谁会来购买企业提供的产品或服务,竞争对手有哪些,等等。通过市场调研获得市场需求状况信息是进行正确决策、选择恰当创业项目的重要前提。有些创业者认为,办企业是为了赚钱,什么行当赚钱,就搞什么行当,这种想法是不正确的。创业者必须树立这样一个观点,即"企业是为了满足顾客的需求而存在的",不能满足顾客需求的企业迟早会被顾客所抛弃。顾客的需求有现实需求和潜在需求之分,作为一个成功的创业者,不仅应了解、满足顾客的现实需求,还应了解市场发展的趋势,预测未来的需求,并创造需求,创造市场,通过提供满足顾客需求的高质量的产品或服务,从而获得自身的持续快速的成长和发展。

2015届毕业生小何,打算在自己的家乡淮安经济开发区里开一家餐饮店。在做项目调查中,小何发现该开发区范围很大,尤其是某集团数万人的企业就坐落于此,而周边路旁已经有了许多大小不一、风味繁杂的餐馆酒店,感觉竞争压力很大。而这些青年员工们主要以大中专毕业生为主,他们有文化,懂时尚,需要交流但又缺少空间。于是小何放弃了开餐馆的想法,而改为开设了一家投资并不大的集低价时尚用品、书刊电游、形象设计、咖啡茶座为一体的"青春·MALL",开业后生意红火,很受附近企业中的青年员工喜欢,获得了丰厚的回报。

(2) 效益原则。

效益可以分为经济效益、社会效益和生态效益三大类。经济效益是指创业项目的投入与产出比,也就是创业项目的回报;社会效益是指创业项目给社会带来的影响,包括提供就业岗位、促进社会福利等;生态效益是指人们在生产中依据生态平衡规律,使自然界的生态系统对人类的生产、生活条件和环境条件产生的有益影响和有利效果,它关系到人类生存发展的根本利益和长远利益。

在对创业项目进行选择时,要综合考虑创业项目的经济效益、社会效益和生态效益。在进行项目初选时应认真计算权衡创业项目的投入与产出,对项目的经济效益进行计算、分析和评价,选择经济效益最好、投资回报率最高的创业项目。对项目的社会效益进行分析、判断、评价,应该选择给社会带来良好影响,给人们带来福利的创业项目,提高创业企业的知名度,树立良好的企业形象,尽到企业应有的责任。与此同时,选择的创业项目也应当具有良好的生态效益,应能够维持生态系统,不破坏原有的生态平衡。

(3)符合国家产业政策原则。

产业政策是政府为了实现一定的经济和社会目标而对产业的形成和发展进行干预的各种政策的总和。其中,干预包括规划、引导、促进、调整、保护、扶持、限制等方面的含义。其主要功能包括弥补市场缺陷,有效配置资源;保护幼小民族产业的成长;熨平经济震荡;发挥后发优势,增强适应能力;等等。产业政策包括产业组织政策、产业结构政策、产业技术政策和产业布局政策,以及其他对产业发展有重大影响的政策和法规。各类产业政策之间相互联系、相互交叉,形成一个有机的政策体系。产业政策是国家加强和改善宏观调控,抑制固定资产投资增长过快,制止部分行业盲目扩张,有效调整和优化产业结构,提升产业素质,保持国民经济持续、快速、健康发展的重要手段。

因此,在选择创业项目时,应注意了解国家相关的产业政策,熟悉国家产业政策鼓励和支持的产业有哪些,哪些行业是允许的,哪些行业是限制的,等等。在此基础上,选择国家产业政策鼓励、支持,并有良好发展前景的产业或项目,回避国家产业政策明确限制的项目。

(4)充分利用当地资源优势的原则。

俗话说:靠山吃山,靠水吃水。创业者如果能独具慧眼,发掘自己身边特有的资源并加以利用,进行投资开发,往往比较容易取得创业成功。周庄、沙溪等江南古镇的老百姓利用当地特有的明清老宅开发的民俗客栈,就是充分利用当地资源优势的一个成功例子。

(5)充分利用创业者自身优势的原则。

在选择创业项目之前,应当对创业者的创业条件和创业能力、素质进行测评,分析、判断和评价创业者所具有的创业条件和创业素质及能力,发现创业者进行创业所具备的优势和存在的不足,扬长避短,选择那些能够充分利用创业者具有的优势和长处的创业项目。每位创业者都有自己的长处和优势。例如,有的对某一行业、某一领域或某一产品比较熟悉;有的精通某种技术;有的善于公关和沟通;有的有较强的管理能力和领导能力,等等,这些都是创业者的优势和长处。能充分利用自己的长处和优势,选择自己感兴趣并且熟悉的创业项目进行创业,对创业成功有很大的影响。

当然,创业者可能具有某一方面或某几方面的优势和长处,但不可能具备进行创业所必需的全部能力和素质,也不可能具备所有的创业条件。"木桶理论"的启示就是,在一个人创业的情况下,创业者某一方面的不足或者劣势将最终决定创业企业的发展。实际上,众多的创业者的创业实践也以不可否认的事实证明了这一命题的科学性。在这种情况下,挑选优秀的、能力互补的人组成创业团队似乎是理想的应对措施。通过创业团队成员之间的合作,发挥各自的优势和长处,形成合力,能有效地避免创业者能力和素质的限制,提高创业成功的可能性。

(6)量力而行的原则。

创业是有风险的。因此,在选择创业项目时,应当遵循量力而行的原则。对于下岗失业人员来说,是拿自己的血汗钱去创业,更应该尽量避免风险较大的创业项目。而应该将为数不多的资金投到风险较小、规模也较小的项目中去,先赚小钱,再赚大钱,聚沙成塔,滚动发展。

古今中外,大多数企业家在开始时都是做不起眼的小本买卖,然后一步一步不断发展壮大的。微软公司的比尔·盖茨起步时只有3个人,生产一种产品,年收入16000美元。2007届毕业生小宋,她刚毕业的时候在太仓的一家科技公司担任机械设备的销售,一年后回到家乡常州,在一家当地的外贸公司任职。后来她开始学着创业,先是挂靠在别人的公司里自己独立做外贸业务,一年后,自己注册了一家科技贸易公司,开始代理销售服装加工设备与软件。两年后,她向产品制造商购买技术,开始自己生产,产品销往40多个国家,公司业绩蒸蒸日上。小宋成功的创业经历对想创业的人来说是一个很好的启示。创业也要从干小事、求小利做起,脚踏实地,循序渐进。

(7) 坚持创新的原则。

创新是企业的生命,也是创业取得成功的关键。在进行创业项目初选时,应当慎重考虑项目的创新性。创新是有风险的,有的创新是有意义的,而有的创新仅停留在技术层面,由于不能转化成满足消费者需求的产品或服务而没有商业价值。这时,就要求进行项目选择的人保持头脑冷静,客观地对创新进行分析,看其是否能够满足消费者的某种潜在需求,这种需求有多大,现有的技术能否实现这种创新,或者新开发的技术能否转化成新的产品或服务,等等。当发现创新具有商业价值时再投资于创业项目进行投资生产,而不能只着眼于手中完美的技术,凭着一腔热情和一时冲动匆匆上马,进行投资创业。否则,难逃创业失败的结果。

(8) 要选择具有良好发展前景的项目。

在进行创业项目初选时,应顺应经济发展的趋势,对项目的发展前景进行仔细和深入的考察、分析、判断和预测各创业项目的发展前景,从中选择那些拥有良好发展前景的创业项目。在对项目的发展前景进行考察时,应当从宏观和微观两个层面考虑各方面因素的影响,宏观方面的因素包括:经济因素、政治和法律因素、社会和文化因素、技术因素、自然地理因素、人口因素等;微观方面的因素包括:创业项目所提供产品或服务的竞争者、供应商、顾客、替代品等。

特斯拉电动汽车的面世,给人们吹来了创新的风。围绕特斯拉这个项目,就是单纯为它配套就需要有一个庞大的企业群。而新事物的出现带给大家的创新灵感将是无法预估的,仅仅新能源智能汽车这一产业就会给大家带来许许多多的创业项目。

2. 创业项目初选应考虑的因素

创业项目初选除了要综合考虑上述八条原则之外,还应考虑以下相关因素。

(1) 创业项目需要的资本数量。

(2) 期望每年达到的收入水平。

(3) 期望从事的生意类型(批发、零售、服务、工业、制造、教育、研发)。

(4) 期望近三年的投资回报率。

(5) 期望的工作环境(室内/室外、工厂/办公室、单干/团队)。

(6) 管理工作量大小。

（7）人际沟通复杂性。

（8）人员雇用情况（全职/半职、永久/临时）。

（9）创业项目社会地位的高低。

（10）是否符合自己的个性，能否发挥特长，是否有利于个人事业的发展。

（11）生意规模大小。

（12）每周花在项目上的时间。

（13）上下班或者出差耗在路上的时间。

（14）家庭（配偶）支持生意的力度。

（15）生意增长的潜力（快慢）。

（16）期望的地理位置。

（17）期望的客户、市场规模。

3. 创业项目初选的方法

创业项目初选一般依据以下方法来进行：

（1）确定创业项目初选的标准。

（2）为每个标准赋予相应的权重（各标准权重之和为1）。

（3）列出所有备选的创业项目。

（4）为每个备选的创业项目的相应标准打分。

（5）计算各备选创业项目的得分。

（6）从中选出得分最高的几个创业项目。

这一过程可以借助创业项目初选表来进行，如表4-1所示。

表4-1 创业项目初选表

创业项目初选标准	权重	创业项目甲	创业项目乙	……
1. 经营亏本风险	0.1			
2. 投入资本规模	0.05			
3. 目前的投资回报率	0.05			
4. 预期未来的投资回报率	0.1			
5. 现金流转状况	0.2			
6. 项目所处行业的竞争状况	0.05			
7. 市场增长的潜力	0.05			
8. 创业项目未来市场地位	0.2			
9. 相对竞争对手的优势	0.1			
10. 创业者个人偏好	0.1			
合计	1.00			

填表说明：

1. 每一标准满分为1.00分。

2. 创业者为每一创业项目的各初选标准打分。打分的原则为创业项目的该项标准，数据越好，分数越高。例如，经营亏本风险越低，得分越高；创业者偏好越高，则得分越高等。

4.3 创业项目经济效益分析

4.3.1 创业项目的收入构成

创业项目的收入是指创业项目带来的经济利益的总流入。创业项目的收入可以有不同的分类。根据创业项目性质的不同,项目收入主要可以分为销售商品收入和提供劳务收入两大类。其中,销售商品收入是指项目通过销售商品实现的收入,如工业类项目制造并销售产品、商业类项目销售商品等实现的收入。提供劳务收入是指服务类项目通过提供劳务实现的收入,如咨询项目提供咨询服务、软件开发项目为客户开发软件、安装项目提供安装服务等实现的收入。下面分别对销售商品收入和提供劳务收入加以详细介绍。

1. 销售商品收入

商品包括项目为销售而生产的产品和为转售而购进的商品,如工业类项目生产的产品、商业类项目购进的商品等,项目销售的其他存货,如原材料、包装物等,也视同项目的商品。销售商品收入同时满足下列条件的,才能予以确认。

（1）已将商品所有权上的主要风险和报酬转移给购货方。

（2）既没有保留通常与所有权相联系的继续管理权,也没有对已售出的商品实施有效控制。

（3）收入的金额能够可靠地计量。

（4）相关的经济利益很可能流入。

（5）相关的已发生或将发生的成本能够可靠地计量。

在会计上,销售商品收入的处理主要包括通常情况下销售商品的处理,涉及商业折扣、现金折扣、销售折让时的处理,销售退回的处理,特殊销售商品业务的处理。其中,特殊销售商品业务包括:代销商品、预收款销售商品、分期收款销售商品、附有销售退回条件的商品销售、售后回购、售后租回、以旧换新销售商品等。

2. 提供劳务收入

提供劳务收入的处理分为劳务交易的结果可以可靠地估计和劳务交易的结果不能可靠估计两种情况。当同时满足以下四个条件时,认为提供劳务交易的结果可以可靠地估计:提供劳务收入的总额能够合理地估计,提供劳务收入总额收回的可能性大于不能收回的可能性,提供劳务交易的完工进度能够合理地估计,交易中已经发生的成本和将要发生的成本能够可靠地计量。在这种情况下,应当采用完工百分比法确认提供的劳务收入。

当不能满足上述四个条件中的任何一个时,认为提供劳务交易的结果不能可靠地估计,在这种情况下,就不能采用完工百分比法确认提供劳务收入。此时,应正确预计已经发生的劳务成本能够得到补偿和不能得到补偿,分别进行会计处理。已经发生的劳务成本预计全部能够得到补偿的,应按已收或预计能够收回的金额确认提供劳务收入,并结转已经发生的劳务成本;已经发生的劳务成本预计部分能够得到补偿的,应按能够得到补偿的劳务成本金额确认提供劳务收入,并结转已经发生的劳务成本。

4.3.2 创业项目的成本及费用

1. 创业项目的成本

创业项目的成本是指企业为了获得经济利益的流入而失去或放弃的资源。这里所指的资源不仅包括作为生产资料和生活资料的天然资源,还包括经过人类加工的物质资源以及人力资源。失去是指资源被消耗,如材料在生产过程中被消耗掉,设备在使用中磨损等;放弃是指资源交给其他企业或个人,如用现金支付工资或加工费等。

项目的成本可以分为生产成本和非生产成本两类。其中生产成本是指生产过程中发生的成本,非生产成本是指非生产过程中发生的成本。生产成本包括直接材料、直接人工、制造费用;非生产成本包括销售费用和管理费用。销售费用和管理费用连同财务费用构成三大期间费用,这部分费用包括的内容将在项目的费用部分加以介绍。

2. 创业项目的费用

费用也称为成本,当单独使用费用或者成本时,二者的含义在多数情况下相同。当在具体情境中使用费用或成本概念时,需要依据所处的情境来判别其概念的范围。此处所指的创业项目的费用是指创业项目在运营过程中发生的不能归集到项目生产的产品或提供的服务上的资源的耗费,具体包括管理费用、销售费用和财务费用。

4.3.3 创业项目的利润

创业项目的利润是指项目在一定时期取得的经营成果,主要包括销售商品收入或提供劳务收入减去销售商品成本和销售商品税金及附加或者提供劳务发生的成本费用附加税费的净额。项目的利润按照构成的内容可分为营业利润、总利润和净利润。

1. 营业利润

营业利润 = 销售商品收入 − 销售商品成本 − 销售商品税金及附加 − 销售费用 − 管理费用 − 财务费用。

上述公式中,销售商品收入,是指销售项目生产或购进的产品或商品形成的收入,应依据权责发生制原则进行具体核算。也就是说,当满足商品销售收入确定的五个条件时就应确认为销售商品收入,当不同时满足销售商品收入确定的五个条件时,即使收到销售货款,也不能在当期确认为收入。

销售商品成本,是指销售商品发生的成本。当确认销售商品形成的收入时,应当一并确定与销售相关的商品的成本。

销售商品税金及附加,是指由于销售应纳消费税的商品应缴纳的消费税或提供劳务应纳的营业税以及依据增值税、消费税和营业税的总额与一定的比例计算应缴的城市维护建设税与教育费附加等。

2. 总利润

总利润 = 营业利润 + 营业外收入 − 营业外支出。

上述公式中,营业外收入是指创业项目发生的与日常活动无直接关系的各项利得。营业外收入并不是由经营资金耗费所产生的,不需要付出代价,实际上是一种纯收入,不可能也不需要与有关费用进行配比。其主要包括:非流动资产处置利得、非货币性资产交换利得、债务重组利得、政府补助、盘盈利得、捐赠利得等。

营业外支出是指创业项目发生的与日常活动无直接关系的各项损失。营业外支出主要包括:非流动资产处置损失、非货币性资产交换损失、债务重组损失、公益性捐赠支出、非常损失、盘亏损失等。

3. 净利润

净利润 = 利润总额 − 所得税费用。

上述公式中,所得税费用是指企业确认的应当从当期利润总额中扣除的所得税费用。

4.4 创业项目分析报告

1. 创业项目分析报告的概念

创业项目分析报告是创业项目评估的书面总结,是所有评估的创业项目最终的总体结论,是报告使用者进行创业项目投资决策的依据。

2. 创业项目分析报告的作用

一些创业项目的投资金额较大,持续时间长,对一个企业、行业或地区经济的影响较大,因此,每个创业项目在投入运行之前都要经过严格的论证。否则,一个创业项目投资失败往往使投资者背上沉重的债务负担,对社会也是一个极大的浪费。创业项目分析报告就是对创业项目可行性进行全面、系统分析的书面材料。

(1) 规划创业项目运作,提高投资的科学性。

创业项目分析报告将从创业项目提出到创业项目论证各阶段的资料进行集合,系统地分析创业项目的可行性,经过多方面、多细节的反复论证,可以极大地提高创业项目的科学性,降低创业项目的风险。

(2) 为创业项目运作提供控制标准。

创业项目分析报告是建立在较准确的预测和缜密安排的基础上的,因此,创业项目分析报告也可以作为创业项目后期运作的控制标准。通过对创业项目实际运作的情况和创业项目分析报告的比较,一方面可以检验创业项目是否按照计划进行,另一方面也可以检验创业项目分析报告的编制是否合理、科学。

(3) 有利于获得政策支持,通过创业项目审批。

创业项目分析报告是向政府部门提出审批的必需材料。如果一个创业项目有合理、充分的证据表明是可行的,而且在创业项目分析报告中列出了相关的国家政策优惠条款,将有利于创业项目得到政府部门的支持。

（4）是投资者做出投资决策的必要书面材料。

投资者投资的目的是要获得利润,那么如何说服投资者投资于一个利润尚不确定的创业项目呢？创业项目分析报告便是一个有效的工具。创业项目分析报告通过充分、合理的证据以及缜密的论证可以提高投资者对创业项目的预期和信心,从而说服投资者投资。

3. 创业项目分析报告的初稿

不同的创业项目分析报告的内容存在较大的区别。

（1）创业项目分析报告基本格式。

创业项目分析报告基本格式如表 4-2 所示。

表 4-2　创业项目分析报告基本格式

封面
目录
1. 总论
A. 创业项目及主体单位
B. 创业项目背景
C. 创业项目概况
2. 创业项目发展概况
A. 投资环境
B. 创业项目建设的必要性分析
C. 创业项目发展概况
3. 市场分析
A. 市场调查
B. 市场预测
C. 建设规模和生产能力
4. 创业项目条件
A. 能源和原材料供应
B. 交通运输条件
C. 厂址选择
5. 工程技术方案
A. 生产技术方案
B. 工程建设方案
C. 辅助设施建设
6. 财务评价
A. 财务总体评价

续表

B. 创业项目不确定性分析
C. 税收优惠政策
7. 创业项目投资及资金来源
A. 创业项目投资金额分析
B. 资金筹措计划
8. 创业项目风险及对策
A. 创业项目风险
B. 创业项目风险对策
9. 综合评价结果
10. 创业项目分析报告附件

（2）创业项目分析报告各部分介绍。

① 封面和目录。

封面应当包括项目名称、项目主分析人姓名、项目分析小组成员、项目分析的日期。目录是整个分析报告的框架,确定各部分内容的层次和关系。

② 总论。

总论主要包括三个内容：项目及主体单位、项目背景、项目概况。

A. 项目及主体单位。主要对项目的名称、项目拟建的地点和地区内容以及项目范围界定。主体单位的内容应主要集中在对项目主体单位情况的介绍,尤其是主体单位的优势的简单分析。在这一部分,也可以阐述项目主体单位的战略,进而将主体单位的战略和该项目结合起来。

B. 项目背景。项目背景应主要包括项目建设的必要性和项目建设的目标,国家或地区、行业发展规划等。同时,也可以从宏观经济形势的角度对整个项目的前景进行预测。

C. 项目概况。项目概况要从总体角度简单介绍项目的投资方,要准确说明投资的资金数额,投入的其他非货币性资产,还应说明投入的非货币性资产的折价数额。

③ 市场分析。

市场分析包括三部分内容：市场调查、市场预测、建设规模和生产能力。

A. 市场调查。对于大部分中小型项目,市场调查包括两个层次：国内市场调查和地区市场调查。当然,大多数情况下,地区市场调查所占的比重较大。地区市场调查的内容又可以分为：消费者需求调查、行业调查、竞争者调查和替代品调查。

B. 市场预测。项目分析人员需根据整个市场调查的结果和历史数据对市场的发展趋势进行预测。预测形成的结果可以是定性的,也可以是定量的。

市场预测中,还可以提及拟采取的产品方案以及产品的可能市场占有率。

C. 建设规模和生产能力。市场预测结果并不能直接转化为建设规模和生产能力规划指标,它需要经过市场份额、投资资金的调整。在项目分析报告中,需要对建设规模和生产能力的确定过程和依据进行说明。

④ 项目条件。

项目条件是对保证项目的正常运作所需要的资源的预计,包括资源和原材料的供应、交通运输条件及厂址选择。

A. 资源和原材料的供应。资源和原材料的供应要详细说明对于水、电等基础资源获取的途径,为保证生产的进行,原材料的供应是否能得到保证。项目分析报告中要准确说明资源和原材料获取的成本。必要时,这部分内容中应说明相关单位保证解决供应问题的合同。

B. 交通运输条件。可以从将采用的主要运输方式入手分析交通运输条件,项目分析人员最好要提供运输能力和运输成本的估计数据。

C. 厂址选择。选择厂址需要考虑的因素较多,如地形、土地费用、拆迁情况等。项目分析人员可以列出多个备选方案,通过对各个方案进行成本、收益分析确定出最佳厂址。

⑤ 工程技术方案。

工程技术方案是对技术的可行性、技术建设的可行性和辅助技术的可获得性的评估分析。

A. 生产技术方案。对现在市场上的技术水平和支持的技术水平进行描述,说明项目将生产的产品所采用的工艺技术、生产方法和生产设备。

B. 工程建设方案。主要是生产设施建设的内容以及整个工程建设进度。工程建设进度必须严格说明每个工程项目拟完成的确切时间。

C. 辅助设施建设方案。辅助设施建设包括公共设施、生活设施、供排水设施建设。

⑥ 财务评价。

A. 财务总体评价。投资项目总体评价根据投入资本总额、销售收入总额估算投资利润率、项目内部报酬率及静态投资回收期、动态投资回收期,对整个项目的可行性进行评估。在这一部分,如果存在多个方案,可以只列出可行的方案。

B. 项目不确定性评价。项目不确定性分析需要估计盈亏平衡点的销售收入以及此时的产品产量。在此处应当结合建设规模和生产能力设计形成方案的盈亏分析的可能性分析结果。

此外,不确定性评价还可以形成销售收入、经营成本、建设投资和税收对全部投资内部报酬率的敏感性分析表,确定企业经营过程中需要重点控制的内容。

C. 税收优惠政策评价。如果投资的项目含有税法规定的可以减免税收的内容,在对财务进行评价的时候可以列举相关的税法条款。

⑦ 项目投资及资金来源。

A. 项目投资金额分析。项目投资金额分析必须详细列出每一笔投资资金的数额和投资时间。一般来说,这部分应当与资金筹措计划部分结合,分析每笔资金支出的同时要指出资金的来源和出资协议。

B. 资金筹措计划。资金筹措计划根据资金的来源通常分为三个部分说明:投入资本金、银行贷款、经营产生的收入。投入资本金要详细说明出资方、到账时间和出资协议;银行贷款要说明贷款的用途、贷款额、贷款年限、本息还款方式和贷款抵押物;经营产生的收入必须有明确的计算数据以及所依据的假设条件。

⑧ 项目风险及对策。

项目风险及对策是项目分析报告最重要的部分,在这部分内容中,项目分析者必须全面列出项目可能面对的各类风险,并针对各种风险提出可行的风险控制方案。

A. 创业项目风险。创业项目风险分析可以从经营风险和行业风险两大方面展开,具体的经营风险和行业风险又包括许多风险因素。例如,经营风险包括价格风险、运输风险、成本风险、财务风险和汇率风险;行业风险包括市场风险、政策风险及对其他行业的依赖。

B. 创业项目风险对策。创业项目风险对策必须针对每种风险提出,而且这些对策被经验或模拟试验证明是正确的。

⑨ 综合评价结果。

根据对上述各部分的分析,对项目评估下一个综合性的结论。对于大部分项目评估报告,综合评价结果应该是肯定的。

需要注意的一点是,项目分析报告确定的可行的项目,经过其他人员的评估可能是不可行的,因此,这一部分的结论仅是整个报告分析得出的结果,能否最终投入运作仍需其他方面的支持。

⑩ 项目分析报告附件。

项目分析报告附件是对项目分析结果起支持作用的资料。将项目分析报告附件附于报告后,便于对项目分析报告的审查和再评估,也便于相关资料的查阅。附件主要包括以下内容:项目建议书、初步项目研究报告、各类批文及协议、调查报告及资料汇编、厂址选择报告书、贷款意向书、投资协议书、技术项目的考察报告等。

4. 创业项目分析报告的撰写要求

(1)客观、全面地收集和研究项目资料。

项目分析报告必须在认真调研的基础上,比较多种方案,客观公正地进行论证和评价,尤其不能在项目分析前就定调子。项目分析报告中需要大量的数据,这些数据必须是客观、准确的。所以,在进行项目分析时一定要客观、全面地收集和研究项目资料。

(2)明确项目分析报告的写作目的。

项目分析报告针对的使用对象不同,整个项目分析报告的侧重点应当不同。在撰写报告的时候,不仅应当考虑项目的先进性、经济和资金等方面的可行性,必要的时候还要附带相关的法律、政策条款为项目的合法性和政策合理性提供依据。例如,如果项目分析报告是用来申请银行贷款的,那么在项目分析报告中就应该附加该项目可以获得国家优先贷款的条件和政策条款。

(3)语言简练准确、结构严谨、论据充分、结论明确。

项目分析报告是在广泛调研的基础上形成的书面材料。它具有论文、报告两者的特点,对于报告的使用者,项目分析报告又具有请示的作用。因此,项目分析报告必须语言简练、结构严谨,避免报告使用者产生误解。

项目分析报告应包括三个部分:提出问题,提供论据,形成结论。

(4) 全面、准确、具体地回答报告使用者关心的问题。

项目分析报告要对提出的项目进行分析,说明项目的合理性,并说明项目实施的前提条件。在解决问题的过程中,不同的报告使用者具有不同的侧重点,项目报告要说服各个报告使用者,就必须对各方关心的问题都给予明确、客观的解答。此外,项目分析报告还应对各种制约因素提出解决办法,分析、说明项目中存在的风险和不确定因素。

(5) 重视项目分析报告附件的作用。

项目分析报告往往附带大量的附件,为了保证正文的语言简练,在编制项目分析报告时往往需要将一些附带资料附在项目报告后面。这些附件是项目分析报告的重要组成部分,也是对项目分析报告的必要补充。与项目分析报告正文相比,报告附件的专业性、技术性更强,能够使项目分析报告更严密、更具科学性。

草拟创业项目分析报告初稿案例

草拟创业项目分析报告初稿的工作步骤包括:项目分析前准备工作,成立项目分析小组,制订项目分析计划,调查并收集项目的资料,项目分析,编写项目分析报告初稿。

××创业咨询公司接到创业者王先生的委托,对其将启动的一个项目进行分析。为了编制项目分析报告,××创业咨询公司开展了以下工作。

◇ 项目分析前准备工作

××创业咨询公司的项目分析工作在签订项目分析委托合同之前便已展开,通过这些前期工作,××创业咨询公司对整个项目分析的风险等做了评估,经过公司内部有经验的项目分析人员的讨论,认为能够保质、按期完成项目分析工作。

在签订委托项目分析合同后,项目分析人员立即开展实质的项目分析准备工作。这些工作内容包括积极与王先生进行沟通,根据王先生提供的资料熟悉项目的基本情况,确定项目分析的难点和重点,尤其是确定影响项目可行性的各种潜在因素。

◇ 成立项目分析小组

经过对项目的熟悉和初步分析,王先生基本掌握了项目的特点以及项目分析工作的内容和复杂程度。根据这些情况,王先生选择了由专家组成的项目分析小组,其中几名人员是从公司外部聘请的。项目分析小组的成员主要包括:市场分析人员、工程技术人员、财务分析人员、经济师、法律顾问和其他辅助人员。同时项目小组又规定了每位参与人的工作内容,如表4-3所示。

表 4-3　人员工作内容表

人员、职位	工作内容
市场分析人员	项目的必要性分析,调查市场现状,预测市场发展趋势
工程技术人员	负责项目的技术条件、工程建设、环境保护等分析工作
财务分析人员	项目的投资额预算,资金来源,对项目进行财务分析
经济师	分析项目所处行业,与项目有关的宏观经济走势和政府政策
法律顾问	收集法律资料,分析项目中的法律问题
辅助人员	其他辅助工作

◇ 制订项目分析计划

项目分析小组成立后,进行了多次讨论,各项目小组成员分别提出了所负责领域的分析重点和可能存在的问题。经过最后协调,项目小组编制了非常详细的项目分析计划。项目分析计划包括以下各项。

(1) 项目分析的内容。

根据项目的特点和需要解决的问题,明确提出项目分析的目的,以及为实现分析目的所需要开展的工作内容。

(2) 项目分析的重点。

根据以往的经验和对现在类似项目的考察,项目小组将项目分析的重点确定为产品市场的发展趋势和项目的经济性分析。另外,由于王先生现在可能缺少足够的资金运作该项目,因此,项目分析小组将项目的财务分析、项目的资金筹措也作为分析的重点。

(3) 资料清单。

在确定项目分析的工作内容后,项目分析小组成员分别列出了要完成自己职责范围内的工作所需要的资料。最后,将各个成员的资料清单进行汇总便确定了整个项目分析所需要的资料。这些资料主要包括市场分析资料、财务和经济分析的基础数据、行业分析报告、项目的原材料供应、资金来源的协议和合同、相关的政策和法律条款等。

(4) 安排项目分析的进度。

项目分析小组通过与王先生的沟通,根据工作的内容和复杂程度,敲定了最后的完成时间。为了实现项目分析小组内的协调,保证能够按期完成任务,项目分析小组又确定了每位成员完成各自任务的时间。

项目进度表中规定小组成员如果发现不能按时完成任务,必须及时与小组负责人沟通,必要时对项目分析进度表进行调整。

◇ 调查并收集项目的资料

对项目资料的收集是由各小组成员根据自己的工作内容分别完成的。对于一些共同所需的资料,由小组成员之间进行协调。一些重要的或者共同需要的资料,小组成员在收集、调查后要及时整理,提交给项目负责人。对于一些需要复制的资料,小组内部规定,原收集人必须在复印件上签字。

针对调查、收集项目的资料,项目分析小组还明确几项规定:①各项原始数据必须有必要的旁证和补充资料;②在调查和收集资料的过程中,应注意资料的可靠性、准确性和完整性;③无确凿证据,小组成员不得随意修改资料。

◇ 项目分析

在对调查资料加工整理的基础上,项目分析小组的下一步工作就是对项目的各个细节部分进行分析和测算。在这个过程中,各项目分析小组成员需要根据以往的经验,准确计算出各个必要指标。在项目分析过程中,项目分析小组会定期举行会议,每个小组成员都会将自己的分析结果和其他小组成员进行交流,以互相验证。

◇ 编写项目分析报告初稿

各小组成员将自己所负责的内容分析结束后,首先需要自己编制本部分的分析报告,然后将分析报告、分析数据和分析资料一并提交给项目负责人。待所有的资料都准备齐全后,小组负责人便着手组织项目小组编制项目分析报告。

项目分析小组需要对该项目是否可行下最终结论,为了提高决策的科学性,项目分析小组须多次开会讨论。同时,项目分析小组又将项目分析报告提交给公司经理,希望得到他的建议。最后,项目分析小组成员一致认为:王先生的项目是可行的。

最后,项目分析小组将编制的项目分析报告准时提交给王先生,小组负责人告诉王先生对于其中的任何疑问可以随时向项目分析小组成员询问。小组负责人尤其提醒王先生关于委托协议中规定的一条:如果王先生将项目分析报告用作他用,王先生应当取得××创业咨询公司的同意。

【思考题】

1. 创业项目初选标准有哪些?
2. 创业者要创业,需要具备哪些创业条件?

第五讲　商业模式与竞争

"商业模式"的概念开始进入大众视野并流行起来也就是近二十年的事，伴随它而来的是全球化、信息技术的发展和产品生命周期的缩短所带来的竞争格局的巨大改变。这种巨变令无数学者、商人对"商业模式"趋之若鹜。那么，到底什么是"商业模式"，了解了"商业模式"又能为我们带来什么？事实证明，"商业模式"对我们大学生创业者有着举足轻重的作用。而随着"互联网+"思想的不断拓展，商业模式又该如何去创新发展呢？

5.1　关于商业模式

5.1.1　商业模式的概念

商业模式是一个非常宽泛的概念，通常与商业模式有关的说法很多，包括运营模式、赢利模式、广告收益模式、B2B 模式、B2C 模式、O2O 模式……不一而足。商业模式是一种简化的商业逻辑。

商业模式简单地说就是"关于做什么，如何做，怎样挣钱的问题"，是指企业为达到赢利的目的，而进行的战略规划和组织运作体系的设计，主要体现在核心能力、收入来源、组织结构、业务流程、营销渠道、成本结构、定价形式等方面。

商业模式的实质是一种创新形式，企业的创新形式贯穿于企业经营的整个过程。换言之，在企业经营的每一个环节上的创新都可能变成一种成功的商业模式。

大家熟知的蒙牛乳业（以下简称蒙牛），有四个"大"：太阳光大、父母恩大、君子量大、小人气大；蒙牛有四个"98%"：品牌的 98% 是人性、经营的 98% 是文化、资源的 98% 是整合、矛盾的 98% 是误会；蒙牛有三个"靠"：大智靠学、大牌靠创、大胜靠德；蒙牛的用人文化是：有德有才破格录用、有德无才培养使用、有才无德限制录用、无才无德坚持不用。蒙牛之所以有今天，绝对不是偶然，而是必然。蒙牛一头牛也不养，农民到信用社贷款买牛，用蒙牛的品牌做担保，产出来的牛奶蒙牛包销。这样北方 300 万农民，蒙牛就有至少 300 万头牛的存栏规模。蒙牛虽不饲养奶牛，但是它的牛奶卖得非常的好。这就是公司董事长牛根生对蒙牛商业模式的创新。

1. 商业模式的特征

商业模式是一种包含了一系列要素及其关系的概念性工具,用以阐明某个特定实体的商业逻辑。它描述了公司所能为客户提供的价值以及公司的内部结构、合作伙伴网络和关系资本等用以实现(创造、营销和交付)这一价值并产生可持续、可营利性收入的要素。这个定义明确了商业模式的五个特征:第一,它包含诸多要素及其关系;第二,它是一个特定公司的商业逻辑;第三,它是对客户价值的描述;第四,它是对公司的构架和它的合作伙伴网络和关系资本的描述;第五,它会产生营利性和可持续性的收入流。

2. 商业模式的分类

商业模式可以分为两大类:运营性商业模式和策略性商业模式。

(1) 运营性商业模式。

重点解决企业与环境的互动关系,包括与产业价值链环节的互动关系。运营性商业模式创造企业的核心优势、能力、关系和知识,主要包含以下几个方面的主要内容。

产业价值链定位:企业处于什么样的产业链条中,在这个链条中处于何种地位,企业结合自身的资源条件和发展战略应如何定位。

赢利模式设计(收入来源、收入分配):企业从哪里获得收入,获得收入的形式有哪几种,这些收入以何种形式和比例在产业链中分配,企业是否对这种分配有话语权。

(2) 策略性商业模式。

策略性商业模式对运营性商业模式加以扩展和利用。应该说,策略性商业模式涉及企业生产经营的方方面面。

业务模式:企业向客户提供什么样的价值和利益,包括品牌、产品等。

渠道模式:企业如何向客户传递业务和价值,包括渠道倍增、渠道集中/压缩等。

组织模式:企业如何建立先进的管理控制模型,如建立面向客户的组织结构,通过企业信息系统构建数字化组织等。

3. 商业模式的要素

商业模式展现的一个公司赖以创造和出售价值的要素,可以细分为如表 5-1 所示的九个方面。

表 5-1　商业模式九要素

类目	要素	描述
产品	价值主张	公司如何通过提供产品和服务为客户创造价值。价值主张确认了公司对消费者的实用意义。
顾客界面	客户细分	公司为之创造价值的人群(包含不同需求的客户群体)。这些群体具有某些共性,从而使公司能够(针对这些共性)创造价值。也被称为市场细分。
顾客界面	渠道通路	公司用来向客户传递价值主张的主要方式(如何与客户互动),它阐述了公司如何开拓市场,涉及公司的市场和分销策略。
顾客界面	客户关系	公司目前所有已经建立起来的客户关系类型(客户关系的关联模型)。

续表

类目	要素	描述
管理架构	核心资源	用来创造、传递和获取价值的基础构件(公司商业模式运作所必需的重要条件)。
	关键业务	公司为了确保商业模式良好运作所必须要做的重要事情(业务单元及业务流程)。
	重要合作	公司同其他公司之间为有效地提供价值并实现其商业化而形成的合作关系网络,是影响商业模式运作的重要途径(产业链)。
财务表现	成本构成	为客户提供产品及服务所需耗费的各项必备开支(价值链)。
	收入来源	公司的盈利方式(如何通过定价机制获取商业价值)。

4. 商业模式的三个维度

在哈佛大学教授约翰逊、克里斯坦森和 SAP 公司的 CEO 孔翰宁共同撰写的《商业模式创新白皮书》中,商业模式被概括为一个由客户价值、企业资源和能力、盈利方式构成的三维立体模式。

(1) 客户价值。

"客户价值"是指在一个既定价格上企业向客户或消费者提供服务或产品时所需要完成的任务。通俗地说,客户价值就是客户的需求。大学生在创业初期,尚仅习惯于全身心地满足这种浅层次的需求,更重要的应该是:具有对客户需求的还原能力,"找到埋藏着文物的地方",这还只是第一步,而将它发掘出来,通过一件文物还原一个时代,这才是最重要的。

以苹果公司的产品为例,自 ipod 开始,苹果公司推出了 itouch、iphone、ipad 等一系列产品,这些产品背后有着同一套商业模式支撑——itunes,这就是苹果公司建立的网上音像商店。乔布斯深知,顾客购买播放器的真正目的是听音乐、看电影和娱乐,而其他公司则以为顾客购买的是播放器本身。其实这种购买行为的背后,隐藏着另一种购买需求,甚至这种隐藏的购买需求背后还潜藏着一种或多种更隐秘的需求。于是,大家在购买苹果公司产品的同时,还会从 itunes 那里不断购买数字音像、软件产品。因此,苹果公司的产品已经不是产品本身,而是基于发掘客户潜在价值的商业模式。由此可见,商业模式比产品更会赚钱。

(2) 企业资源和能力。

"企业资源和能力"就是支持客户价值主张和盈利模式的具体经营模式。大学生的创业起点往往来自于一个对客户价值的充满信心的判断。然而,一旦涉及企业资源和能力,则往往就会敷衍而过,不愿或不懂得在资源和能力上下功夫。这就是和市场真正、也是最大的差距所在。

每个人都有去电影院看电影的经验,那么电影院又是如何赚钱的呢?90%以上的人会认为是靠电影票。其实真相并非如此。美国电影院线的主要盈利来源(与营业额来源不同)则是在影院出售的食品,常见的有爆米花、冰激凌、饮料等。可以说,电影院线天生带有靠"零食"而非电影票挣钱的基因,这就是我们所说的资源和能力。人们到电影院的真正目的不是看电影,而是在闲暇时间中得到最大程度上的身心放松,而这种需求的满足不是仅仅通过看电影就可以实现的,它还要从看电影时携带零食,与情人、亲友共同分享美食中获得满足。在识别出上述客户价值之后,经营影院的人自然就会自问:我能否以可控的成本提供这样的产品和服务?答案是明确和令人振奋的:接触客户的成本几乎为零,而且这种产品和服务具有排他性。客户不可能在观看电影的中途出去购买零食,而观众看电影时青睐的美食——冰激凌和爆米花也不大可能外带,因此,这些产品和服务自然可以以较高的价格在电影院售出,从而获得相对可观的利润。就拿国内院线来说吧,2013年度,万达院线的卖品已经成为电影院的主要收入及利润指标,仅爆米花相关收入就高达3.9亿元,占卖品总收入的72%,而爆米花的利润率则高达96%以上。

从这个例子可以看出,客户价值主张如果没有相应的资源(客户资源和产品资源)和能力作为支撑,就难以形成模式,也更加难以实现可持续、可盈利的收入流。

(3)盈利方式。

盈利方式,即企业为股东实现经济价值的过程。比起客户价值主张和资源与流程上的门槛,有效的盈利方式是商业模式三要素中比较容易让人忽视的一环。原因很简单,企业提供产品和服务时收取费用似乎是天经地义的,因此赚钱也应该顺理成章,但是盈利方式的丰富度和可能性其实远远超过我们的想象。

对企业来说,其实收费可以选择的方式不多,无论是租赁还是出售,都是对总拥有成本的分解和重组。要么在前期一次性支付,要么在后期长时间支付,或者两者结合起来。即使是现在热门的基于免费使用的盈利方式,最终也还是需要支付。关键在于,哪种方式对于客户来说障碍是最小的。

以吉列剃须刀为例,它就是靠低价出售刀架和搭售大量刀片建立了一个庞大的企业,这种"刀架与刀片"的价格组合成为了许多产业选择的盈利方式。这种盈利方式也就是尽可能降低消费者的首次支出,成功地帮助消费者突破了首次购买金额过高的心理障碍,其秘诀就在于对产品总拥有成本进行分解和重组,以价格相对低廉的"饵"产品来消除消费者的价格敏感,降低他们的购买门槛。

5.1.2 成功的商业模式

当你创建一家店铺或者一个超市,你首先要回答的问题是:怎么才能让顾客进我的店而不是进别人的店,我能满足客户的需要吗?任何一个想要建构完美商业模式的企图,都必须从下面两个问题开始实现:"我到底能为客户提供什么?""我凭什么来实现客户价值?"

全球最大的管理咨询公司和技术服务供应商埃森哲公司(Accenture),长期从事商业模式研究,它认为,成功的商业模式具有三个特征:

第一,成功的商业模式要能提供独特的价值。有时候这个独特的价值可能是新的思想;而更多的时候,它往往是产品和服务独特性的组合。这种组合要么可以向客户提供额外的价值,要么可以使客户能用更低的价格获得同样的利益,或者用同样的价格获得更多的利益。

第二，商业模式是难以模仿的。企业通过确立自己的与众不同，如对客户的悉心照顾、无与伦比的实施能力等，来提高行业的进入门槛，以保证利润来源不受侵犯。比如直销模式，尽管仅凭直销这一点还不能称其为一个商业模式，人人都知道直销如何运作，也都知道戴尔公司是直销的标杆，但是戴尔的模式是很难被复制的，原因就在于其直销的背后是一整套完整的、极难复制的资源和生产流程。

第三，成功的商业模式是脚踏实地的。企业要做到量入为出、收支平衡。这个看似不言而喻的道理，要想年复一年、日复一日地做到，却并不容易。现实当中的很多企业，不管是传统企业还是新型企业，对于自己的钱从何处赚来，为什么客户看中自己企业的产品和服务，乃至有多少客户实际上不能为企业带来利润，反而在侵蚀企业的收入等关键问题上，都不甚了解。

1984年，一种新商业模式在美国出现，创新者是当年才19岁的麦克·戴尔。他取得了巨大的成功，连续多年在《福布斯》财富榜上排在前十位，2006年其财富达到155亿美元，排名第九。

戴尔看到IBM、康柏的商业模式过于呆板，即不能根据客户的需要组装电脑。不同用户的需要显然不同，但IBM、康柏不能为多数用户量体裁衣，同时，他们的商业模式又使资金周转速度太慢，库存电脑太久太多，零售店面占用太多，成本过高。而戴尔电脑公司的模式是"先拿到客户订单，收到钱，再组装电脑，然后发货"。也就是说，客户先打电话下单，告诉戴尔电脑公司所要的电脑速度、存储器大小等，交好钱，然后戴尔电脑公司才开始组装，组装后直接寄到客户家里。这样，戴尔电脑公司不需要太多流动资金，没有库存，没有零售店面成本，更没有电脑技术过时的风险，因此也没有价格风险。既有满足用户需求的灵活性，又大大降低了成本，这使戴尔电脑公司有很大的砍价空间，即使他卖的电脑比IBM、康柏的便宜很多，戴尔电脑公司照样能赢利，而IBM、康柏却可能亏损。有了这种"定制加直销"模式，戴尔电脑公司不胜出才怪呢。

虽然戴尔电脑公司的电脑业务于1985年才开始，到年底，其销售额已达7000万美元，1990年其销售额高达5亿美元。到1999年，戴尔电脑公司超过IBM、康柏、惠普，成为最大的个人电脑商。对于客户而言，他们不仅可以根据个人需要定制电脑，价格也最低，而且一有问题，还能直接跟制造商交涉，而不是与零售商打交道，这很有吸引力。

戴尔电脑公司的"定制加直销"模式非常成功。比如，在20世纪90年代中期，它的平均库存时间为6～13天，而竞争对手的库存时间为75～100天。电脑淘汰速度、降价速度一直很快，这种库存时间优势对戴尔电脑公司的成功极为关键。

戴尔电脑公司的"定制加直销"模式还有其他优势。实际上，它特像中国的房地产模式，开发商在楼房还未完工，甚至只盖到$\frac{1}{3}$时，就把房子预售给客户，先得到房款，然后再用这些钱盖房，这样，不仅开发商并不需要太多本钱，而且当他们拿到这些售房款后，可以把一部分售房款存在银行赚取利息，或者做别的投资，大大提高了利润空间。戴尔在上大学时，没有本钱就能开公司，道理也在于此。

O2O 模式

O2O 即 Online To Offline,也即将线下商务的机会与互联网结合在了一起,让互联网成为线下交易的前台。这样线下服务就可以用线上来揽客,消费者可以用线上来筛选服务,成交可以在线结算。该模式最重要的特点是:推广效果可查,每笔交易可跟踪。国内首家社区电子商务开创者九社区是鼻祖。

O2O 绕不开的,或者说首先要解决的是,线上订购的商品或者服务,如何到线下领取?也就是线上和线下如何对接?这是 O2O 实现的一个核心问题。用得比较多的方式是电子凭证,即线上订购后,购买者可以收到一条包含二维码的短彩信,购买者可以凭借这条短彩信到服务网点经专业设备验证通过后,即可享受对应的服务。这一模式很好地解决了线上到线下的验证问题,安全可靠,且后台可以统计服务的使用情况,方便了消费者的同时,也方便了商家。

多拿网是一种全新的 O2O 社区化消费综合平台。与团购的线上订单支付、线下实体店体验消费的模式有所不同,它创造了全新的线上查看商家或活动、线下体验消费再买单的新型 O2O 消费模式,有效地规避了网购所存在的不确定性、线上订单与线下实际消费不对应的情况,并依托二维码识别技术应用于所有地面联盟商家,锁定消费终端,打通消费通路,最大化地实现了信息和实物之间、线上和线下之间、实体店与实体店之间的无缝衔接,创建了一个全新的、共赢的商业模式。网站涵盖了休闲娱乐、美容美发、时尚购物、生活服务、餐饮美食等多种品类,旨在打造一个绿色、便捷、低价的 O2O 购物平台,为用户提供诚信、安全、实惠的网购新体验。

O2O 模式的核心很简单,就是把线上的消费者带到现实的商店中去——在线支付购买线下的商品和服务,再到线下去享受服务。

Saint Moi:中小卖家也开实体店

这家定位原创设计、时尚潮流女装的五皇冠淘宝女装店,2009 年开店,到目前仅一个 C 店,由店主自己设计衣服,再找广州本地工厂代工生产。网店上新周期是半个月 20 个左右的款,一个款式卖完了,一般不会补货。很多买家抱怨买不到自己看中的衣服,为满足消费者的要求,Moi 从 2011 年起,陆续在上海、成都、杭州三城开了实体店,都位于小区内。线上线下互补,买家有了双重渠道可以选择,网上售罄的衣服可以到实体店买,不好卖的款实体店还能帮忙销库存。

实体店将小区里的一套三室一厅装潢成与品牌形象相符的简约风格。客厅被装修为服装展厅：个性化的设计，柔软的沙发，一间由卧室改良的试衣间，覆盖一面墙壁的穿衣镜，厚厚一层地毯。买家可以一次性拿10款衣服进去试，通过自己这关的衣服再秀出来，听取他人的意见。这一切，就像有店员拿着衣服上门服务一样，让买家充分感受到轻松随意的购物环境。

在享受一对一服务的同时，你还能听到专业有效的衣着搭配建议。为保证每个时间段只接待一位或同一拨买家，买家来实体店体验必须提前通过电话或私信预约。这样一来，巧妙地将微博、微信营销和饥渴营销结合了起来，更多的等待订单在微博、微信上被展现。当买家看到某家店铺前排满了长队的时候，是不是也有想进去消费一番的冲动呢？

5.2 商业模式与竞争策略

加拿大著名的太阳马戏团，在传统马戏团受制于"动物保护""马戏明星供方砍价"和"家庭娱乐竞争买方砍价"而萎缩的马戏业中，突发奇招，主动将自己的观众从传统马戏的儿童观众转向成年人和商界人士，以马戏的形式来表达成年人戏剧的情节，吸引人们以高于传统马戏数倍的门票来享受这项前所未见的娱乐。这个案例，既是商业模式的创新实践，也是实施"蓝海战略"的成功案例。

5.2.1 "蓝海"中的创业者

1. 蓝海战略

所谓"蓝海战略"，是指开创无人争抢的市场新空间，超越固有的竞争思维定式，开创新的市场需求，经由价值创新来获得新的空间。而与之相反的"红海战略"，则是指在现有的市场空间中竞争，是在价格中或者在推销中做降价竞争，他们在争取效率，然而增加了销售成本或减少了利润。

毋庸置疑的是，价值创新是蓝海战略的基石。价值创新挑战了基于竞争的传统教条即价值和成本的权衡取舍关系，让企业将创新与效用、价格与成本整合一体，不是比照现有产业最佳实践去赶超对手，而是改变产业景框重新设定游戏规则；不是瞄准现有市场"高端"或"低端"顾客，而是面向潜在需求的买方大众；不是一味细分市场满足顾客偏好，而是合并细分市场整合需求。

2. 创业者与"蓝海"

"打败竞争者的唯一办法，就是停止那种试图击败竞争者的做法。'红海'是没有希望的，'蓝海'才是企业的真正获利点。"这是"蓝海战略"的提出者及追随者提出的代表性观点。"蓝海战略"的核心思想在于，改变产业的边界或改变产业成功的关键要素，在价值创新中超越对手。有鉴于此，真正意义上的蓝海战略，主要集中于两种情形：第一，成功地开创了一个全新的产业，在一个竞争者并未关注和进入的产业中开始自己的业务，如分众传媒公司大规模地在楼宇中推出视频媒体业务等;第二,成功改变产业成功的关键要素,从而避免和主要竞争对手围绕原有的产业成功关键要素进行厮杀,如泰康人寿保险公司就着眼于提供一份保单保全家的服务等。

无论是开创新的产业,还是改变产业成功的关键要素,都意味着企业自身的商业模式同竞争对手之间出现了本质的区别,唯有建立在这一基础上的价值创新才是"蓝海战略"。而且,任何"蓝海"都不可能是永远的"蓝海",在第一个企业成功找到"蓝海"之后,就会有大批潜在进入者蜂拥而至。有些企业也许可以借助自身拥有的核心竞争力和先行者优势构筑起进入壁垒,在一段时间内把潜在进入者挡在门外,与竞争者的厮杀只在"蓝海"之外进行。不过,再强的商业堡垒,终究都会被攻破,"蓝海"迟早会变成"红海"。"蓝海战略"最多只能确保企业在一段时间内避免和对手的正面冲突,并因此获得高额的利益。除非企业能够连续不断地在旧有的"蓝海"变成"红海"之前找到新的"蓝海",否则激烈的竞争就在所难免,而能做到这一点的企业凤毛麟角。也因此,如果在将来的创业历程中一直在"海"中厮杀,就一定有必要去寻找"蓝海";而如果有幸可以置身"蓝海",则要做好随时投入"红海"中竞争的准备。

"蓝海战略"的核心精神并非仅指在"蓝海"中获利,而是提醒大家:世界上没有永远卓越的产业,也没有永远卓越的企业。除此之外,对于大学生创业来说,"蓝海战略"强调的既不是竞争,也不是合作,而是努力避免惨烈的竞争,这点对于风险承受能力特别差的大学生而言弥足珍贵。

谭木匠公司——小木梳,大文章

谭木匠公司无疑是中国一家卓越的企业,它高度专注于木梳等小木制品行业,从一个小作坊发展成为了年零售额过亿元的明星企业,遥遥领先于同行,不动声色地成了小行业里面的"隐性冠军",在小木梳里做出了大文章。

谭木匠公司的成功得益于对中国市场独特的敏锐把握,通过对产品、文化、理念的突破创新,在以木梳为主打的木制工艺品市场中获得了惊人发展,更重要的是在这个市场中的地位固若金汤,几乎没有挑战和威胁力量,我们把这样一片市场称为"蓝海"。谭木匠是靠什么从血腥的价格战中全身而退?是如何提升了小梳子的单品利润率?又是如何将小东西做成大市场?

第一,木梳实用功能的飞跃。20世纪60年代塑料工业在我国兴起,塑料发梳充斥市场,大多制造简单、成本低廉,传统木梳厂家生产的木梳、牛羊角梳的做工技术落后,梳齿有棱角,与塑料梳子相比,用木梳梳头时容易挂断头发,木梳行业逐渐走向没落,失去市场。

谭木匠公司产品以木为定位,这就面临了挑战。但谭木匠公司突破了传统的技术,将现代制造技术与传统手工艺技术相结合,将现代流行时尚与中国传统文化工艺相结合,将产品的艺术性、工艺性、观赏性、收藏性与实用性相结合,秉承中国传统手工艺精华,奉行"我善治木""好木沉香"的产品理念,将传统工艺与现代专利抛光技术、插齿技术结合起来,使梳齿圆滑、手感舒适,而且用料考究,具有防静电、保健、顺发等基本功能。更进一步的是,它将实用和艺术很好地结合了起来,创造了多样的梳体造型,赋予其艺术美的品位,适应了人们的审美观。凭借着木梳的高质量、好美感,谭木匠公司已经在量上取得了跨越式的进步,拉开了和竞争对手的距离,企业步入了优秀行列。

第二,文化营销,把木梳从日常用品提升为工艺艺术品。中国人使用木梳已经有了几千年的历史,从古至今,梳子能够细致地体现主人的品位和优雅气质,通过历史的积淀,已经形成了一个源远流长的梳文化,用的梳子久了会产生感情,主人会很好地爱护珍藏。

廉价塑料梳和普通木梳大行其道,梳子就失去了其文化传统,沦为了一种没有底蕴和技术含量的日常用品,它的功能局限于梳头顺发。对于人们需求方向的转移,谭木匠公司把握得很准确。木梳这一传统小商品,赋予其传统古典文化是增值的关键。具有古典气息的"谭木匠"品牌,消费者可能以为它是个百年老字号,其实它只是个有11年历史的年轻品牌,扑面而来的文化气息,古朴的购物环境,造型精致而独特的小梳,精心设计的包装袋,这些都是消费者所钟爱的。作为"谭木匠"品牌的核心消费群体的女性顾客,"谭木匠"品牌木梳的现代中不失传统,传统中不失现代,给予了她们渴望得到的文化上的认同感,让"谭木匠"品牌的小梳子、小镜子、小布袋子,成为"小资"女性的标志和最爱。

梳子作为人们生活中长期使用的小物品,有很浓的人情味。谭木匠公司生产的木梳不仅有其优质的顺发功能,同时承载着人们对梳理愁绪的联想。把木梳的效用重心由实用功能转向文化和情感,顾客找到了与自己品味相投、地位相称的发梳,得到了文化上认同价值和情感满足,谭木匠公司生产的木梳通过文化营销实现了公司的质变,从优秀飞跃到了卓越。

5.2.2 以服务为核心的商业模式

以大学毕业生为例,二十二三岁的青春年华,有至少16年都待在校园里,要让他们在进入市场之前就发现一块商业处女地、创造一个全新的商业模式,从而在蓝海中畅游是不切实际的,而且这种想法可能会令他们付出难以估量的代价。因此,大家可能需要做好在红海中搏杀的准备,而用服务重塑红海中的商业模式是一个最合适的起点。

回望一下近十年的历程,卖计算机的IBM已由卖高企业绩效的IBM所取代;卖杀毒软件产品的赛门铁克已经开始卖信息安全保证了;而爱立信也抛弃了电信设备这一传统产品,转而卖电信业盈利能力;卖发电机的ABB即将消失,卖发电能力的ABB正在孕育……这就是正在IBM、爱立信、ABB等企业身上发生的服务转向。只要设想这样一种极端情况,就能更加明白这种转向的不可避免性:回到现代制造尤其是大规模制造兴起之前,那时手工作坊甚至单个工匠是制造业的主要从业者,工具和机器在一个产品的诞生过程中参与程度还有限,市场上出现了一些名为"终身万能服务有限公司"的企业。它们从成立到解散只有一个客户,那就是某个人的一生,它们的业务就是满足这个客户的任何需求并收取回报。

大规模制造技术通过简化大量的个性化需求,用标准化生产来大大提高了生产效率,做出了大家都买得起的被标准化了的产品。然而,随着人们追求个性自由的意识愈来愈强烈,人们发现市场上的产品没有一个可以完全符合他们的真正意愿。与此同时,随着互联网的发展及制造技术的进步,让低成本制造各种更加个性化的产品和解决各种应用难题成为可能,"私人定制""个性定制"已经成为当下人们的口头语,而信息技术的应用又让生产者们不再需要花那么多时间去揣摩人们的需要了,他可以依靠客户身边的所有信息来源去深入了解。

这就是说,用户已经真正取代产品成为一切商业行为的中心,那些善于理解客户价值诉求并知道怎样将其转化为有利可图的业务的公司,才会顺利完成从制造到服务的转向。与此同时,"以客户为中心"也意味着,如果客户对你所提供的价值不感兴趣或缺乏紧迫性,再好的创新也可能泡汤。所以,"客户价值"永远是商业模式创新的核心!

5.2.3 公司重构能力

安然公司在1930年成立后的近半个世纪里,都称得上是一家优秀的能源公司,从能源开采、加工到运输,与其他传统的能源公司没有什么两样,主要的业务都是围绕产品展开的。就连《财富》杂志也在1996—2001年,连续六年将安然公司评为"美国最具创新精神公司"。然而,安然公司最终还是倒闭了,不是因为它的价值创新,而是认知障碍(沉迷于现状)、资源障碍(受到资源的限制)、动力障碍(员工变革的动力不够)和组织障碍(既得利益者的反对)。用韦尔奇的话概括来说就是:"安然是第一流的石油天然气供应商,但是安然后来转向了贸易,对这一领域他们完全不熟悉,而且雇佣新的人员,改变了自己的企业文化。"

当然,融资能力只是公司构造能力的一个方面。除此之外,在人才、考核激励、营销模式、业务能力等方面,转型的企业也需要重新考虑。以爱立信为例,为了转型为销售电信业盈利能力和业务增长点的公司,爱立信首先宣布将手机和设备制造业务外包给伟创力等专业的外包制造服务商,接着将整个手机部门与索尼合资,同时还进行了一系列收缩研发战线的调整,如全球一百多个研发部门被缩减至二十多个,关闭了3/4的爱立信实验室,结果两年内研发的费用就降低了一半;与此同时,爱立信还敏锐地捕捉了电信、互联网、媒体、娱乐行业融合的趋势,收购了一家IPTV领域的公司,并与全球最大的在线音乐服务公司Napster合作推出移动音乐门户网站……这一系列的调整和积累无疑有利于帮助它更好地站在运营商们的角度去思考产业的未来。

不要觉得重建公司能力对大学生而言遥不可及,一旦他们站在产业未来的制高点上,就必须思考将公司能力与产业未来联结的问题,这也是一个企业家不可回避的问题,越早得到这个问题的答案,在未来产业竞争中就越可能居于不败之地。

5.2.4 基于服务的价格策略

几年前,《麦肯锡周刊》中曾经有一篇文章专门谈论服务意义上的解决方案及其定价问题。"解决方案不只是简单地把一堆相关的软硬件组合到一起,也不仅仅是为了把提供给客户的产品和服务组合起来……一个真正的解决方案应该是由客户的需要决定并且根据客户的需要设计的,而不是为了给供应商现有的产品找到一个新的用途。只有当供应商和客户共同合作,根据客户的需要设计产品和服务,把它们集成为一个独特的整体,并且能够最完美地满足客户的需要时,供应商才可以说自己提供了一个真正的解决方案。"

这还只是制定价格策略的开始,买卖双方如何确定一个带来双赢的价格,这才是最终使有志于向服务转型的公司能否成功的关键。这对买卖双方而言,过去都没有相关的经验,经常是起初双方达成了一个定价,但越执行下去,一方或双方就越感到疑惑,如果最初的少量投入没有吓住买方的话,那么随着时间的推移和投入的增加,他开始怀疑起来:"如果不买服务,产品是不是会更便宜?"为了打消客户的顾虑,一般可以采用统一定价的方式,以项目或时间为单位进行定价,但这等于是由服务商承担了部分风险,服务商必须尽快积累这方面的经验。

参照客户过去采购产品模式下的成本来进行定价,也不失为一种选择。现在已经有信息系统服务商采取这种策略,如赛门铁克。另有一种是根据为客户带来的增值来分享这部分收益。还有一种具有前瞻性的盈利公式是这样的:为自己的解决方案设置一个最高价格和最低价格,最高价格是在这个解决方案的使用期中可以获得的功能、工作流程以及客户关系等各方面的收益的净现值,减去使用原有系统所获收益的净现值,然后加上自己的解决方案的优势所折合的价值,如自己的方案比竞争对手领先的时间,这些时间会带来额外的收益,最低价格则包括交付这个解决方案及其所有组成要素的实际成本。

可以肯定的是,在未来,产品或服务的价格策略一定不会是单一的。为每个方案制定一个价格策略可能成为必需的,而且价格的形成往往是在谈判的过程中。

傍《星星》傍出的最牛电商社会化营销案例

宝贝标题、关键词统统换上炸鸡、啤酒等,店铺设计均是"叫兽""二千"或"来自星星的×××",只要能搭上边的产品都是都敏俊、千颂伊、《星星》同款……都说淘宝卖家是最会傍热点、最紧跟潮流的一群人,只要网上火了什么,淘宝上一准就能出现,《来自星星的你》的火爆,确实给淘宝卖家们带来了不少的营销资本。

几年前你的热点敏感度也许能给你的店铺带来很大的惊喜,而在热点快被傍烂的今天,简单的傍热点做营销,其收效也许会越来越微弱,而借助热点,结合店铺产品,利用微博、微信等各种社交平台和媒体渠道,演绎一场完美的社会化营销案例,更能带来让人意想不到的效果。

◇ "叫兽假"引全民艳羡

2014年2月28日晚上便是《来自星星的你》大结局播出时间,正当全民翘首以待的时候,竟然有公司给员工放半天"叫兽假",满足员工追剧的需求!

"叫兽假"最早从新浪微博爆出,较早的微博称"厦门一化妆品公司负责人利用新浪微博公开表示,将为员工放半天至一天的'叫兽假',让他们得以同步观看本周韩国大热剧集《来自星星的你》的大结局"。大意就是某公司不少员工为追剧请假,老板为满足员工需求,特意批准给员工放半天假,俗称"叫兽假"。

见过请事假、病假、婚假等各种假的,但是世界上还有为了让员工追剧,特意放假的公司,简直是"中国好领导"!随后,新浪、《环球时报》、新华网等各大媒体官方微博、网站,甚至天猫、淘宝官方微博发布了关于"叫兽假"的微博,并成功登上微博热榜榜首,除此之外,"叫兽假"还通过QQ群、微信朋友圈等各种渠道进行更大范围的推广。

◇ 傍热点推陈出新

相信明眼人都能看得出来,这应该不是简单的热点事件,而是有人有意为之。只要有心,稍微去搜索一下,便可以知道,所谓的厦门化妆品公司,其实就是PBA,准假的领导就是PBA老总苏桂强,这次的"叫兽假"便是他们为了宣传店铺BB霜而精心策划的营销事件。

2月24日,苏桂强在新浪微博上面发布微博并配图,称公司收到52张请假条,请假原因都是为看《来自星星的你》大结局。此时,作为领导,要不要准假呢?

2月25日,苏桂强接着发出微博,称为了理解员工请假的理由,特意熬夜补看《来自星星的你》,顺势推出抽奖活动。

2月25日下午6:30,补过剧的领导感受到员工追剧的艰辛和不易,终于"从"了员工,特批"叫兽假"。理解员工需求,响应群众的呼声,顺势而为,"中国好领导"的形象就此诞生,并附上公司盖章的通告,正规严谨。

到此为止,在热点之上推陈出新,再创热点的一系列内容和话题已经铺设完毕,接下来便是将话题炒热的工作了。据说PBA为这次营销投入资金,虽然具体金额和方式不得而知,但是效果相信大家都看到了。2月26日,"叫兽假"已经荣登微博话题榜榜首,其引起的关注度和传播力度都是大家有目共睹的。

◇ 深度整合社会化营销

自《来自星星的你》播放以来,不少卖家都在竭尽全力借力这部剧来提升销量和曝光度,最常见的便是在标题中加入相关的词,或者将关键词改成电视剧相关的词,又或者在店铺设计中加入电视剧的元素。

此前,有人整理了淘宝上《来自星星的你》的关键词情况,炸鸡和啤酒占据飙升词排行榜第一,淘词页面"《来自星星的你》同款"展现量达到200多万次。据说某国内护肤品品牌,将其在1号店、淘宝等平台上的护肤品都以"炸鸡、啤酒"作为其搜索关键词,创造了

30天内卖出1345件的纪录。另外,如阿芙精油,利用其公司一贯的设计实力,根据该剧剧情,将店铺的产品带入,进行分类,做出一整版的精美页面。

而此次PBA的营销事件,不只是简单的傍热点,而是从社会化营销的角度出发,进行正常活动的营销策划。BB霜产品的消费群无疑是女性,而这个群体正好是《来自星星的你》的观众群,借力该剧,抓住她们追剧的心理,特批假期,让大家毫无心理负担地追剧,可谓是非常准确地抓住了消费者的心理。

从消费者心理出发,在热点的基础上再造热点,产生不错的内容创意,而借助目前仍具最大传播效力的新浪微博平台进行推广,是非常好的选择。此次他们没有请明星、大佬去转发传播,而是由公司老总自己发声,一步步去推出内容,树立好领导的形象。对民众而言,正面的感受让他们乐意主动参与转发讨论,而对媒体而言,企业老总的亲身参与,也让这次事件成为真实的社会热点,这也是"叫兽假"能受媒体热捧的原因。

内容的创新,加上渠道的整合,以及企业创始人的亲身参与,共同推动着这次营销事件走向高潮。可以看出,目前电商对热点营销以及社会化营销的理解把控越来越到位,也带动着电商营销策划一步步走向更高点。

5.3 商业模式的发展

德鲁克说过,未来的竞争是商业模式的竞争。若要从商业模式中获利,就至少要回答以下三个问题:公司向一个或多个细分客户群提供他们真正在意的价值是什么?公司的架构和它与各利益相关方(共同创造、营销和支付客户价值)的网络和关系资本是什么?整个生产、输送价值的流程是不是一个封闭的反馈回路?产生营利性和可持续性的收入流能维持和发展整个流程吗?所有的商业模式都是特定时空和情境下的模式,从来没有一劳永逸、屡试不爽的商业模式。也正因为此,所以必须要创新。

5.3.1 在借鉴中超越

美国麻省理工学院的尼古拉斯·尼葛洛庞帝(Nicholas Negroponte)教授曾有一句名言:"预测未来的最好办法就是将它创造出来。"如果对自己设想的商业模式没有把握,那么可以去百度一下那些既接地气又行之有效的商业模式。尽管这些模式对创业者来说,未必是理想答案,但它们绝对能为大家提供信心和启示。

要知道,所有成功的商业模式的独特性并不是在一朝一夕之间形成的,而是一种持续精进的博弈。很多灵光一现、脑门一拍出现的点子,就如昙花一现。在五颜六色中看到了黑色,似乎找到了独特性,可实际上,对于色差敏锐的人来说,黑色不过是一种简单至极的分类。从突如其来的灵感到真正的成功,还有很长的距离。因此,模仿与借鉴成了大学生创业者最直接的选择。

任何一种商业模式,一旦成功,很快就会成为一种被同行竞相抢占的"类公用资源"。

尤其要小心的是,新模式的竞争优势会在同行争先恐后的抄袭模仿中迅速衰减,直至消失。由此,大家更要懂得在模仿借鉴中学会如何去创新超越。一个优秀的创业者会懂得在借鉴模仿别人的商业模式中保持创新这一核心精神,用自身的积极改变去取得差异化的商业模式要素。任何一个成功的商业模式,在移植到新的市场环境中后都需要得到精心的调校和修正,原有的客户价值主张需要被重新理解和建立,也需要寻找新的资源和能力来建立竞争门槛,直至寻找到或创造出一种新的盈利模式。

5.3.2 市场的想象力

世界全球化的真实情形就是扁平化,一个庞大的球形世界已经缩小,扁平为一个小小的屏幕。在这个小小的屏幕上,分散在地球各个地方的国家、公司和个人都可以自由地沟通、交易和竞争,没有谁比别人占据更有利或更不利的位置,只要打开了电脑,就打开并走进了整个世界。这虽然只是一种想象世界的方式,但这种丰富的想象力就是商业模式创新发展的力量之源。

在印度,有一家名为兰伯锡的医药公司凭借其强大的核心竞争力已经成长为世界第五大制药企业。它的目标是创造出一种印度的穷人也用得起的医药或医疗器械,它给自己的条件是严苛的、甚至不可理喻的:第一,它的疗效不能打折扣,其产品性能必须与富人用的药一样,是一流的;第二,它的成本要比西方同类产品便宜至少90%;第三,它不能是实验室产品,必须是可以在不同地点和环境中能被便宜地生产、销售和使用的;第四,它的价格必须是大多数底层客户能够买得起,而产品又是可盈利的。要在上述四条"看似自相矛盾"的条件限制中创新,似乎是一个不可能完成的任务。然而,它竟然成功了。究其原因,原来兰伯锡公司有一套严密的实现路径。这是一家具有代表性的、从新兴市场上诞生的世界级企业,它不靠本地的成本优势,而靠市场聚焦、需求创新和成本管理的优势而获得了巨大的竞争力。

随着阿里、京东、华为等让世界惊讶的本土企业的不断涌现,富有中国特色的商业模式正在不断地走向哈佛商学院讲坛。看着谷歌、易趣等外来商业模式因水土不服而纷纷撤离,不由要问,为什么我们这些土生土长的企业在经历了一次又一次的挫折后依然拥有如此强大的生命力呢?

没有贫瘠的市场,只有贫乏的市场感知力和想象力。核心竞争力理论的创立者普拉哈拉德指出,关注底层市场,在极其严苛的条件下进行经营,赚最不容易赚的钱,能使一个企业获得异乎寻常的核心竞争力,而这种核心竞争力是他人极难复制和模仿的,它将长久地令大家受益。归根结底,这还是一种来自于对市场的想象力,从而为企业提供持续的发展力和竞争力。这种力量是需要有厚重的文化根基来支撑的,而五千年中华文明一定就是这力量之源。请相信我们自己吧!

未来零售模式畅想：免费能否为王

试想有一天，当同行把你的产品变得分文不赚，把你的行业变成义务免费行业，和杀毒软件一样，你是不是要泪奔？

◇ 义务免费手段，接地气的有效营销

在零售业变革浪潮中，企业、品牌能否存活下来的核心是由消费者决定的。在这个关系时代，企业更应该着力于自己的客户、消费者方面的耕耘。只有将消费者牢牢抓在自己手中的企业，才可以高枕无忧，因为消费者爱你，并愿意为你付费买单。

也许，看到这里，有人会说，这个道理大家都懂。可难的是，如何圈住消费者，维护企业、品牌自身的关系网？杀毒软件"360"是人尽皆知的一个很好楷模，做了一件看似很简单的事情，即把杀毒软件这个收费的产品变成免费赠送的产品。这一模式的思维路径是：发现一个有市场的产品—把这个产品免费赠送，让这个行业消失—免费圈人—这群人成为你的忠实"粉丝"。

通过这个例子，我们不难发现，其实在企业有客户沉淀、有品牌积累之前，如何打开市场，如何让消费者没有理由地使用你的产品，最直接的方式是免费。在消费者观念里，对于一个新事物、新产品，要让其心甘情愿地从腰包里掏出人民币来付费，是一件很困难的事情，因为如今的消费者够精明，会计算你的品牌知名度、性价比、口碑等，综合完了才愿意付费。而如果产品是免费的，在他们眼里，则是反正不花钱，何不一试？所以，义务免费手段也相对成为最接地气、最直接有效的方式。

经济形态发生改变时就蕴含着新的产业机会，把握住变革的方向并且符合趋势，就会找到机会。正如克里斯·安德森所说，免费经济学起源于互联网时代。"免费"就是建立在电脑字节上的经济学，"快钱"等企业的免费商业模式，源于互联网却不局限于互联网，向国外学习却创出了中国特色，并在动态中发展和创新。

◇ 赢利从不赚钱开始，体验让免费增值

免费与赢利不矛盾。所谓免费模式，是指商家利用大众乐于接受"天上掉馅饼"的心理，借助免费或者不赚钱的手段销售产品或服务，来建立庞大的消费群体，塑造品牌形象，然后再通过配套的增值服务、广告费等方式取得收益的一种新商业模式。这种商业模式本身的成本很低，而"免费""不赚钱"的金字招牌对买家有着无穷的吸引力，能在短时间内使企业迅速占领市场，扩大知名度。

对于企业、品牌而言，也是如此，义务免费只是一种手段，最后要抓住的是你的"粉丝"和消费者，因为这个时代是"粉丝"经济的时代。而"粉丝"经济时代，"粉丝"需要的是什么？拿如今红到发紫的小米手机来讲，其饥饿营销的成功，是基于国人对使用手机，如价格太高、电池续航能力太短、外观不够新潮、操作体验不够人性等方面的痛点。颠覆传统手机研发制造企业"重营销轻产品"的模式,在同价位、同配置的手机市场中,以"轻营销重产品"为根本做到操作体验的极致,以超高的性价比俘获其"粉丝",同时将"粉丝"成功转化为消费者,并且推出电视、盒子等其他产品,消费者同样乐于为此付费买单,实现产品、品牌、企业的增值。

当然,在如今的互联网时代,小米手机的成功已是一种不可复制的神话。尽管它的成功,迎合了天时、地利,但不难窥见的是"粉丝"经济时代的核心:消费者的参与感及体验。用户体验是做互联网产品的核心,也是任何一家企业大佬,从传统零售模式跨界到互联网零售急需转变的观念。传统经济时代,产品质量好、价格实惠、环保等产品属性是产品的核心。但在互联网经济时代,产品属性只是产品的标配,真正的好产品应该是客户愿意分享的产品。传统营销强调的是教条式的品牌认知,而新营销的核心是用户参与感,冷冰冰的营销早已不适应互联网。

成都一家年销售3亿元的服装企业,花500万元成本常年为老客户免费干洗衣服;售价千元的狐狸毛雪地靴(狐狸毛可拆卸)商家为促销,推出第二年以59元成本价旧靴子换新活动,狐狸毛仍可继续使用;淘宝试用中心付邮费试用,日均150万网络访问量、15万单派发量。这些看似"免费"的背后,都比直接降价更能直抵消费者内心。

◇ 从现在看未来:免费模式畅想

尽管现有的免费模式花样繁多,从免费到实现利润的路径也大相径庭,究其根本,可以总结为两大类型:平台打造与产品加载、品牌扩展与交叉互动。

① 平台打造与产品加载。例如,社交网站人人网拥有近1.2亿的用户,每天的活跃用户高达3000万人,在此基础上,"人人农场"里可以"种植"乐事薯片,礼物商城里有了迪士尼商品专区。据统计,2011年仅第二季度,人人网的广告收入就达到1690万美元。除此之外,腾讯、百度、阿里巴巴等网络企业也是如此,成功地通过产品加载实现了与消费者的价值链接。

② 品牌扩展与交叉带动。宝洁公司送的试用品、肯德基和麦当劳附赠的玩偶和免费优惠券、餐饮企业海底捞免费提供的美甲和擦皮鞋等产品或服务,让消费者感受免费的魔力,这些产品和服务往往具备重复性和关联性强等特征,以小球带动大球转的方式帮助企业找到赢利的空间。

那么在未来,我们的零售业模式,是否能与体验相结合,打造边体验边零售的模式,让产品在体验中创造价值,实现最直接的转化呢?

例1 某知名酒店入住免费,酒店房间的商品使用是需要付费的,有些陈列的商品是可以买的,直接扫描二维码即可。例如,消费者入住酒店看到一个烟灰缸或者衣架很漂亮,通过扫描二维码,使用支付宝或者微信付款,填写地址就可以直接快递到家。

例2 这几年是母婴市场井喷的时段,孕妇装消费市场广阔,商家可以通过线上母婴平台免费赠送孕妇装圈人,找到一个圈人的突破口,然后把这些准妈妈召集起来,卖产后减肥产品、童装,甚至儿童培训教程等一系列孕妇需要的东西给她们,形成一个母婴一站式购物的生态圈子。

管理学大师彼得·德鲁克说过:"今天企业间的竞争已经不是产品间的竞争,而是商业模式之间的竞争。"何谓商业模式?归根结底,依旧是人的竞争,人与人之间关系的竞争。随着互联网时代的到来,我们周边的生活发生着日新月异的变化。微信、微博、APP等社交客户端的繁荣,不知不觉已把我们带到社交关系时代。

在这个时代,一味地卖货,一味地打折,在零售业市场竞争如此激烈的今天是早已被淘汰的方式。而很多企业、品牌正在追逐的产品、服务、渠道,已然成为一个合格企业、品牌的基本配置,只有具备了这些才能往长远的方向发展。而企业和品牌如何树立自身的形象,打造自己的关系圈,便是零售企业生存下去的关键。

说到底,未来零售模式不是免费就能为王,免费只是一种营销方式。人越忠诚、越信赖、越能在你这形成社交圈,你就越容易成功。赶紧圈人吧!

【思考题】

1. 什么是商业模式?请列举5个B2B网站、5个B2C网站和2个O2O网站。
2. 请详细分析O2O模式的前景。

第六讲　创业机会与风险

6.1　创业机会

如何在"微信上创业"？软件"食神摇摇"的开发者是这样做的：只要用户给"食神摇摇"的微信账户发送一个自己的位置（利用微信中的地图插件），"食神摇摇"的账号就会给你返回一个附近推荐餐厅的列表。而软件中那些美丽得不能再美丽的女圈神们，每天清晨闻鸡起刷，在圈子里请安后就会发布令人目不暇接的商品信息，当然也不会忘了附赠一些励志的美文。在上述案例中，创业者们把"微信"的出现看作是一个创业机会，利用了微信不同的功能属性实现了对客户需求的满足，从而把握住了创业机会。

6.1.1　创业机会的本质

从宏观角度来看，创业机会可能是一个新政策、新技术；从微观角度来看，创业机会则可能是学校附近的一个商户退租或退出。总而言之，在希望发现创业机会的眼光里，什么都可能是创业机会。

1. 总是基于创新的创业机会

如果花些时间去逐个审视那些"成功的创业者"，如李彦宏、马云、柳传志、任正非等，他们没有一个不是在创新基础上不断耕耘，从而实现了对创业机会的把握。

创业机会的本质是创新，而在某些情况下，一些创新也只有通过创业才可能实现。换句话说，创业实际上是创新的实现方式。以苹果公司与乔布斯的故事为例，如果乔布斯没有创业，苹果公司的产品就不可能实现一轮又一轮的创新，苹果公司的产品也就无法以创新立足于世。实际上，乔布斯的全部创新都是基于苹果公司这个平台才得以实现的。

2. 大量未被满足的具体需求

例如，想去一个咖啡馆之前，是没法让苹果手机的语音控制功能 Siri 说出某家咖啡馆是否拥挤的。这事以前有一些所谓 LBS（location Based Service）问答的模式想解决过，似乎解决得并不好。如果在这家咖啡馆外看车的一个大爷有一微信账号，他可趁看车间隙了解情况后告诉你，你给他一块钱，这个微商业模式看起来还算是可以的吧？

通过对成功案例的分析和梳理,不难发现,"创业机会"首先是大量未被满足的具体需求,这是相对"人类都要吃饭""人都要用手机"这样的需求而言的。当然,具体的要求很可能不是一蹴而就的,是在创业者提供多个创意,并通过数次乃至数十次试验后才能得到的。在这一过程中,创业机会将时隐时现,最终的结果是与待定的商机匹配或不匹配。

细分市场出现商机或潜在的商机,而且开发这种商机所对应的市场需求在起步之初只需要"轻资产、小团队"。需要"重资产、大团队"的商机,则不是创业者所能做的。这样的商机多数会引来大企业与创业者争食,最后"败下阵来"的只能是新创企业。

创业者要能够找到并获得将自己的创意转化为客户所需要的"价值"的"相关资源",否则,创业就成为"无米之炊",特别是要能够获得实现价值创造所需的"替代性低的资源"。

创业者要能发现并吸引到愿意与自己一起为目标客户创造并传递价值的有整体行动力的团队,否则,创业者无法将美好的创意变为客户乐于接受的价值。

而且,创业者最好在细分市场的"机会窗口"敞开时起步创业,这才有可能增加创业成功的可能性。因为"机会窗口"敞开时,市场才可能给予新创企业以较大的成长空间。

3. 机遇诱发或创意推动

创业具有相当的不确定性,但对创业进行适当分类,有利于强化创业者对创业过程的把握,创业者一开始就了解自己的创业活动属于哪类创业,这是非常必要的。

创业是一项高度动态性的商业活动。从创业过程来把握创业分类,是最有助于提高创业者动态能力的。因此,可以基于创业的逻辑起点,将创业分为"机会诱发型创业"和"创意推动型创业"。这两类创业的内涵有着较大的差异。当然,这两种创业的分类方法还存在交叉性联系。

理性地看,"机会诱发型创业"的基本逻辑是"细分市场出现商机,创业者构思并选择可与之匹配的相关创意,寻获资源并实施创意开发市场且获得市场回应"。"创意推动型创业"的基本逻辑是"创业者构思相关创意,在细分市场发现可与之匹配的商机,寻获资源并实施创意开发市场且获得市场回应"。

"机会诱发型创业"与"创意推动型创业"的逻辑环节是高度相似的,二者都要经历"商机、创意、实施、市场"四个环节。二者的差异,首先在于前者是"商机创意",后者是"创意商机"。其次是在"机会诱发型创业"中,"商机"是单一的,是创业的逻辑起点,创业者需要开发多个创意,仅当其中存在能与特定商机相匹配的创意时,创业者的努力才可能继续下去;而在"创意推动型创业"中,"创意"是单一的,是创业的逻辑起点,创业者需要寻找多个细分市场,仅当存在能与特定的创意相匹配的商机时,创业者的努力才可能持续下去。

既然"机会诱发型创业"与"创意推动型创业",都要经历"商机、创意、实施、市场"四个环节,则创业者就需要致力于"分析细分市场之商机,构思能够为目标客户创造价值的创意,以有效的商业模式将创意转化为客户愿意接受的价值,开发市场并根据市场回应程度对创业做出调整"。

4. 缺少创新的创业难以存续与成长

中国早已从改革开放初的"短缺经济"转变为"过剩经济",创业者所进入的市场都会有一定程度的竞争。而且一个创业团队能够想到的,其他创业者甚至现有企业的经理人也会想到,因此创业者遇到竞争是必然的。在市场竞争中,缺少创新的创业,是难以存续与成长的。

谈到创新,不少人仅仅理解为产品和工艺创新。实际上,在创业中,产品、工艺、商业模式、组织架构、激励机制、客户关系管理、企业成长模式等方面的创新,都是十分重要的。创业者根据自己的创业特点,为创业注入创新因素,就有可能产生有别于他人的特点,从而可能在同行中鹤立鸡群,进而赢得某些方面的竞争优势。

其中,商业模式创新极为重要,因为它关系到创业者能否有效地将自己的创意转变为客户所需要的价值。所谓创业的商业模式,即将创业者创意转变为目标客户愿意接受的价值的逻辑化的商业方式与方法。不同的商业模式体现着特定商业交易中利益相关者相异的交易关系,既决定着目标客户从创业者手中得到什么,也决定着创业者从特定的创业活动中可以得到什么。正如管理大师德鲁克所言:"当今企业之间的竞争,不是产品之间的竞争,而是商业模式之间的竞争。"尽管德鲁克这一观点有些偏执,但由此足见商业模式对于创业成败的重要性。

创业的商业模式通常涉及创业者的创意价值、内部结构、外部关系、营销战略、盈利途径、利润屏障等六个方面。创业者能否通过自己的创意为客户创造并提供有价值的商品和服务,最为根本地决定着创业的成败,而其他五个方面则是支撑并服务于创意价值的支撑性因素。

在创业的商业循环中,"市场回应"也至关重要,它关系到创新、创意和创业是否被市场接受。以"机会诱发型创业"为例,新创企业给市场推出自认为"有客户价值和竞争力的产品"之后,通常市场可能给出三种不同的回应:

(1)市场回应达到创业者所期望的程度。在这种情况下,创业者只需沿既有路径往前走。

(2)市场有一定程度的回应,但没有达到创业者所期望的程度。在这种状况下,创业者可能需要调整创业的商业模式甚至产品。

(3)市场全然没有回应。在这种情况下,创业者需要调整自己的产品,甚至需要寻找新的细分市场机会。

当然,新创企业借创新而创业,还需要重视"市场利益的自我保护机制",即重视通过以下途径来保护自己可能形成的市场利益:产品和业务的独特性;技术专利或软件版权的基础性;对核心资源的控制能力;提高新技术的研发门槛;迅速降低制造成本、扩大产销;尽可能地锁定目标客户。

创业是当今社会广泛热议的话题。有人说,创业是不拘泥于当前资源约束条件下的机会,追求并进而实现价值创造的过程。也就是说,创业是将细分市场的商业机会与特定的创意进行匹配,进而组合相关资源及要素,创立新的事业,以期获得商业利润的过程或活动。

每当谈论创业,不少人会自觉不自觉地谈到创新。按照美国经济学家约瑟夫·熊彼特的说法,创新即构建一个新的生产函数。其实,创业也是构建一个新的函数,在这个函数里,"建立新组织"这一变量的作用,不可轻视,甚至可能很大。因此,创业的本质是创新。甚至在某些时候,一些创新唯有以创业的形式来实施才可能实现。因此,创业便是创新的实现方式之一。在某些时候,如果没有创业,就不可能有后续一轮又一轮的创新。

6.1.2 创业机会识别

机会识别是创业的开端,也是创业的前提。围绕创业机会,有些基本的问题是所有想创业的人都关心的。例如,为什么是他而不是别人看到了机会?未经系统论证调查的(甚至可以说偶然发现的)机会,为什么可以并且怎样成为创业机会的?机会识别要进行哪些可行性论证?等等。

1. 机会青睐于特定创业者

理论界与实践界都一直试图回答:为什么是有些人而不是另外的人看到机会?这些看到了机会的创业者有什么独特之处?普遍而言,下面的几类因素,被认为是这些人具备的一些特征:

(1) 先前经验。在特定产业中的先前经验有助于创业者识别机会。有调查发现,70%左右的创业机会,其实是在复制或修改以前的想法或创意,而不是全新创业机会的发现。

(2) 专业知识。拥有在某个领域更多专业知识的人,会比其他人对该领域内的机会更具警觉性和敏感性。例如,一位计算机工程师,就比一位律师对计算机产业内的机会和需求更为警觉与敏感。

(3) 社会关系网络。个人社会关系网络的深度和广度影响着机会识别,这已是不争的事实。通常情况下,建立了大量社会与专家联系网络的人,会比那些拥有少量社交网络的人容易得到更多机会。

(4) 创造性。从某种程度上讲,机会识别实际上是一个创造过程,是不断反复的创造性思维过程。在许多产品、服务和业务的形成过程中,甚至在许多有趣的商业传奇故事中,都能看到有关创造性思维的影子。

尽管上述特征并非导致创业成功的必然,但具备了这些特征,往往较其他创业者具有更多的优势,也更容易获得成功。

2. 先有创意,再谈机会

创业因机会而存在。纽约大学柯兹纳教授认为机会就是未明确的市场需求或未充分使用的资源或能力。机会具有很强的时效性,甚至瞬间即逝,一旦被别人把握住也就不存在了。而机会又总是存在的,一种需求被得到满足,另一种需求又会产生;一类机会消失了,另一类机会又会产生。大多数机会都不是显而易见的,需要去发现和挖掘。如果显而易见,总会有人开发,有利因素很快就不存在了。

对机会的识别源自创意的产生,而创意是具有创业指向同时具有创新性的想法。在创意没有产生之前,机会的存在与否意义并不大。有价值潜力的创意一般会具有以下基本特征:独特、新颖、难以模仿。创业的本质是创新,创意的新颖性可以是新的技术和新的解决方案,可以是差异化的解决办法,也可以是更好的措施。另外,新颖性还意味着一定程度的领先性。不少创业者在选择创业机会时,关注国家政策优先支持的领域就是在寻找领先性的项目。不具有新颖性的想法不仅将来不会吸引投资者和消费者,对创业者本人都不会有激励作用。新颖性还可以加大模仿的难度。

创业是基于机会的市场驱动行为,创业机会实际上是一种亟待满足的市场需求。随着世界经济与科技的进步,创业活动作为创新与企业家精神的集中体现,对经济增长、科技进步与国际竞争力的提高发挥着越来越重要的作用,创业活动也日益成为经济发展的强劲推动力。

创业是发现市场需求,寻找市场机会,通过投资经营企业满足这种需求的活动。创业活动的本质体现在:创业活动的显著特点是机会导向,创业往往是从发现、把握、利用某个或某些商业机会开始的;创业活动的机会导向表现为创造价值,创业意味着要向顾客提供有价值的产品和服务,透过产品和服务使消费者的需求得到实质性的满足;创业活动的机会导向决定了创业活动必须突出速度,并做到超前行动;创业活动是在资源不足的情况下把握机会,创业者必须创造性地整合资源;创业的实质是创新和变革,没有创新的创业活动就难以生存和发展。如何识别与把握创业机会并成功创业,是创业者亟待解决的问题。

6.1.3 创业机会评价

创业机会即商业机会或市场机会,是指有吸引力的、较为持久和适时的一种商务活动的空间,并最终体现在能够为顾客创造价值或增加价值的产品或服务中。好的创业机会,必然具有特定的市场定位,专注于满足顾客需求,同时能为顾客带来增值的效果。创业需要机会,机会要靠发现。创业难,发掘创业机会更难。要想寻找到合适的创业机会,创业者应研判以下一些创业机会。

1. 现有市场机会与潜在市场机会

市场机会中那些明显未被满足的市场需求称为现有市场机会,那些隐藏在现有需求背后的、未被满足的市场需求称为潜在市场机会。现有市场机会表现明显,往往发现者多,进入者也多,竞争势必激烈。潜在市场机会则不易被发现,识别难度大,往往蕴藏着极大的商机。例如,金融机构提供的服务与产品大多是针对专业投资大户,而占有市场大量资金的普通投资者未受到应有的重视,这种矛盾显示出为一般大众投资提供服务的产品市场极具潜力。

2. 行业市场机会与边缘市场机会

行业市场机会是指某一个行业内的市场机会,而在不同行业之间的交叉结合部分出现的市场机会被称为边缘市场机会。一般而言,人们对行业市场机会比较重视,因为发现、寻找和识别的难度系数较小,但往往竞争激烈,成功的概率也低。而在行业与行业之间出现"夹缝"的真空地带,往往无人涉足或难以发现,需要有丰富的想象力和大胆的开拓精神,一旦开发,成功的概率也比较高。比如,人们对于饮食需求认知的改变,创造了健康食品等新兴行业。

3. 目前市场机会与未来市场机会

那些在目前环境变化中出现的市场机会称为目前市场机会,而通过市场研究和预测分析将在未来某一时期内实现的市场机会称为未来市场机会。如果创业者提前预测到某种机会会出现,就可以在这种市场机会到来前早做准备,从而获得领先优势。

4. 全面市场机会与局部市场机会

全面市场机会是指在大范围市场出现的未满足的需求,如国际市场或全国市场出现的市场机会,着重于拓展市场的宽度和广度。而局部市场机会则是在一个局部范围或细分市场出现的未满足的需求。在大市场中寻找和发掘局部或细分市场机会,见缝插针,拾遗补阙,创业者就可以集中优势资源投入目标市场,有利于增强主动性,减少盲目性,增加成功的可能。

6.1.4 创业机会把握

创业者不仅要善于发现机会,更需要正确把握并果断行动,才能将机会变成现实的结果。

1. 着眼于问题把握机会

机会并不意味着无须代价就能获得,许多成功的企业都是从解决问题起步的。所谓问题,就是现实与理想的差距。比如,顾客需求在没有满足之前就是问题,而设法满足这一需求,就抓住了市场机会。美国"牛仔大王"李维斯的故事多年来为人们津津乐道。19世纪50年代,李维斯像许多年轻人一样,带着发财梦前往美国西部淘金,途中一条大河拦住了去路,李维斯设法租船,做起了摆渡生意,结果赚了不少钱。在矿场,李维斯发现由于采矿出汗多,饮用水紧张,于是,别人采矿他卖水,又赚了不少钱。李维斯还发现,由于跪地采矿,许多淘金者裤子的膝盖部分容易磨破,而矿区有许多被人丢掉的帆布帐篷,他就把这些旧帐篷收集起来洗干净,做成裤子销售,"牛仔裤"就这样诞生了。李维斯将问题当作机会,最终实现了他的财富梦想。

2. 利用变化把握机会

变化中常常蕴藏着无限商机,许多创业机会产生于不断变化的市场环境。环境变化将带来产业结构的调整、消费结构的升级、思想观念的转变、政府政策的变化、居民收入水平的提高等,人们透过这些变化,就会发现新的机会。在政府购买公共服务、国营事业民营化的过程中,创业者可以在交通、电信、能源、数据服务等产业中发掘创业机会。私人轿车拥有量的不断增加,将产生汽车销售、修理、配件、清洁、装潢、二手车交易和陪驾等诸多创业机会。任何变化都能激发新的创业机会,需要创业者凭着自己敏锐的嗅觉去发现和创造。许多很好的商业机会并不是突然出现的,而是对"先知先觉者"的一种回报。聪明的创业者往往选择在最佳时机进入市场,当市场需求爆发时,他已经做好准备等着接单。

3. 跟踪技术创新把握机会

世界产业发展的历史告诉我们，几乎每一个新兴产业的形成和发展，都是技术创新的结果。产业的变更或产品的替代，既满足了顾客需求，同时也带来了前所未有的创业机会。比如，电脑诞生后，软件开发、电脑维修、图文制作、信息服务和网上开店等创业机会随之而来。而3D打印技术的问世，又带给人们许多的惊喜。任何产品的市场都有其生命周期，产品会不断趋于饱和达到成熟直至走向衰退，最终被新产品所替代，创业者如果能够跟上产业发展和产品替代的步伐，通过技术创新，则能够不断寻求新的发展机会。

4. 在市场夹缝中把握机会

创业机会存在于为顾客创造价值的产品或服务中，而顾客的需求是有差异的。创业者要善于找出顾客的特殊需要，盯住顾客的个性需要并认真研究其需求特征，这样就可能发现和把握商机。时下，创业者热衷于开发所谓的高科技领域等热门课题，但创业机会并不只属于"高科技领域"，在保健、饮食、物流这些所谓的"低科技领域"也有机会。"谭木匠"品牌木梳、"纯真年代"艺术火柴等似乎已经被淘汰、被忽略、被遗忘的老物件们一夜间红遍大江南北，就是一个明证。但是，有为数不少的创业者追求向行业内的最佳企业看齐，试图通过模仿快速取得成功，结果使得产品和服务没有差异，众多企业为争夺现有的客户和资源展开激烈竞争，企业面临困境。所以，创业者要克服从众心理和传统思维的束缚，寻找市场空白点或市场缝隙，从行业或市场在矛盾发展中形成的空白地带把握机会。

5. 捕捉政策变化把握机会

中国市场受政策影响很大，新政策出台往往引发新商机，如果创业者善于研究和利用政策，就能抓住商机站在潮头。2016年国家出台了机器人产业发展规划（2016—2020），目的是为了大力发展机器人产业，打造中国制造新优势，推动工业转型升级，加快制造强国建设，改善人民生活水平。这个规划的出台，将会给创业者们带来巨大的商机。事实上，从政策中寻找商机并不仅仅表现在政策条文所规定的表面，随着社会分工的不断细化和专业化，政策变化所提供的商机还可以延伸，创业者可以从产业链在上下游的延伸中寻找商机。

6. 弥补对手缺陷把握机会

很多创业机会是缘于竞争对手的失误而"意外"获得的，如果能及时抓住竞争对手策略中的漏洞而大做文章，或者能比竞争对手更快、更可靠、更便宜地提供产品或服务，也许就找到了机会。为此，创业者应追踪、分析和评价竞争对手的产品和服务，找出现有产品存在的缺陷，有针对性地提出改进方法，形成创意，并开发具有潜力的新产品或新功能，就能够出其不意，成功创业。

路途乐：汽车后市的夹缝中掘金

2011年12月30日，政府发布儿童安全座椅强制国家标准GB27887-2011《机动车儿童乘员用约束系统》，并于2012年7月1日实施。这让被埋没的儿童安全座椅瞬间在汽车后市场中成了宠儿。

汽车后市的电子商务金矿被挖掘，是在2010年至2011年。一时间，产品同质化严重，价格战蔚然成风，市场呈现一片混乱，儿童安全座椅也因此被埋没在这样的环境中。随着政策的颁布，这原本冷门的品类逐渐变成"蓝海"，路途乐就是从中诞生出来的品牌。

2012年，路途乐儿童安全座椅品牌诞生，2013年便跻身淘宝安全座椅类目领先品牌之列。这主要得益于其在专注安全性能、做好品质保障的同时，进行针对性营销，以迎合市场。比如与电台合作录制真人讲故事节目，并将节目内容用微信公众号向年轻父母们进行推送。不仅拉近与消费者之间的距离，而且市场定位精准，通过线上线下两端资源整合，路途乐迅速从小市场中脱颖而出。

黄小姐：打底裤的私房专家

打底裤，女生们衣橱里总有那么一两条。黄小姐的店，不卖别的，只卖打底裤。2010年，掌柜黄小姐选择上淘宝开店，此时的淘宝市场，女装的竞争变得白热化，韩都衣舍等品牌已经崭露头角，如果以女装切入市场，对没有强大供应链的黄小姐来说，则无疑以卵击石。所以在细分品类中，她选择了打底裤。

市场定位精准，商品价格适中，黄小姐很快切入市场。2011年的打底裤市场十几元的商品已经很多，而黄小姐通过不断升级打底裤的品质，硬是避开价格战把打底裤卖到了30~40元。如今的黄小姐已成为一大群女性中打底裤私房专家，掌柜把"随心而走，随遇而安"的生活态度融入产品里，继而提供面料最优质的打底裤，实现品牌的塑造。

在这个细分市场里，专注打底裤的黄小姐更容易耕耘好自己的领域。未来要做的是，让更多的消费者只要想买打底裤就会想到黄小姐。

6.2 创业风险

人们常说，机遇与挑战并存，确实如此，收益也往往与风险同在。创业是一种高风险的活动，尤其在创业初期，企业更是处于高危期，抗风险能力较弱，因此，风险控制是创业者必须学会的本领。

6.2.1 创业风险的概念

1. 创业风险

创业风险,是指在一定环境下、一定时间段内,影响创业目标实现的不确定性,或某种损失发生的可能性。也就是说,创业风险的存在意味着创业目标的实现可能会遇到预料之外的事情。一位成功的创业者曾说过,创业时要从最坏的结果打算,能承担多大的损失,支撑多长的时间,如何应对创业瓶颈阶段,如何应对风险,这些对于创业者来说尤为重要。

创业环境的不确定性、创业机会与创业企业的复杂性、创业者和创业团队的能力与实力的有限性,是创业风险产生的根本原因。

2. 基于风险来源的创业风险分类

（1）资金风险。来自资金方面的风险会在创业初期一直伴随在创业者的左右,是否有足够的资金创办企业是创业者遇到的第一个问题。企业创办起来之后,能否有足够的资金支持企业的日常运作也是一个重要的问题。

（2）竞争风险。如果创业者所选择的行业是一个竞争非常激烈的领域,那么在创业初期极有可能受到业内同行的强烈排挤。一些行内大企业常会采用低价销售的手段来挤压初入行者。

（3）团队风险。创业企业大多是弱小的,它在诞生或成长过程中最主要的力量来自于创业团队。一个优秀的创业团队能够使得创业企业迅速地发展起来,但风险蕴含其中,团队的力量越大,产生的风险也就越大,一旦创业团队的核心成员在某些问题上产生分歧而不能达到统一的时候,极有可能会对企业造成强烈的冲击。

（4）核心能力风险。对于那些雄心勃勃的创业者来说,他们的目标是使企业不断地发展壮大,因此企业缺乏自己的核心竞争力就是最主要的风险来源。一个依赖别人的产品或市场来打天下的企业是永远不会成长为优秀企业的,核心竞争力在创业之初可能不是最重要的问题,但要谋求长远的发展,就是最不可忽视的问题,没有核心竞争力的企业终究会被淘汰出局。

（5）技术风险。尤其在技术创业过程中,创业企业的技术研发、产品试制、技术整合等方面探索的不确定性容易引发创业失败。

6.2.2 大学生创业风险及其化解

1. 大学生创业风险的来源

大学生创业风险的来源主要有以下三个：

（1）演习与实战的矛盾。在创业初期所做的事情都具有探索的性质,这便产生了一个矛盾:本来属于探索的对象,却当成了确定的对象,本来属于实验的内容,却当成了真实的内容来做。

（2）能力与实践的矛盾。获得创业能力的唯一途径是实践,而投资者通常是在没有实践经验的情况下开始实践的,这便产生创业投资的能力与实践的矛盾。

(3) 功能创造与功能决定的矛盾。创业者是功能的创造者,而功能的有效与否决定于功能使用者的"货币选票"。因此,功能的制造者不是功能的决定者,这个矛盾是市场未知性的表现。

2. 大学生创业风险的化解

那么,如何应对这三个矛盾以化解风险呢?最好的办法就是模拟,在创业开始设置一个模拟程序,该程序由以下三部分组成。

(1) 解剖。

项目一经确定,立即着手实施是危险的。因为,对项目的考察再充分也只是务虚。对信息的拥有不可等同对信息的理解。解剖是理解项目要素的途径。解剖的办法是剥开"皮"后抓关键。

什么是"皮"?例如,一位同学谈一个"电动扳手"的项目,这是给汽车换轮胎用的,其先进性在于省时省力。他介绍了拥有该项目的公司如何正规,发明人有多少头衔,拿出一摞文件即专利证书、技术鉴定等,还有关于成本和销售价格以及广阔的市场前景分析。姑且认定这些都是真实的,可这一大堆"皮"又能说明什么呢?关键是现在司机使用什么工具换轮胎,省下10分钟时间,司机是否在意?用汽车电瓶里的电,司机是否愿意?比脚踏扳手多花200元钱,司机是否乐意?这才是项目的关键,这才是"肉"。头衔、证书和盈利等,都是"皮"。

(2) 验证。

对解剖后的项目组件逐一实施检验,证明其是否可行。如果能够在规模投资之前完成对项目主要内容的检验,直接关系到投资的成败。对于制造产品的项目,通常有两点是重要的:一是技术,二是市场。技术的检验对象:先进程度、核心所在、相关技术、相关工艺、所需设备、特殊工具、环保要求、具体标准、包装储运,还有技术引进的方式等。着眼点是,一旦涉及技术则务必搞懂弄透,否则后患无穷。对市场要先走测试之路,甚至对市场的测试要先于技术。市场测试目的很简单,就是看其是否行得通。当然还要测试市场目标、入市渠道、价格定位、市场容量、销售方式、销售管理等。在这些问题中,只要有一个不能在分解和验证的阶段得到透彻的理解和较充分的把握,任何投入都是死路一条。

(3) 综合。

综合的前提是对项目的理解和把握。理解到何种程度?怎样才是对项目单元的把握?标准为"行得通",每个经过验证的对象,要达到行得通后才可以进行综合。什么是行得通呢?技术上行得通,就是拿得出合乎目标的产品;经济上行得通,就是从市场销售价格倒推到综合成本,看有无利润生长的空间;标准上行得通,就是要以最终用户的接受来论定;模式上行得通,就是你创造的套路能够环环相扣,实现目的与方法的和谐。

6.2.3 创业企业风险识别与管控

1. 风险识别

创业企业在风险出现时或出现之前,就予以识别,以有效把握各种风险信号及其产生的原因。风险管理的第一步就是要正确、全面地认识可能面临的各种潜在损失。风险识别的具体方法主要有以下几种:

(1) 现场观察法。通过直接观察企业的各种生产经营设施和具体业务活动,具体了解和掌握企业面临的各种风险。

(2) 财务报表法。通过分析资产负债表、损益表和现金流量表等报表中的每一个会计科目,确定某一特定企业在何种情况下会有什么样的潜在损失及其成因。由于每个企业的经营活动最终要涉及商品和资金,所以这种方法比较直观、客观和准确。

(3) 业务流程法。以业务流程图的方式,将企业从原材料采购直至送到顾客手中的全部业务经营过程划分为若干个环节,每一个环节再配以更为详尽的作业流程图,据此确定每一个环节进行重点预防及处置。

(4) 咨询法。以一定的代价委托咨询公司或保险代理人进行风险调查和识别,并提出风险管理方案,供经营决策参考。

2. 风险预警

风险预警是指要在风险实际发生之前,捕捉和监视各种细微的迹象变动,以利预防或为采取适当对策争取时间。风险预警对于预防或识别重大风险事件显得尤为重要。风险预警的任务有两项:捕捉迹象和传递信息。在早期阶段,风险信号大多非常微弱,极易被人们所忽视,最终酿成大祸。所以,企业在早期就应该严格监视风险,以免造成重大损失。企业应建立完善的信息管理系统,一旦发现风险信号,就能准确、及时地传至管理者,以防事态的逐步扩大。

3. 化解创业风险

为避免造成重大经济损失和社会不良影响,每个创业者都应该花大力气进行风险预防,创业者应该选择那些发生概率大、后果严重的事件进行重点的防范。

(1) 应对开业风险。

在你最熟悉的行业办企业;制订符合实际的、而不是过分乐观的计划;在预测资金流动时,对收入要谨慎一点,对支出要留有余地,一般要留出所需资金10%的准备金,以应对意外;没有足够的资金不要勉强上项目,发现问题时要立即调整。

(2) 应对现金风险。

理解利润与现金以及现金与资产的区别,经常分析它们之间的差别额;节约使用现金;向有经验的专家请教;经常评估现金状况,现金管理上应注意接收订货任务要与现金能力相适应;不将用于原材料、在制品、成品和清偿债务的短期资金移作固定资产投资;约束投资冲动,慎重对待扩张、多种经营及类似的投资决策;对现金需求的高峰期应预先做出安排;安排精明而务实的人管理现金。

(3) 应对市场风险。

以市场及消费者的需求为生产的出发点;时刻关注市场变化,善于抓住机会;广泛收集市场情报,并加以分析和比较,制订有效的市场营销策略;摸清楚竞争对手的底细,发现其创业思路与弱点;对各种成本精打细算,杜绝不必要的费用;健全符合自身产品特点的销售渠道网络;充分了解各主管机关职能及人员构成情况;以良好、诚信的售后服务赢得顾客的青睐。

(4) 应对技术风险。

综合考虑企业自身的技术能力、资金量和所需时间,选择技术获得途径;若选择引进技术,则要在引进技术前对所引进技术的先进性、经济性和适用性进行评价;在技术开发过程中应加强技术管理,建立健全技术开发和管理的内部控制制度,对科技人员实行特殊的优惠政策,防止因技术人员外调引起技术流失,保证技术资料的机密性;加强对职工的技术培训,提高员工对高新设备的操作熟练度,减少不必要的风险损失。

(5) 应对人员风险。

建立完善的雇员选择标准,综合考虑技术能力和合作能力两个因素:不论人员来源,寻找最胜任工作的人选;记录并跟踪新雇员情况,熟悉各个职员的素质及发展,做到人尽其才;友好对待并鼓励新雇员,使其早日适应新环境,进入工作角色;建立合理的信息沟通及汇报制度,使创业者能充分掌握员工及企业动态;制订有效的投资计划,从长计议,加强员工内部凝聚力。

(6) 应对财务风险。

为了应对财务风险,企业管理团队要有适当分工,密切监控和防范财务风险;请专家和银行咨询,选择最佳的资金来源以及最合适的时机和方式筹措资金。

我创业的失败和成功

Justin.tv 的创始人简彦豪(Justin Kan)

我的创业生涯是从开发 Kiko 开始的。那时我还在耶鲁大学读书,在学校的最后一年我和 Emmett Shear 一起设计出了第一款基于 Javascript 的网络日历应用的原型。随后我们找 Y. Combinator 拿到了一笔资金用于这一项目的开发。

可是在我们为这个项目辛苦奋斗了一年多后,Google 发布了自己的 Calendar,一瞬间就将我们好不容易建立起来的用户群夺了过去。不过现在说实话,我觉得我们并不是单纯地被 Google 打垮了,因为这个项目或许注定会失败。那时我们未能深刻考虑单单拥有一份独立的网络日历的局限性(没人会愿意要无法提供电子邮件服务的日历应用)。在经历了这一失败后,我们感到非常的沮丧,开始将大部分的时间花在玩游戏中。

那时候，我似乎感到自己再也不会去创业了。我们花了超过一年的时间什么都没做成。那时候的天使投资市场也不如现在这么活跃，好不容易拿到的 7 万美元却付之东流，我们也没能创造出一个真正有吸引力的产品。想到这些我开始考虑回到西雅图去，为自己换行业。

不过现在回忆起来，能够成为 Y. Combinator 创业社区的一分子也还是非常有意义的，我们也学到了许多东西，与其他创业公司的创始人结成了好朋友，如 Xobni 的 Matt Brezina 和 Adam Smith，Scribd 的 Trip Adler、Tikhon Bernstam 和 Jared Friedman 等，我很欣慰我现在还和这些人保持着友谊，也非常高兴看到他们其中许多人的公司都发展得不错。

后来的一次突然事件改变了我颓废的状态。我记得在一次 YC 聚餐回来后，我和 Emmett 检讨了有关 Kiko 的一些战略，这时我的头脑中突然闪过了一个奇特的想法：要是你能在网络上听到声音节目会怎么样？视频的呢？实时视频的呢？这样我们的讨论一步一步向前展开。一个围绕某人 7 天每天 24 小时生活的不间断的实时视频节目会不会有人愿意看呢？要是我们能再为这个节目搭建一个供观众讨论交流的社区呢？天哪，我一下子兴奋起来了，这不是一种全新的娱乐方式吗？

于是我开始在 YC 的聚会上提出了我的这个想法，我甚至连名字也想好了 Justin.tv（以我自己的名字命名）。而且在一次去华盛顿的路上，我还将这个想法告诉了我的父亲和大学好友 Michael Seibel。终于我觉得我们可以将自己从 Kiko 的挫败中拉回来了。此后，我和 Emmett 还想到了其他的创业点子（或许那时我明白了我还是希望留在这个行业的）。其中我最喜欢的一个想法是开发一个网络应用，将博客里的 RSS 内容输入进去重新排版并以杂志的形式打印出来。怀揣着我自己得意的想法，我最终来到了 Y. Combinator 合伙人 Paul Graham 的家里。

我去的时候，Robert Morris 也在，于是我向他们两位介绍了我的从博客到杂志的应用的想法。但是 Paul 对此似乎兴趣不大，他觉得不会有很多人使用。这时，他问我："还有其他的想法吗？"

我于是将 Justin.tv 说了出来。

因为我觉得我有激情去做这个项目，而且创造一个全新的娱乐方式也肯定会有很大的市场（异想天开吧！），听我讲完后，Paul 有点心动了。但是 Robert 对此的看法是"我愿意投资，但是我仅仅是想看你这个愚蠢的想法能做到什么地步"。最终我和 Emmett 还是拿到了一笔 5 万美元的投资。

6 个月后，我们再招募了两位共同创始人（Kyle Vogt——我们的硬件专家，是我们连哄带骗从麻省理工学院拉出来的；Michael Seibel——我的大学好友，担任我们公司的"制片人"）。一切开始了，我们建立了一个网站，挂上了视频播放器和聊天应用，并且设置了两台摄像机捕捉，编码并形成实时的视频流媒体，我们还和内容分发网络商合作以支撑我们的实时视频流量，后来我们还拿到了几十万美元的融资。现在你也许会问我当时的计划是什么？几乎没有，将一切搭建起来后等着看情况应该不算计划。

事实上，我也不得不说当时我们做得很糟，为什么呢？

第一，我们没有计划。

我们只是想当然地认为，网站人气来了以后，我们就可以靠卖赞助、卖广告生存下来了。而且我们也没有增加和放大我们的节目的计划，对流媒体和顾客获取成本不太清楚，对出售广告也一窍不通。

第二，我们不明白整个行业的情况。

不明白广告商愿意为什么样的内容花费广告费，也不明白用户愿意观看什么样的内容。

第三，我们起先依靠的是专有的硬件设备，天使投资人也曾告诉我们采用商业设备，但是我们没听。可笑的是，几个月后我们开始转向笔记本了。

第四，我们企图建立一个基于"疯狂流行节目"的事业，但是我们却没有任何制造这种疯狂流行节目的经验。

我们熟知网站建设，但是我们不太懂内容创造。天使投资者们（Paul 介绍认识的）也多次告诉我们：几乎没有什么人愿意投资基于疯狂流行节目的项目，因为你必须要能持续不断的创造这种节目来满足观众的需求（比如说 eBay 和 Google 就不同，因为他们是平台，有大量的常规用户）。

那么我们又为什么能走这么远呢？

第一，我们够激情。

我坚信不管有没有内容创造经验，只要我们满腔激情地投入，也能创造成功的新娱乐方式。

第二，早期天使投资经常是对人不对事。

Paul 也曾告诉过我看好我的能力，就算我的想法完全不切实际，我也可能不断地去进行修改，最终成功地找出一条盈利的途径来。

第三，我们推销得够给力。

几乎我们认识的所有朋友都为 Justin.tv 的想法感到兴奋，为什么呢？因为他们被我们自己的兴奋感染了。因而我们成功地让 Kyle 退学创业，让 Michael 辞职飞奔大半个美国加入我们。

可是，最终我们还是失败了。但是，我现在每天都为我过去实践了这个想法而满怀感激之情。为什么？

第一，我们打造出了一支强大的团队。

我们 4 位创始人一路走来，现在仍然领导着公司。我们还招聘到了非常优秀的工程师和产品设计师。

第二，我们从一开始就在不断地学习和进步。

在意识到我们的初始节目无法形成一个可持续发展的模式后，我们及时调整战略走上了平台的道路，建成了世界上最大的实时视频平台。

第三，我们终究迈出了创业的步伐。

有些人总喜欢等，等到一切都有了后才开始创业。但是一开始看起来不切实际甚至是愚蠢的项目也可能在发展的过程中改造成具有伟大价值的工程(我想很多人一开始也认为它是个难以实现的想法吧)。想想要是我们当初没走出这一步,我们现在有什么可以在此一说的呢?

现在,我比任何时候都为 Justin.tv 感到更兴奋,为什么?因为我们可以将过去4年多从创建世界上最大的实时视频平台中学到的东西投入我们的下一个项目中去——解决移动视频中出现的一系列问题。现在我们也再次扬帆起航了,为我们的下一个伟大的项目全力拼搏。

最后我想说:我的故事还没说完,等我下一个项目展开了,我会再和朋友们在此相会的。

【思考题】

1. 你有创业的经历吗?如果有,请你谈谈你的感悟,不管成功与否。如果没有,请你针对最能吸引你的某个创业实例,谈谈你的想法。
2. 你对创业风险的理解是什么?

第七讲　创业计划与实施

"创业,其实就是找别人想不到的,或做别人没做准确的事情。"这句看似非常平白的话,道出了创业的本质和创业的艰难。虽然创业是很多人的梦想,但是现实告诉我们要实现这个梦想并不容易,如果想要实现创业梦想,就必须要有充分的准备、精细的计划,并努力去付诸实施。

7.1　创业计划

汽车之家网站创始人李想说过这么一句话:"任何时候做任何事,订最好的计划,尽最大的努力,做最坏的准备。"创业更是如此。

东方卫视《顶级厨师》节目是一项以厨艺比拼为主要内容的大型真人秀节目,其中有一个竞赛环节是团队对抗,大致内容是两个团队要在两个小时内为 50~70 人提供三道菜,而这个环节出现的状态往往是慌乱、无措,但总有些卓越的领导者在计时开始的时候就不慌不忙、有条不紊地和队友商议流程、分配任务,比赛结果常常也令人满意。由此可以看出,有一份行之有效的计划会事半功倍。

7.1.1　创业计划的作用

创业计划是创业者叩响投资者大门的敲门砖。美国一位著名风险投资家曾经说过:"风险企业邀人投资或加盟,就像跟离过婚的女人求婚,而不是和女孩子初恋。双方各有打算,仅靠空口承诺是无济于事的。"对白手起家的大学生创业者而言,创业计划的好坏往往决定了投资交易的成败。

那么为什么要制订创业计划呢?制订创业计划只是为自己以后的企业运营规划好路径吗?显然不是的,创业计划更重要的功能在于创业融资。比如,国家、地方政府的创业优"贷"政策不在少数,风险投资也虎视眈眈、伺机而动,但是没有一笔钱会砸在一个没有任何计划的创业者身上。这些机构、财神首先要看的就是创业者的创业计划。如果把财富比作水的话,创业者就是挖渠者,而创业计划就是一份挖渠的计划,它可以帮助创业者梳理清楚关涉创业的所有问题,正确认识市场,对潜在的风险做出清晰的预判。创业计就如同资金那样对于创业一样重要。

1. 创业融资

创业计划是创业者向投资家筹措资金的重要依据,而如何让投资家把自己的钱从口袋里掏出来投到你的公司,这是一门学问。作为创业者,千万不要以为只要产品好,市场和利润就随之而来。在创业计划中,你要能体现出自身对事业经营的构想和策略、产品市场需求的规模和成长潜力、财务计划以及投资回收年限等,还要做好市场和财务的分析预测,要充分考虑企业的商业模式、资金、市场和专业管理等。归根结底,只有让企业能够赚到利润,并且是高额的利润,投资家才会把钱投下来。

2. 发展规划

创业计划对融资确实非常重要,但绝非只有需要融资的时候才需要创业计划。当开创的事业小到你完全可以独立筹措启动资金的时候,创业计划更大的意义就在于对企业发展的规划作用了。

实际上,在公司发展的每一个阶段都需要一份相应的创业计划,它不仅仅有助于风险投资家们沟通交流融资意向,更有助于你整理、思考并确定企业发展的中、长期发展战略和规划。即使创业计划没有帮助你融到资,也是大有好处的。最简单的做法是顺着自己的思路去规划,想想自己未来的企业该怎么去操作,蓝图该如何描绘,哪些问题需要注意,哪些环节需要搞清楚,哪些资料需要研究,哪些方法需要去请教经验丰富的人。你考虑得越周详,思路就越清晰,准确性就越高,成功的概率就会越大。

7.1.2 制订创业计划书

1. 创业计划书

创业计划书就是创业者计划创立的业务的书面摘要。它用以描述与拟办企业相关的内外部环境条件和要素特点,为业务的发展提供指示图和衡量业务进展情况的标准。通常创业计划书是市场营销、财务、生产、人力资源等职能计划的综合。一份良好的创业计划书必须把创业企业的竞争优势和对投资者的利益回报鲜明地体现出来,并且要切实可行。由于创业本身也是开始一项新的商业活动,因此创业计划书也叫商业计划书。

2. 创业计划书的作用

(1)为创业者提供自我评价的机会。

创业计划书明确分析了创办企业的内部和外部资源,预测创办企业内部竞争优势和外部竞争威胁、后续经营过程中可能遇到的问题和经营效果。因此,创业计划书的制订过程本身也是创业者系统地梳理创业思路、进行自我评价的一个过程。

(2)为创办企业的运作提供指导。

当创办企业的创业计划书成为一套比较完整的计划而被确认时,它就能为创办企业的运营管理提供工作指南和行动纲领。这种事先的行为规范对保证创办企业初期的顺利运作具有重要的作用。

（3）是创业者获得各方支持的必备资料。

创业计划书为创办企业的发展制定比较详细的经营目标和方向，对投资者和合伙人来说，它是判断是否进行投资，承担投资失败风险的必要的书面评估资料。对于政府官员、供应商和内部员工，创业计划书描绘了创办企业的经营范围和经营方向。它又是一种有效的沟通工具，鼓励创业者为实现创业企业的目标而奋斗。

（4）对后续执行情况的评价作用。

创业计划书是创业者精心制订的，是针对企业未来的。因此，它就成了约束创业者经营行为的书面规范，通过对后续经营效果进行评价，也可以评价创业者的项目规划能力和执行能力。

3. 创业计划书的分类

不同的行业环境、不同的经营目标、不同的创业条件下所制订出的创业计划书是不同的，如制造业和金融业的创业计划书，资金充足的创业项目和资金短缺的创业项目的创业计划书都是不同的。这些差异反映了创业计划书的几个特点：针对性、可行性和经济性。按照不同的分类标准，创业计划书可以分为以下几类。

（1）按照行业划分。

按行业类别不同可以分为生产制造类创业计划书、科研技术类创业计划书、市场和营销类创业计划书和金融类创业计划书等。

（2）按照项目的作用和性质划分。

按项目的作用和性质不同，可分为产品性项目创业计划书和服务性创业计划书等。

（3）按照使用对象划分。

根据使用对象的不同，创业计划书又可分为内部使用的创业计划书和外部使用的创业计划书。

（4）按照载体划分。

按创业计划书的载体的不同，可以分为书面创业计划书和电子创业计划书等。

4. 制订创业计划书的注意点

（1）聚焦产品。应提供所有与企业的产品或服务有关的细节，包括企业所实施的所有调查。这些问题包括，产品正处于什么样的发展阶段？它的独特性怎样？企业分销产品的方法是什么？谁会使用企业的产品，为什么？产品的生产成本是多少？售价是多少？企业发展新的现代化产品的计划是什么？

（2）呈现竞争优势。罗列关键数据，并让这些数据证明企业拥有极强的竞争优势，要旗帜鲜明地把投资者的利益所在呈现出来，要让投资者认识到，所创办的企业能够为投资者带来丰厚的利润。

（3）展现经营能力。要在创业计划书中尽量展现经营团队的事业经营能力和丰富的经验背景，展示出对该产业、市场、产品、技术以及未来运营策略的全套想法。想法越具体而充分，说明经营能力就越强。

（4）关注团队。创业团队成员必须有较高的专业技术知识、管理才能和多年工作经验,管理者的职能就是计划、组织、控制和指导公司实现目标的行动。在创业计划书中,应首先描述整个管理队伍及其职责,然后再分别介绍每位管理人员的特殊才能、特点和造诣,细致描述每个管理者将对本公司所做的贡献。

(5) 表现市场感觉。在整个创业计划书的撰写过程中,要贯彻以市场为导向的原则,充分显示创业者对于市场现状的掌握和对未来发展的预测,再怎么五光十色的描述都必须基于对市场需求的详细分析。

(6) 明确行动方针。创业计划书是最不需要虚词的"文章",创业计划书中应该明确的问题:企业如何把产品推向市场?如何设计生产线?如何组装产品?企业生产需要哪些原料?企业拥有哪些生产资源?还需要什么生产资源?生产和设备的成本是什么?企业是买设备还是租设备?解释与产品组装、储存以及发送有关的固定成本和变动成本的情况。

(7) 逻辑合理。逻辑合理其实是对创业计划书的最基本要求,创业计划书前后的基本假设或预估要相互呼应,前后逻辑合理一致,这是一个成功创业者的基本思维"配备"。

(8) 实事求是。出现在创业计划书中的所有数字要尽量客观、实际,千万不要凭主观的意愿去评估,大部分投资者都非常讨厌这样的创业者。

(9) 罗列市场机会和威胁。创业计划书要明确指出企业的市场机会和竞争威胁,并尽量以具体资料佐证。同时,分析可能的解决方法,决不能含混不清,企图蒙混过关。特别是对计划书中出现的假设、财务评估方法和会计方法以及市场需求分析所依据的调查方法和事实证据都要明确、明确、再明确。

总而言之,创业计划书应该完整地描述事业经营的各个功能要项,尽量提供投资者评估所需的各类信息,并附上其他可供参考的佐证数据。

5. 编写创业计划书所需的资料和信息

(1) 行业信息。

行业是创办企业首先要面对的中观经济环境,行业的状况将直接影响到企业的发展前景和赢利能力。主要包括:行业的发展趋势资料、消费者信息、竞争者信息。

(2) 产品信息。

产品与市场的关系对于创业的影响可以划分为两种途径:由产品找市场和由市场找产品。如果分析准确,这两种途径都能为企业带来良好的发展前景。企业产品的信息包括:产品的功能、产品的规格、产品的创意与开发、产品的专利保护、产品的生产、产品的技术及辅助产品。

获得创办企业的产品信息是编制整个创业计划的基础,创业计划中的市场营销战略、生产战略、财务战略、竞争战略都是围绕企业的产品信息制定的。

(3) 原材料供给和产品销售渠道信息。

如果将企业看作是产品流动的一个环节,那么要保证企业的正常运行,就需要两条通道:使原材料流入企业的通道和使产品流出企业的通道,对应着原材料供给信息和产品的销售渠道信息。

（4）投资者的信息或银行贷款条件信息。

投资者的信息主要指投资者进行投资的条件是什么。创办企业要获得投资者的支持，就必须在风险和收益之间达到较好的匹配。如果投资者投入的资金数量较大，创办企业的前景又不明朗，则很难获得投资者的支持。银行贷款的信息也是同样的道理。

（5）创业团队的能力资料。

要吸引投资者投资，要将一个创业计划书转化为一个成功的创业企业，其关键因素是要有一支强有力的创业团队，而且这个创业团队应当是具有较高的专业技术知识、管理才能和丰富的管理经验。在创业计划书中，首先应当描述一下整个管理团队及其职能，还应当详细介绍团队中的每一位成员的才能、特点和担任的职位。

创业团队资料与其他资料不同，它主要是根据团队成员的经历、团队其他成员的评价来获得的。要实现各尽其能，充分发挥团队中每个成员的优势，获得创业团队的能力资料是必需的。

（6）创办企业的相关产业政策和法律信息。

创业者在编制创业计划书之前首先要认真学习现阶段的国家产业政策和相关法律规定，深刻理解哪些产业是鼓励发展的，哪些是加以限制的；哪些经营行为是法律允许的，哪些行为是法律禁止的。在编制创业计划书时利用好各项政策和法律保护，可以使创办企业获得额外的利益，如免费服务、扶持资金、减免税等。

表7-1是一个创业计划书工作簿，它的功能在于记录创业者脑海中的灵感或成熟的思考，其中的精华将于日后一一体现在创业计划书中。

表7-1　创业计划书工作簿

创业计划书工作簿			
描述你的商业想法			
你的公司名称			
你的公司的竞争优势			
你的业务类型（勾选）	制造商卖给批发商	批发商卖给零售商	零售商卖给客户	服务提供商卖给客户
描述你的目标客户			
介绍你的销售情况			
你的公司的宣传口号			
单位产品的销售价格			
竞争对手			
为了打败竞争者，你准备怎样去做？			

提供编写创业计划书所需资料和信息案例

撰写创业计划书所需要的资料和信息包括：行业信息、消费者信息、竞争者信息、产品信息、原材料供给信息、销售渠道信息、投资者信息、银行贷款条件信息、创业团队的信息、国家产业政策和法律信息。

创业咨询师老王在帮助创业者编制创业计划书。根据与创业者的合同规定，老王将承担创业计划书编制的大部分工作，如资料收集、计划书撰写等。现在，老王正和助手忙于收集撰写创业计划书所需的资料，他们的工作包括以下几个部分。

◇ 收集行业信息

虽然创业咨询公司有大量的关于创业者所在行业的信息，但老王发现部分信息过时或不完整，不能满足撰写创业计划书的要求。老王和助手们通过以下途径对行业信息进行了补充：

（1）行业协会定期发布的行业数据。

（2）专业的行业杂志也会定期刊登行业的信息。

（3）互联网具有大量的行业信息，创业者可以通过互联网免费获得。

（4）许多专业咨询公司也有行业分析业务，创业者通过付费的方式委托专业咨询公司收集行业信息，并撰写行业分析报告。

（5）证券公司、投资公司也会定期发布行业发展趋势报告。

（6）对利用上述方法都无法获得的信息，可以自己调查。

◇ 收集消费者信息

鉴于创业计划书对消费者信息准确性和消费者信息的时效性要求很高，同时消费者信息必须与产品的信息有效匹配，老王觉得根据创业者提供的资金预算进行自行调查。在调查过程中，他们主要利用了以下方法：

（1）向消费者发放问卷。

（2）对部分消费者进行面谈。

（3）估计产品的可能销售渠道。

◇ 收集竞争者信息

向渠道中的零售商询问消费者的信息。

竞争者信息获取的途径较多，老王和助手选择了以下方法：

（1）委托咨询机构或专业人员，深入了解竞争对手的信息。

（2）从竞争者的员工那里获得信息，如招聘竞争者的员工。

（3）收集竞争者的文件，如年度会计报告及各种会议文件。

（4）在市场上观察竞争者的行为。

(5) 通过竞争者的合作伙伴,如供应商。

(6) 关注大众媒体上关于竞争者的信息。

◇ 收集产品信息

因为创业者对产品信息最熟悉,老王要求创业者提供关于产品的各种可以提供的信息。但老王发现在送来的资料中对产品的技术指标、专利申请、生产工艺等尚未提及。其助手利用以下方法获得这些信息:

(1) 向有经验的生产一线员工询问。

(2) 要求产品研发者提供产品的全套信息。

(3) 向法律顾问征求申请产品专利的建议。

◇ 收集原材料供应信息

根据以往的经验,老王认为原材料供应的信息主要包括原材料的数量和质量两部分。对原材料供应的信息他们通过以下途径获得:

(1) 获取竞争者的原材料供应信息。

(2) 通过采购招标大会,收集供应商信息。

(3) 向供应商发出采购意向书,取得供应商报送的材料。

(4) 获取供应商市场的调查报告或其他书面资料。

◇ 收集销售渠道信息

创业者在整个创业计划书的撰写过程中,要求老王要格外重视销售渠道部分。为此老王决定对涉及创业企业未来可能的销售渠道信息做全面调查。他们主要通过以下途径获得了销售渠道的信息:

(1) 分析、比较竞争者的渠道。

(2) 市场营销方面的专业杂志,上面有专门的渠道管理的案例。

(3) 互联网。

(4) 直接交由咨询公司帮助设计。

◇ 收集投资者信息

创业者做创业计划书的一个重要目的是争取投资者,为了在编制创业计划书时做到有的放矢,老王让助手去收集潜在投资者的信息。对于投资者的信息,获取途径包括以下方面:

(1) 向投资者发出邀请函,争取获得他们的资料。

(2) 参加投资者的联谊会,听取他们的情况介绍。

(3) 通过专业的投资杂志、报纸收集资料。

◇ 收集银行贷款信息

银行发放贷款需要的条件较多而且严格。通常,银行贷款的信息包括贷款的程序、贷款的对象及条件、银行贷款的种类、贷款利息、贷款抵押担保情况等。老王所在的咨询公司以前曾做过此类项目,因此,可以选择直接从公司调用部分资料,对于其他信息则通过以下途径获得:

(1) 向银行询问。
(2) 取得《贷款通则》等规定的书面材料。
(3) 向其他企业询问。
(4) 获得法律顾问的建议。

◇ 收集创业团队的信息

创业团队的信息属于企业的内部信息,创业者较为容易获得。老王向创业者提出,要求其提供关于创业团队信息的报告,该要求得到了客户的同意。

◇ 收集国家产业政策信息和法律信息

国家产业政策和法律信息的专业性较强,范围广,收集的难度大。这部分信息的收集,老王希望得到专业人员的帮助,包括聘请咨询人员和法律顾问,并委托他们收集相关的产业政策信息和法律信息。另外,老王要求助手留意最新的地区产业优惠政策公告。

7.1.3 让创业计划书有效

一般来说,创业计划书会因为需求对象的不同,有不同的内容重点和撰写方式。创业计划书有三种类型:简报摘要计划书、评估创业计划书、经营管理计划书。

1. 简报摘要计划书

简报摘要创业计划书的作用是为了吸引投资者,它是创业筹资沟通的重要工具。投资家的专职工作就是投资,因此他们每天都会接到很多创业项目的计划书。他们是不太可能花费太多的时间来判断每一项投资案是否具有吸引力。因此,创业者可以制作一份不多于三页的简报摘要,把最能吸引投资者兴趣的内容标识出来,以吸引投资者的高度兴趣。这类计划书撰写的重点包括:创业团队的优势背景、产品特性、市场规模和预期占有率、核心竞争优势和创新经营模式、财务需求和预期投资报酬率等。

2. 评估创业计划书

当简报摘要计划书引发投资者的兴趣后,创业者就需要做进一步的投资评估案。这类计划书一般需要内容更加完整和详细,以说服投资者尽快做出投资决策。一份好的评估创业计划书要清楚告知投资者有关事业经营与发展的过程与结果,提供给投资者详细的财务计划与投资报酬分析,基本上要包括所有重要的有关创业企业的东西;还要充分显示创业者对于企业内外部环境的熟悉与了解,以及实现经营计划的信心;同时,还要呈现竞争优势和市场利好,并提供客观的数据以佐证自己的观点。

3. 经营管理计划书

经营管理计划书主要包括企业定位和创新经营模式的描述。具体来说,有发展创新经营模式所需要的各项策略性核心资源,包括人力资源、技术能力、财务能力,以及能够有效执行的制度的管理能力;能够有效创造利润的营运策略,包括产品组合策略、市场营销计划、生产计划与策略、供应链管理等;创业过程中可能面对的各项风险情境,包括市场需求变动、竞争者手段、产品技术变化以及创业者的应对措施等。

7.2 创业资源

马云说:"对所有创业者来说,永远告诉自己一句话:从创业的第一天起,你每天要面对的是困难和失败,而不是成功。我最困难的时候还没有到,但有一天一定会到。"可见,一帆风顺的创业是没有的。所以,对于初次创业者而言,"万事俱备连东风都不欠"的人应属凤毛麟角。既然捉襟见肘是常态,那就毫无必要忐忑了,抱定"缺啥补啥"的主意就行了。"这个世界并不在乎你的自尊,只在乎你做出来的成绩,然后再去强调你的感受。"比尔·盖茨是这么说的,也是这么做的!

7.2.1 创业资源的分类

创业资源是指新创企业在创造价值的过程中需要的特定的资产,包括有形与无形的资产,它是新创企业创立和运营的必要条件。创业者获取创业资源的最终目的是为了组织这些资源,实现创业机会,提高创业绩效和获得创业的成功。如果任何条件均不具备,创业成功的可能性很小。

1. 要素资源

直接参与企业日常生产、经营活动的资源,可以直接促进新创企业的成长。

(1) 场地资源。场地内部的基础设施建设,便捷的计算机通信系统,良好的物业管理和商务中心,以及周边方便的交通和生活配套设施等。

(2) 资金资源。及时的银行贷款和风险投资,各种政策性的低息或无偿扶持基金,以及写字楼或者孵化器所提供的便宜的租金等。

(3) 人才资源。高级科技人才和管理人才的引进,高水平专家顾问队伍的建设,合格员工的聘用等。

(4) 管理资源。企业诊断、市场营销策划、制度化和正规化企业管理的咨询等。

(5) 科技资源。对口的研究所和高校科研力量的帮助,与企业产品相关的科技成果以及进行产品开发时所需要用到的专业化的科技试验平台等。

2. 环境资源

未直接参与企业生产,但可以影响要素资源,极大地提高企业运营的有效性,并间接促进新创企业的成长。

(1) 政策资源。允许个人从事科技创业活动,允许技术入股,支持海外与国内的高科技合作,为留学生回国创业解决户口、子女入学等后顾之忧,简化政府的办事手续等。

(2) 信息资源。及时的展览会宣传和推介信息,丰富的中介合作信息,良好的采购和销售渠道信息等。

(3) 文化资源。高科技企业之间相互学习和交流的文化氛围,相互合作和支持的文化氛围,以及相互追赶和超越的文化氛围等。

（4）品牌资源。借助大学或优秀企业的品牌,借助科技园或孵化器的品牌,以及借助社会上有影响力的人士对企业的认可等。

无论是要素资源还是环境资源,无论它们是否直接参与企业的生产,它们的存在都会对创业绩效产生积极的影响。

7.2.2 创业资源的管理

企业的创业资源主要有资金、时间、人才、市场等方面,而其管理包括这些资源的获取、分配和组织等方面的内容。

1. 资金管理:是否有足够的启动和周转资金

在创业开始到盈利阶段,足够的资本是关键一步,如果每天因资金四处奔跑可能会改变创业初衷。另外,行业经验也比较重要,行业经验不足意味着创业者要付出代价,这是因为企业创业在内部发生,一般新业务由旧业务的收入来支撑,资金来源有保障,在这种资金获取办法下,由于新业务本身不但没有收益,反而必须投入大量的资金而导致"新业务招损",因此,可能打击旧业务员工的积极性,对企业发展不利,特别是当企业从专业化向多元化转变时更是如此。解决这个问题的办法有:对新项目使用种子资助资金,采取内部风险投资的方式,或其他有偿使用资金的办法。

2. 人才管理:是否专业和专注

企业创业的另一个问题是人才支持。当项目处于种子阶段时,主要由少数几个人在运作和管理,一旦进入了孵化发展阶段,就必须有得力的人才来进行规划和管理,因此,这里也存在一个新、旧项目争夺人才的问题。为了使新、旧项目的发展不受人才问题的影响,企业必须注意在发展过程中培养新的人才,稀释各部门的人才密度,给人才加压力。

3. 时间管理:是否合理和足够

对于首次创业来说,一个大问题是创业者的工作时间和精力难有保障。一般来说,企业内部的创业者既要完成当前的工作,又要进行开发工作,因此,工作时间分配经常顾此失彼。为了保障员工有充足的时间来孵化创新性的想法,公司应该从制度上给他们以保证,同时调整他们的工作负担,避免对员工各方面施加过大的时间压力,应允许他们长时间解决创新问题。例如,柯达公司的创业者可以将20%的工作时间用于完善创业设想;如果设想可行,创业者可以离开原岗位。

4. 营销资源管理:市场能否得到充分开发

主要指营销资源的分配和新市场的开拓。企业创业是一种以市场为导向的活动,市场对新产品的接受程度直接关系到创业成败,但开始时,新产品在市场中几乎不为人所知,因此,企业必须集中销售资源,致力于新产品的市场开拓。这里也存在新、旧项目营销资源竞争的问题。为了解决这个问题,企业必须加大营销投入。

武汉电商发展契机

武汉,俗称"江城",九省通衢,承东启西,人口800万,是中部的交通枢纽。长期以来,武汉依托黄金水道和南北纵向交通,加上历史形成的商业传统和商业基础,一直保持着中西部地区商贸中心的独特地位。传统商业物流过程的时空特点,使得武汉的地理优势始终是不可取代的。进入电子商务时代以后,地理位置的优势更加凸显,但同时也对武汉这个工业为主导的传统商贸城市提出了新的要求。

谈起武汉的电子商务,大家印象中就是几个凤毛麟角的大卖家,剩下的都是"草根"网商。然而,凭借着自身的地理位置所带来的物流优势、随着汉正街产业链的升级、武汉城市圈的发展,武汉电商开始迸发出新的活力。

◇ 远焦:地理优势凸显

武汉水陆交通极为方便,特别是扼长江几千公里水运的中枢,虽处内陆却有巨轮出入之便,其他城市很难相比。同时武汉位于华中,距离上海、香港、北京、成都等各个大城市距离几乎相等,都在1000公里左右,这样占据中心地位的城市在中国再也找不到第二个。这意味着武汉的物流成本便宜,各大快递公司都在武汉建立起分仓,陆运、水运、空运都很方便,物流优势明显。近两年,一批淘宝上的卖家看中武汉的物流优势,把店铺或仓库搬到武汉。

在武汉,一是可供卖家选择的快递种类多,发货机动灵活;二是各大快递之间的竞争异常激烈,物流价格相对低廉。如快递的全国均价在6元左右,比江浙沪地区更具优势,特别是发往一些内陆城市或偏远地区的时候。武汉快递分公司一般把全国分为3个价格梯队,除了新疆、西藏、内蒙古、青海、甘肃、黑龙江、吉林及港澳等不在第一梯队里面外,其他省份都是5元、6元。在电商时代,物流是一大重要环节。物流便利加上成本低廉给武汉卖家带来了利润的空间和营销的优势,如通过包邮活动拉动销售。

随着网店的兴起和发展,物流的光环逐渐被放大,武汉的商业力量也得到了释放。武汉以"买全国、卖全国"而闻名天下。作为沿海和内地之间的一个重要商品集散地和中转地,武汉的货源不局限于本地,可供选择的范围更大。身处武汉,向全国辐射。比如武汉买家向广州卖家下一个订单,只需要一天甚至半天就可以收到货。

回溯历史,武汉不仅是地理重镇,还是当之无愧的华中商业中心。"要做生意你莫愁,拿好本钱备小舟。顺着汉水往下走,生意兴隆算汉口。"这是在汉商中流传的四句话。武汉三镇中,汉口是经济中心。规模不断扩大的网店在武汉找起地盘来不是一件难事,办公场地、厂房、仓库租金相比沿海地区低很多。

◇ 近景:供应链在升级

对武汉而言,汉正街绝不仅仅是"小商品批发市场"的代名词,它承载了这座城市太多的记忆和辉煌,而对于武汉淘宝卖家来说,汉正街是心中永远的痛。正可谓成也汉正街,败也汉正街。汉正街位于武汉汉口的繁华地带,它的存在为武汉的历史添上了浓墨重彩的一笔。

一家以"汉货"打天下的三皇冠女装店,开店3年来,售出记录7万件,但收藏量才1万件,回头率低得可怜。"虽然是三皇冠,每年年初都像是从头再来。卖出去的货不靠谱,根本不可能实现可持续发展。"店主小米坦言。而最初让她凭借仅仅3000元就从众多淘宝女装中突围出来的也是汉货。近几年,天猫成立以后,武汉与东部差距一下子拉大。随着淘宝规则的变化,商城要求打标、质检,汉正街低端、低价、快销模式和汉货弊端日益显现。2010年年终大促销时,店主小米没有备货,靠的是汉正街灵活多变的生产模式,一笔500件的订单,一个电话打到布料行,布料行一个小时内将布料送到古田工厂,完工后再直接送到网店,24小时内就能完成。虽然市场反应快,但这也带来了量的限制,不可能接大订单,作坊大多是家族式经营,有经验无管理,加之无品牌意识,盲目求成。在武汉女装网店中,很多家都配备了一台缝纫机和一名专门处理质量问题的员工,"有时候,一款衣服拉回来,超过一半都需要返工。"质量和款式成为限制网商发展的老大难,这背后的根源是小作坊的做货模式和传统商人一味求量的经营理念。

正因为货源的困扰,旧爱良品女装店的掌柜曾一度逃离武汉,去了广州、深圳、杭州、常熟考察市场,最后选择了店铺风格一致的常熟。然而,在常熟仅仅停留了两个月,他就再度落荒而逃。一直卖汉货的他实在不能让自己习惯常熟的价格,一条长裙在汉正街只需要15元,而一件T恤衫常熟进价就要20元,而且与武汉相比,常熟同质化很严重,爆款每家都在卖,价格战此起彼伏,加之物流运费高,供应链反应慢,他开始无比怀念汉正街的高性价比。在回到汉正街的那个晚上,掌柜终于明白汉货是有市场的,只是需要时间。

这个时间指的是汉正街刚开始起步的产业链升级。镜头拉开,整个湖北正兴起新一轮的建设热潮,以武汉为中心,辐射周边多个城市,武汉与周边城市进行合理的价值链分工,最终将形成一个大经济圈。张某是最早一批闯荡汉正街做服装的生意人,现在他在汉川服装工业城中,拥有4000多平方米厂房,开创4个服饰品牌,雇佣百余名工人。而就在6年前,他的制衣厂只是汉正街里的一个小作坊。像张某这样寻求升级转型的人并不少,武汉1600多家服装生产企业正在主动为自己摘掉"低端服装"的帽子。前店后作坊的模式正在改变,集中在汉阳古田,甚至是汉正街巷子里的小作坊开始陆续搬迁到盘龙城及周边城市,厂房规模扩大。另一方面,机器也在升级中,之前老化的机器只能做梭织面料的衣服,不能做针织面料的衣服,造成淘宝卖家春秋两季只能去外地寻找货源。目前,汉正街初步形成了从化纤原料、服装生产到包装、纺机配件、物流等上下游配套完整的产业链,这一转变也解决了电商长远发展的后顾之忧。

伴随着产业链升级,商业的传承在第一代、第二代企业主之间继续。汉正街传统企业主的二代们在近两年大规模投身于电商,他们大多从大学毕业,从小在生意场中耳濡目染,有着开阔的事业观和新理念,占尽天时地利人和,如商城女装店比特火玫瑰、集市店的虫掌柜等,成了武汉网商崛起的新生力量。

◇ 长镜头：契机的力量

武汉现有的大卖家中，数码类目有火盟通讯，女鞋类目有白领丽人、梦想奇迹和红桃K，男装有混合二次方，女装有百分之一、卓欧和安都，童装有香港百趣等，基本上每个大类目都有一两个大卖家，剩下的是中小卖家，有着明显的断层现象。武汉电子商务表现最为突出的属周黑鸭，排名淘宝上熟食品类第一，从作坊开到门店，2008—2009年上线，并向以淘宝为代表的电商平台辐射出去。

整体来看，武汉物流成本、人力成本、商务成本都偏低，有优势，但对比其他城市的传统服装企业，武汉电商投入仅占总投入的5%，市场潜力还很大。总结目前制约发展的要素：一是经营思维落后，网购物品是快速消费品，把握不了流行趋势；二是信息闭塞，融资渠道上商家到处装穷，不会炒作和营销；三是供应商制约，全盘掌控整合供应链资源的能力有限；四是缺人。

针对以上的短板，武汉正在发力。传统企业在渐渐转型做电商。据统计，全市各类企业上万家，其中，上网能查到的不到10%。2011年武汉中百仓储投身网上超市，一批汉正街的传统企业主注册了商标，自发地聚在一起，形成了一幢"淘宝大楼"。

当然，政府的支持，外加充裕的基础人才，在产业升级及交通运输完善的刺激下，原本沉寂的商业优势正在被激活，并且开始通过电商渠道释放这种正能量，武汉电商是时候把握转型机遇期大干一场了。

7.3 创立企业

创立企业，就必须办理各种法律手续，事先了解办理手续的一整套流程，省钱、省时、省力。"深圳全面推行新的商事登记制度""商业登记不用提交验资证明，开办公司无须再为注册资本发愁""将来足不出户上网可办营业执照""通过公示平台了解企业信息"，这些不断推出的新政策和不断出现的新形势，都对企业选址、注册提出了新要求、新挑战。

7.3.1 给梦想安家

"给梦想安家"这句话折射在创业企业身上，首先就体现在空间位置的选择上，也就是创业企业的选址问题。它直接关系到公司的税收优惠政策、一般纳税人申请政策等。创业者要注意，公司法也规定成立公司必须要有合法及有效产权证注册地址，公司可以同时有注册地及实际经营地。

1. 办公地点选择

小企业选址要临近相关工作地点或目标客户居住、活动区域。以太仓市为例，从事旅游业的创业者，建议将工作地点设在上海中路上，因为这里是太仓的金融商务中心，需要外出开展商务活动的人士很多；另外，大部分外籍人士都居住在边上的几个小区内，所以将位置选择在这里会有助于其业务的提升。

创业者如果选择在商业居住区设立办公场所,需要提前咨询业委会,以查询小区是否允许其住宅作为商业用途。商住两用公寓可注册公司,同时价格又低于同区域的写字楼,因此备受中小企业的欢迎。

所在的楼盘建议要有一定的档次,建成的年代也要新一些,尽量不要选旧宅。虽然高档次对应的是高租金,但档次决定商机,如大堂装修是否豪华,物业服务是否到位,也同时决定着企业形象的优劣,以及是否可带来更多的商机。初期创业,公司规模并不大,而且有些行业并不需要底楼门面,只要有一间办公室就够了。

从表面上看,在哪里办公对企业的经营似乎影响不大。但是,在实际运营中,一处合适的办公场所则可以给企业带来很多的便利。

2. 零售企业选址

(1) 便利策略。零售企业进行选址首先要考虑其业态特征,那些单体规模小、满足顾客便利、顾客需要,以经营选择性较低的日常生活用品为主的零售业态,如超市和便利店原则上应在距离上靠近顾客;而那些单体规模大、商品品种齐全,以经营选择性较强的商品为主的零售业态,如百货店或仓储式购物中心能够从远处吸引顾客,原则上选在人流多、交通便利的地方。交通便利可以把较远地方的人带进来,又方便购物的人群走出去,已成了现代零售业必须考虑的重要因素。比如,交通便利就是家乐福选址的首要因素,家乐福开店选址的条件有三:交通方便;人口集中;两条马路交叉口。家乐福的法文名字"Carrefour"正是"十字路口"的意思。

(2) 聚合策略。零售企业周围的竞争情况对零售企业经营的成败产生巨大影响,因此在选址时必须分析附近的竞争对手。对于单一功能零售企业,由于这些店经营业务单一、规模小,对顾客的吸引力弱,自身难以拥有较大的客流,并且这些零售企业具有依附性、借客源性的特征,所以在选址上采取聚合策略。一种方案是在商业区或大商场旁边设店,从而获得较大的客源。另一种方案是在"××专业街"开店,因为专业街同业商店多,就会产生聚集效应,容易扩大影响,凝聚人气。消费者在专业街可以货比三家,还起价来比较容易,所以客流量多。这样商家的生意反而比单枪匹马更容易做。比如,麦当劳、肯德基快餐厅几乎都是建在大商场旁边,就是这个道理。考察同一地段同类零售企业的经营业绩、商品的价格水平等情况可以初步测算可能产生的利润状况,也有助于确定今后自己的商品定位,用较少的投资进入竞争十分激烈的便利店市场,不仅站住了脚,而且得到迅速发展。所以集中在一起的商店群相互间既存在竞争,又有着合作,要权衡把握好这种关系,需要注意的是在零售企业相对集中的地方,只有在经营特色、价格、服务等方面努力做出特色,才能成功。

(3) 人气分析策略。每个零售企业的经营者都知道,开店选址必须找人气旺的地方。客流多少是选址决策时必须考虑的重要问题。拥有足够的人流,才能保证企业的利润回报,足够的人气才能支撑起购买量。零售企业的选址要分析该客流的特点。古语说"一步差三市",意思就是企业的选址差一步就有可能差三成的买卖,这跟客流活动的线路有关。即使是同样一条街道,由于交通条件不同或基础文化娱乐设施不同或通向的地区不同,不同位置也可能会使销售业绩存在很大差异。了解客流的消费目标,对客流量调查结果进行分析,研究客流路过的目的,如经过此地是为了购物、上下班、换车还是旅游或散步等,学校附近的店面应考虑寒暑假的时间,机关和公司集中地段的店面就必须掌握他们的上、下班时间,车站附近的店面应摸清发车、到车的规律,这些都会影响开业后的营业时间,进而影响企业的业绩。

7.3.2 注册流程

1. 工商执照办理

办理工商执照除直接到企业登记场所提出申请外,还可以通过邮寄、传真、电子数据交换和电子邮件等非固定形式提出。直接申请共有三个步骤:

第一,领表。申请人领取《企业名称预先核准通知书》的同时,领取《企业设立登记申请书》(按不同企业组织形式领取)或《个体工商户开业登记申请书》,按表格要求填写。

第二,递交申请材料。材料齐全,符合法定形式的,等候领取《准予设立登记通知书》(有限责任公司与个体工商户)或《准予行政许可决定书》(个人独资企业与合伙企业)。

第三,交费并领取营业执照。按照通知书或决定书确定的日期到工商局交费并领取营业执照。

2. 税务登记

税务登记是纳税人与国家确立税收关系的一个重要标志,有了它,企业才有权利申请减免税、领购发票,当经营发生暂时困难时,还可以申请延期申报、延期纳税等事宜,从而保证生产、经营活动的顺利进行。

个人独资企业、有限责任公司,需要在领取工商营业执照之日起 30 日内到税务机关领取《税务登记表(适用单位纳税人)》1 份。填写完整、盖章后,提交税务机关,并提供工商营业执照或其他核准执业证件,有关的合同、章程、协议书、组织机构统一代码证书、法定代表人或负责人或业主的居民身份证、护照或其他合法证件等。税务机关收到申请和有关证件资料后,有 20 天的审核期,经审核符合规定的,需要交纳税务登记证工本费并领取行政性收费票据,领取税务登记证。

个体工商户、合伙企业,与个人独资企业办理税务登记的程序基本一致,也分为领表、提出申请、缴费领证三个环节。差异是:第一,要领取适用于个体经营的《税务登记表》;第二,提供的资料比较简单;第三,从事个体经营的高校毕业生可凭相关证件免交税务登记证工本费。

7.3.3 企业伦理

企业伦理的含义可规定为"活跃在企业经营管理中的道德意识、道德良心、道德规则、道德行动的总和"。或者说企业伦理是以企业为行为主体,以企业经营管理的伦理理念为核心,是企业在处理内外部人与人关系时所应自觉遵守的伦理原则、道德规范及其实践总和。

创业企业不但需要遵守法律法规，依法经营，还需要遵守伦理道德，承担社会责任。企业伦理的内容依据主题可以分为对内和对外两部分，内部包括劳资伦理、工作伦理、经营伦理；外部包括客户伦理、社会伦理、社会公益。

1. 企业与员工间的劳资伦理

首先，很多创业者在创业之前是一家企业的员工，本身和原有企业有雇佣关系。一般而言，员工一边在企业工作，一边自己创业，会导致雇主很恼火。所以，第一，在职创业者应该认真地做好本职工作，完成雇主企业的工作任务，不应该在上班的时间处理与创业有关的事情，但可以在非上班时间谋划创业。第二，适当的时候提出辞职请求，尽量不表露创业意向。即使在离职当天也应该认真完成工作。第三，不得带走雇主企业的资料，特别是商业秘密资料；在离职前，不得拉拢同事一起离职，不得占用雇主资源创业。第四，需要遵守与雇主签订的保密协议和非竞争协议。不可泄露雇主企业的商业秘密。如果要在同行业创业，必须遵守非竞争协议，在规定的时间内不得从事与雇主企业相竞争的相关工作。

其次，创业者离职后创业，需要雇佣员工，创业者需要站在雇主的立场，保护员工与自身权益不受侵害。一方面，要加强员工管理，建立互信互惠的劳动关系，加强员工培训，提高员工素质，促进员工职业发展，培养员工的忠诚感。另一方面，友善合理裁员，保护商业秘密，树立企业形象。没有开除过员工的创业者，不是一个成熟的创业者。企业不管是主动裁员还是被动裁员，都要做到有礼、有节、友好，这样有利于保护企业形象。同时，需要与企业的关键雇员和技术型雇员签订保密协议和非竞争协议，避免企业的商业秘密外泄。特别需要防范重要雇员大批辞职，并创办竞争企业。

最后，企业需要尊重员工的人格，维护员工的权益，实现员工的发展。不得随意拖欠和克扣员工工资；不得侮辱员工的人格，更不可人身攻击；不得有性别歧视行为。由于现在就业形势严峻，企业在用人的时候往往处于优势地位。有些企业对员工提出苛刻的要求，在面试的时候问及应聘者隐私方面的问题，随意刁难应聘者，拒绝女性应聘等；在用人的时候，随意加班，加班费不符合国家规定；拒绝提供员工社会保险和医疗保险服务；拒绝给予女性特殊保护；利用监视器，侵犯员工隐私。这些都是违法的或错误的。

2. 企业与客户间的客户伦理

客户伦理的核心精神是满足顾客的需求，这是企业生存的基础。顾客是企业经营的主角，是企业存在的重要价值。企业能不能生存，关键是企业能不能给顾客带来价值。所以，客户伦理的核心精神也是企业的使命。遵循客户伦理，最重要的是要尊重顾客需求。企业切忌自以为是，闭目塞听，随意提供产品。

松下幸之助就将"诚"作为企业经营成功的保证，他说："在少有妙案、妙策的世界里，能发挥特色，促使销售成功的秘诀是什么呢？我认为需依赖彼此的诚心诚意。最重要的是如何使顾客感到高兴，以何种方法接待能使顾客感到满足，如果内心有这样的诚意，此人的言语、态度上自然会出现某种感人的东西，销售能力也会随之提高。"

在现实生活中，企业与客户间的客户伦理主要是服务伦理。服务伦理是无形的、易逝的、异质性的,所以,服务伦理显得十分微妙,但是服务伦理又十分重要,即使企业能够提供符合顾客需求的产品,但是不能提供良好的服务,这个企业也会被顾客抛弃。

遵循服务伦理需要建立优秀的企业服务文化,以人为本,以顾客为本,提高员工素质和服务水平,形成"顾客是上帝"的意识。一线员工需要树立良好的仪表形象,尊重每个顾客,耐心倾听顾客的心声。售后服务员工对抱怨的顾客更需要耐心、细心、关心,及时向上级总结反馈顾客的抱怨和需求。我国家电巨头海尔的五星级售后服务为消费者所赞誉。相反,极少部分跨国公司公然提供歧视性服务,提供较低水平的售后服务给我国消费者,极个别跨国公司竟然向我国公民的爱国主义挑衅,2008年"家乐福事件"掀起了轩然大波,最终还是以家乐福的妥协、失败而告终。

3. 企业与同业间的竞争伦理

企业与同业间的竞争伦理主要体现在不恶性竞争,不恶意中伤,不恶性挖墙脚,不窃取商业秘密。企业间竞争伦理与竞争规律并不矛盾,遵循竞争伦理就是顺应竞争规律,否则整个产业企业的恶意竞争必然导致产业衰败。

不恶意竞争主要表现在同行间不盲目打价格战,不恶意降价,不干涉弱小企业的定价行为。部分行业老大财大气粗,凭借"主场优势"公然干涉外地弱小企业的经营。2012年发生的多起"王老吉与加多宝员工斗殴"事件不但严重地违反了企业间的竞争伦理,还触犯了刑法。

同行竞争者的关系应该是"竞合"的关系,即公平、公开竞争,互信、互利合作。然而,现实中同行企业间常常发生散播谣言、中伤对方的事件,恶意挖墙脚、盗取商业秘密的现象也屡见不鲜。现今,视频网站之间为"老大"地位之争,相互拆台,并雇人给对手上传违法内容,这种竞争关系不利于行业发展。

同行企业间应把竞争的焦点放在不断提升技术水平、打造品牌、实行差异化定位的竞争战略上。允许低价竞争,但不得恶意降价。企业应该加强员工管理,按商业规则用人。企业需要保护商业秘密,同时不盗取竞争者的商业秘密。

4. 创业者与股东间的股东伦理

创业团队中包括创业者在内很多都是企业股东,创业者需要处理好股东之间的关系,建立合理的伦理关系。

创业初期,创业者往往过度地把精力放在企业生存发展,尤其是市场开发上,而忽视了企业所有权的问题,忘记签订股东协议。企业因为股权纠纷导致创业团队解散的案例已经屡见不鲜了。所以,创业者需要在创业初期与股东签订股东协议,特别需要明确股本结构和退出方式。退出方式主要指股本回购条款,法律规定打算退出的创建人有责任将自己的股份出售给那些感兴趣的创建人和其他非股东。公司法对有限责任公司和股份有限公司股权转让、自然股东死亡等问题都做出了相关规定。法律规定,有限责任公司股东向股东以外的人转让股权,应当经其他股东过半数同意。股东应就其股权转让事项书面通知其他股东征求同意,其他股东自接到书面通知之日起满三十日未答复的,视为同意转让。其他股东半数以上不同意转让的,不同意的股东应当购买该转让的股权;不购买的,视为同意转让。经股东同意转让的股权,在同等条件下,其他股东有优先购买权。两个以上股东主张行使优先购买权的,协商确定各自的购买比例;协商不成的,按照转让时各自的出资比例行使优先购买权。

5. 企业与社会间的社会责任

20世纪80年代以来,随着全球经济一体化的进程日益加快,国际上掀起了一个颇具声势的企业社会责任(CSR)运动。所谓"企业社会责任",是指企业在创造利润、对股东利益负责的同时,必须主动承担起对环境、社会和利益相关者的责任,包括遵守商业道德、生产安全、职业健康、保护劳动者的合法权益、保护环境、支持慈善事业、捐助社会公益、保护弱势群体等。

企业的本质就是社会单元。企业的发展离不开社会,它取之于社会,用之于社会。企业在谋求利益最大化的同时需要重视社会公益,提升企业形象,追求企业发展与社会发展、环境保护之间的平衡。

企业履行社会责任就是为社会提供质量达标的产品,依法诚信纳税,解决就业问题,保护生态平衡,节约资源,创新技术,缩小贫富差距,为构建和谐社会尽力。可以看出,企业追求利润最大化与履行社会责任并不矛盾。相反,认真履行社会责任有利于企业实现可持续发展。

针对我国企业的特殊情况,要求我国企业要着重履行提供质量达标的产品、依法诚信纳税、解决就业问题、保护生态平衡、节约资源、慈善捐助六大社会责任。提供货真价实的产品是企业应尽的社会责任,但是在我国很多产品的质量没有达到要求,导致出现大量的质量安全问题。我国部分媒体,特别是互联网媒体为了吸引"眼球",利用"网络推手"提供虚假信息,导致互联网环境的不纯洁和信息失真。由于我国企业创业风险较大,税收体制存在问题等原因,很多企业家依法纳税的意识淡薄。作为创业者,在创立企业之前就应该树立依法诚信纳税的意识,在企业经营中要做到不逃税、不偷税、不漏税、不抗税。企业应该严格遵守《劳动合同法》,依法雇工,不随意解雇员工。另外,企业应该通过经营发展扩大规模,雇佣更多的员工,解决失业问题。企业要提高技术水平,淘汰落后的"粗放型"生产方式,节约资源,同时,需要保护生态平衡。最后,我国企业要勤于从事慈善捐助活动,扶植残疾人、孤儿、灾民等弱势群体。目前,我国企业,特别是民营企业已经用实际行动不断地帮助弱势人群。

7.3.4 相关法律、法规

要注意的是,法律、法规的一大特性就是始终处于不断调整和修改的状态之中。另有不同法律、法规的法律效力不同的问题,必须要仔细甄别,有不懂之处不妨咨询专业法律工作者。在现在和未来,进行法律咨询正在成为企业法人的一种常态。

1.《公司法》

对创业而言,《中华人民共和国公司法》(以下简称《公司法》)是一部十分重要的法律。《公司法》规定了企业的法律形式、企业创建的条件和程序、股东职权等。创业者必

须熟悉《公司法》,重点了解企业的法律形式,不同形式的企业创办的条件,企业创办的程序,股东和董事会的职权等。现略举两例:

第二十六条规定:有限责任公司的最低注册资本为三万元,并不再区分不同行业,首次缴纳不低于注册资本20%和法定最低注册资本额,须两年内缴足,投资公司五年内缴足。

第二十七条规定:股东可以用货币、实物、知识产权、土地使用权等可以用货币估价并可以依法转让的非货币财产作价出资,但法律、行政法规规定不得作为出资的财产除外。

2.《知识产权法》

《知识产权法》是指由国家制定或认可的,调整知识产权人在创造、使用或转让其作品、专利、商标等智力成果过程中所产生的各种社会关系的法律规范的总称。它们之所以与我们创业者息息相关,是因为其对专利权、商标权和著作权均做了明确规定。

(1)关于专利申请,《知识产权法》是这样规定的:

办理专利申请应当提交必要的申请文件,并按规定缴纳费用。专利申请必须采用书面形式或者电子申请的形式办理,只有书面文件才具有法律效力。

申请发明专利的,申请文件应当包括:发明专利请求书、说明书(必要时应当有附图)、权利要求书、摘要及其附图,各一式两份。

申请实用新型专利的,申请文件应当包括:实用新型专利请求书、说明书、说明书附图、权利要求书、摘要及其附图,各一式两份。

申请外观设计专利的,申请文件应当包括:外观设计专利请求书、图片或者照片,各一式两份。要求保护色彩的,还应当提交彩色图片或者照片,一式两份。提交图片的,两份均应为图片,提交照片的,两份均应为照片,不得将图片或照片混用。如对图片或照片需要说明的,应当提交外观设计简要说明,一式两份。

申请人申请专利时,应当将申请文件直接提交或寄交到国家知识产权局专利局受理处,也可以提交或寄交到国家知识产权局设立的专利代办处,目前在北京、沈阳、济南、长沙、成都、南京、上海、广州、西安、武汉、郑州、天津、石家庄、哈尔滨、长春设立国家知识产权局专利代办处。

(2)关于商标使用禁忌的问题,《知识产权法》规定,以下内容不得作为商标使用:

① 同中华人民共和国的国家名称、国旗、国徽、军旗、勋章相同或者近似的,以及同中央国家机关所在地特定地点的名称或者标志性建筑物的名称、图形相同的;

② 同外国的国家名称、国旗、国徽、军旗相同或者近似的,但该国政府同意的除外;

③ 同政府间国际组织的名称、旗帜、徽记相同或者近似的,但经该组织同意或者不易误导公众的除外;

④ 与表明实施控制、予以保证的官方标志、检验印记相同或者近似的,但经授权的除外;

⑤ 同"红十字""红新月"的名称、标志相同或者近似的;

⑥ 带有民族歧视性的;

⑦ 夸大宣传并带有欺骗性的；
⑧ 有害于社会主义道德风尚或者有其他不良影响的。

县级以上行政区划的地名或者公众知晓的外国地名，不得作为商标。但是，地名具有其他含义或者作为集体商标、证明商标组成部分的除外；已经注册的使用地名的商标继续有效。

以下标志不能作为注册商标使用：
① 仅有本商品的通用名称、图形、型号的；
② 仅仅直接表示商品的质量、主要原料、功能、用途、重量、数量及其他特点的；
③ 缺乏显著特征的。

3.《合同法》

《合同法》是调整平等主体之间的交易关系的法律，它主要规定合同的订立、合同的效力及合同的履行、变更、解除、保全、违约责任等问题。合同可以是书面的，也可以是口头的。劳动合同是属于劳动法的范畴，企业的经济活动还涉及其他合同，如买卖合同、借款合同、租赁合同、运输合同、保管合同等。

合同的订立需要规范，一般有专业的合同模板。不同类型的合同和不同的当事人约定的合同的内容是不一样的，但一般包括以下条款：(一)当事人的名称或者姓名和住所；(二)标的；(三)数量；(四)质量；(五)价款或者报酬；(六)履行期限、地点和方式；(七)违约责任；(八)解决争议的方法。

创业者一定要明确合同的效力，即合同是否违法，是否有效，这对我们非常重要。根据《合同法》第五十二条规定，有下列情形之一的，合同无效：

（一）一方以欺诈、胁迫的手段订立合同，损害国家利益；
（二）恶意串通，损害国家、集体或者第三人利益；
（三）以合法形式掩盖非法目的；
（四）损害社会公共利益；
（五）违反法律、行政法规的强制性规定。

第五十三条规定，合同中的下列免责条款无效：

（一）造成对方人身伤害的；
（二）因故意或者重大过失造成对方财产损失的。

第五十四条规定，下列合同，当事人一方有权请求人民法院或者仲裁机构变更或者撤销：

（一）因重大误解订立的；
（二）在订立合同时显失公平的。

一方以欺诈、胁迫的手段或者乘人之危，使对方在违背真实意思的情况下订立的合同，受损害方有权请求人民法院或者仲裁机构变更或者撤销。

当事人请求变更的，人民法院或者仲裁机构不得撤销。

4. 其他法律法规

创业者还需要了解《劳动合同法》《税法》《反不正当竞争法》《消费者权益保护法》《产品质量法》《会计法》等相关法律法规。这里需要特别指出的是，企业必须依法纳税，创业者要熟悉2008年1月1日实施的《中华人民共和国企业所得税法》。同时，还要学会在法律允许的范围之内合理避税，降低企业成本。尤其是自2016年5月1日起在全国范围内全面推开营业税改征增值税，现行建筑业、房地产业、金融业、生活服务业纳税人由原来缴纳营业税改为缴纳增值税，将会给企业带来利好。

以避税为例，新创企业如何合理避税呢？

（1）中外合资。外商投资企业的减低优惠税率幅度较大，分别为15%、24%两档，主要体现地区性和产业性的政策倾斜；外商投资企业的减免税优惠适用范围较宽；外商投资企业的减免税期限长，一般都在5年或5年以上。另外，外商投资企业比内资企业适用税种少，一般适用6个税。

（2）选择行业。为了鼓励一些产业发展，国家对鼓励发展行业中的企业实行税收优惠的政策，如高新技术产业、节能产业等。高新技术开发区的高新技术企业按15%的税率征收所得税；新办的高新技术企业从投产年度起免征所得税2年；利用"三废"作为主要原料的企业可在5年内减征或免征所得税。

（3）雇佣员工。雇佣下岗工人、残疾人和复员军人的企业，如果人数达到一定的比例可以减免税。

（4）创业者身份。残疾人、复员军人或下岗工人创业都可以享受减免税收的优惠政策。按规定，如果士兵退役后自谋职业，自领取税务登记之日起，可获得多至3年的免征营业税优惠。

（5）转移定价。转移定价法是指在经济活动中有关联的企业双方为了分摊利润或转移利润而在产品交换和买卖过程中，不是按照市场公平价格，而是根据企业间的共同利益而进行产品定价的方法。采用这种定价方法产品的转让价格可以高于或低于市场公平价格，以达到少纳税或不纳税的目的。

（6）分摊费用。企业生产经营过程中发生的各项费用要按一定的方法摊入成本。费用分摊就是指企业在保证费用必要支出的前提下，想方设法从账目找到平衡，使费用摊入成本时尽可能地最大摊入，从而实现最大限度的避税。

（7）资产租赁。租赁是指出租人以收取租金为条件，在契约或合同规定的期限内，将资产租借给承租人使用的一种经济行为。从承租人来说，租赁可以避免企业购买机器设备的负担和免遭设备陈旧过时的风险，由于租金从税前利润中扣减，可冲减利润而达到避税。

另外，我们还要关注政府随时出台的一些方针政策，关注这些信息跟降低成本、提高利润是一样的，抠出来的都是"钱"。例如，2013年政府发布了《关于公布取消和免征部分行政事业性收费的通知》，其中，国家税务局和地方税务局就取消了"税务发票工本费（包括普通发票工本费和增值税专用发票工本费）"。

适合大学生的创业项目

（1）借助学校品牌的项目：

各类教育与培训；成熟的技术转让；各种专业的咨询。

（2）利用优势的服务项目：

家教服务中心；成人考试补习；会议礼仪服务；收出版社退书；发明家俱乐部；速记训练经营；出租旅游用品。

（3）可以独立运作的专业项目：

可以拆分开的业务；图书制作前期工作；各类平面设计工作；各种专项代理业务。

（4）利于对外合作的项目：

婚礼化妆司仪；服装鞋帽设计；各类信息服务；主题假日学校。

（5）小型多样的经营项目：

手工制造；特色专柜；网络维护；体育用品。

【思考题】

1. 创业计划书包括哪些主要模块？注册企业有哪些基本流程？
2. 经营企业必须要注意遵守哪些企业伦理？

第八讲　企业管理与发展

"孙正义曾跟我讨论过：一个方案是一流的 Idea 加三流的实施，另外一个方案是一流的实施，三流的 Idea，哪个好？我们俩同时选择一流的实施，三流的 Idea。"马云的这番话很值得深思。一个人，有再好的梦想如果没有很好地去探索，去实施，终究还是梦想，只有努力地通过实施才能把梦想变成现实。这里的实施，也可以理解为我们常说的管理。个人是如此，企业更是如此！

8.1　创业企业管理

8.1.1　财务管理

国内一名知名企业创始人曾说过这样一句话：创业到一定阶段就会发现，自己最先需要恶补的原来不是资本、不是人脉，而是财商。财商通俗地说是指一个人综合创造财富的能力，这本身包括多赚钱、打理钱、会花钱、会省钱等。为了应对即将步入正轨的企业，创业者有必要对"现金流""投资收益率""资金周转率"有更充分的认知。

1. 现金流

现金流是让创业者看清企业财务好坏的最好工具，认清现金流就如同找到病根一样，可以对症下药。现金流其实就是现金的流入和现金的流出，它是指人们在一定时间之内留下多少钱，总收入减去总支出即是现金流。

现金流如同一个湖中流入部分的水和流出部分的水之间的差额，如果流入部分一直大于流出部分，这个湖不会干涸；如果流出部分大于流入部分，这个湖未来就会变成死湖。所有的经济行为都有现金流，大到一个企业，小到个人，现金流揭示了企业和个人财富"健康"与"疾病"的奥秘。当现金流为正值时，是"健康"状态；当现金流为负值时，是"疾病"状态。在创业者努力挣钱获取利润时，前期投入会不断吞掉手中的钱。而画一条底线，制定出保护现金的措施就显得尤为重要。

任何财产（企业、投资、固定物）产生的现金流正负值决定了这个财产到底是资产，还是负债。如果这个财产产生的是正现金流，那这就是资产；如果产生的是负现金流，那这个财产就正在缩水,甚至会变成负债。很多创业者在打理钱物时,缺乏现金流认识,分不清哪些是资产,哪些是负债,虽然工作很努力也很辛苦,看起来业绩很大,但真正的净利润很少。

假设有一辆车,如果这辆车不能赚钱,产生的是负现金流。抛开用途不说,可以把它称作财产,但它却不是资产,而是财产中的负债。如果一辆车被主人运营起来,产生的是正向现金流,这辆车就是财产中的资产。

对每个人来说,手里的任何事物都要想办法利用自己的财商让它们产生出正向现金流来,成为自己的资产而不是负债。

假设手中的一个生意产生的是负现金流,那就要仔细分析主要问题出现在哪个环节,能不能找到最好的办法改变这个环节,比如扩大销售额、降低成本、提高价格、增加服务,如果实在没有办法,那就尽快结束生意。否则长久下去,也要关门,早关门还可以减少损失。

另外,现金流和资金短缺是两回事。现金流出现负值意味这个生意本身出现内在问题,而资金短缺往往是这个生意现金流正常,生意是赚钱的,只是出现了流动资金短缺的问题,只要想办法融到短缺资金即可。这就是"好债""坏债"的区别,如果这个生意的现金流是20元,而我们借来资金付出的利息是5元,那么这就是好债,如果付出利息是30元,那就是坏债。

现金流真正能反映出生意的好坏,一定要搞清概念,否则就是在稀里糊涂创业。可以说,现金流无处不在,人们的生活、储蓄、投资等都需要现金流来帮助识别好坏,大家可以从现在开始就引入现金流的观念来评估日常生活中的每一笔开销,财商观念的培养要从点滴做起。

2. 投资收益率

投资收益率又称投资利润率,是指年投资收益(税后)占投资成本的比率。投资收益率计算公式如下:

$$投资收益率 = 年投资收益/投资总成本 \times 100\%$$

如果某项生意年总投资20万元,年收益是10万元,那么其投资收益率就是50%;如果年收益是4万元,那么投资收益率就是20%。投资收益率越高表明这个投资越有价值。如果按时间去考虑投资收益,还可以以月投资收益率、季度投资收益率、半年投资收益率来计算某项投资产品的投资收益率,最后累计构成年投资收益率。生活中常常听到的"高利贷",甚至可以用日投资收益率计算了。

比如有人投资一处房产,20万元购买A(一栋40平方米的房产),或者购买B(一栋60平方米的房产)。A房产地段佳,年租金回报是1.5万元;B房产的年租金回报是1万元。从投资收益率看,自然A的投资价值更高,产生的现金流也高。

在现实生活中,人们衡量投资收益率往往和储蓄收益率或者GDP对比,如果某项投资的投资收益率大于年储蓄收益率,说明该项投资收益要比储蓄更有价值。但如果不如储蓄收益回报,那说明这项投资收益亏了,还不如把钱放在银行里。如果投资收益率大于

GDP 的增长,说明投资跑赢了国家经济发展的"大盘";但如果投资收益率小于 GDP,说明这项投资没有跑赢 GDP;如果投资收益远远高于 GDP,那说明收益高,财商高。

创业者往往选择的是经营"中小企业",它基本属于中风险、中收益的位置。如果创业者前期准备得充分,可以经营"中小企业"中高风险、高收益的行业。好多今天成功的企业家初期创业启动资金都很小,而今天的资产已经增长了几千倍、几万倍。一些好的中小企业往往能够获得风险投资的青睐。

3. 资金周转率

怎样才能让商人在他们所从事的行业中赚到比别人更多的钱?这个问题的正确答案应该是:"资金周转快的生意多赚钱。或者说,在同行业中谁的资金周转比别人更快,就更赚钱。"过去,最有效的赚钱手段是卖高价——提高利润率。今天,最显著的赚钱手段已变成卖低价——提高周转率。过去利润高但是最终赚钱少,因为卖得少;今天利润低但是最终赚钱多,因为卖得多。

"转 = 赚",这是这个时代最重要的商业特征。

"赚 = 转",这是这个时代快速获得财富的法宝。

不同行业的投资收益率是不一样的,投资方式也不一样,有的资金流动周转快,如贸易、商业流通等行业;有的前期投入大,慢慢产出,如生产行业、服务行业等。投资收益率可以分为月投资收益率和年投资收益率,大多都以年投资收益率来计算投资收益回报大小。就同一类行业来说,年投资收益率越高越好。不同行业的投资收益率如果和资金周转率结合起来,最终产生的投资收益率区别则很大。简单地说,1 万元的资金一年周转 20 次,这一年是做了 20 万元的生意,如果每次资金投资收益率(毛利润)为 20%,一年下来可赚 4 万元,相对本金 1 万元,年投资收益率则高达 400%。

世界上所有的大型商业连锁机构的资金周转率对于它们都很重要,在同样商品销售利润基础上,谁的资金周转率高,谁的效益将会更好。国有商业流动资本年均周转 2.3 次,而沃尔玛、家乐福等跨国零售企业流动资本年均周转次数可达 20 ~ 30 次。国内零售企业综合毛利率只有 10% 左右,而家乐福集团全球综合毛利率高达 22.9%,在华企业毛利率达 19%。

什么是流动资产周转次数呢?流动资产周转次数是指在一定时期内流动资产完成的周转次数,反映流动资产的周转速度。

流动资产周转次数 = 主营业务收入/平均流动资产

平均流动资产 =(期初余额 + 期末余额)/2

这个比率表示流动资产产生销售收入的倍数。比如,平均流动资产额为 1000 万,销售收入为 10000 万元,则说明流动资产产生了其本身 10 倍的销售收入,也就是说流动资产周转了 10 次。

如果选择的创业行业投资收益率高,资金周转率越高,那么年回报率也就越高,有这样的创业项目当然好。但是有些行业注定资金周转率低,甚至出现不确定性,即使投资收益率高,也不见得能赚钱。建筑行业就有这个特点:压款。尽管签的合同写明了付款日期,但是这个合同仅仅是一个相互约束而已,行业特点和游戏规则决定了它的结果——那就是大多房产建筑商并不能如期付款。手里没了现金,资金就成了死资金,周转不起来了,自然也就无法再接其他业务。故有的人干脆就做现金业务,宁可少赚点也行,否则绝对不做。

拓展训练

蒋某的一个月业务分类账

蒋某经营着一项T恤印染业务。以下是他一个月的交易记录,请尝试将以下账目记录在表8-1的分类账目中,并且计算他的收入和投资回报率。假设开始的现金余额为1000元。

1日,蒋某买了一个印染架、颜料、楔子和其他的基本用品,共花了250元。

2日,他从批发商那里以240元的价格购买了48件T恤衫。

6日,蒋某在当地跳蚤市场登记,在本月的每个周末销售他的T恤衫。登记费花了100元,接着又去打印店花了20元做了名片,10元制作了传单。

7日,蒋某去了跳蚤市场。他以12元每件的价格卖掉了所有的T恤衫。

10日,蒋某又返回批发商那,以300元的价格买了60件T恤衫。

14日,蒋某以每件12元的价格卖掉了48件T恤衫,为了处理最后的12件,他把价格降到每件10元。

16日,蒋某以300元价格买了60件T恤衫。花了50元买了颜料盒和工具,又花了10元印刷了宣传单。

21日,蒋某返回跳蚤市场,但因为天气阴雨,他仅以每件10元的价格卖掉了63件。

25日,蒋某以120元买了24件T恤衫。

28日,他以12元每件卖掉了他所有剩余的T恤衫。

表8-1 蒋某的业务分类账

日期	说明	到/从	已收现金	已付现金	现金余额

8.1.2 人力资源管理

对任何公司来说,都存在着各种各样的人,其中不仅有建设者,还会有批评者、旁观者

和破坏者。作为创业者更要具备分辨能力,有限的精力不能放到内耗中。既要知道哪些员工做得好,又要知道哪些员工做得差,对于做得好的,要鼓励,要帮助他们成长,而对于做得差的,就要剔除出去。人力资源管理是一个复杂的系统工程,薪酬制度是一项核心内容。

1. 以薪酬搭台

企业发展到一定阶段,薪酬制度成了维持团队、人员活力的关键。创业者在制定薪酬制度时应注意企业所处的阶段,初创期应侧重易操作性和激励性,需要表现出非常个人化的随机性报酬,在薪酬评价上以主观为主,创业者自身拥有90%以上的决策权;处于高速成长期的创业企业,在制定薪酬政策时,必须考虑到薪酬的激励作用,这个时候设计的薪酬工资较高,奖金相对非常高,长期报酬也比较高,福利水平也会要求比较高。要设计出合理、科学的薪酬体系和薪酬制度,必须遵循一定的原则,这些原则包括战略导向、经济性、体现员工价值、激励作用、相对公平、外部竞争性等,一般要经历以下几个步骤:

(1) 职位分析。

职位分析是确定薪酬的基础。结合公司经营目标,管理层要在业务分析和人员分析的基础上,明确部门职能和职位关系。

(2) 职位评价。

职位评价(职位评估)重在解决薪酬的对内公平性问题。它有两个目的,一是比较企业内部各个职位的相对重要性,得出职位等级序列;二是为进行薪酬调查建立统一的职位评估标准,消除不同公司间由于职位名称不同,或即使职位名称相同但实际工作要求和工作内容不同所导致的职位难度差异,使不同职位之间具有可比性,为确保工资的公平性奠定基础。它是职位分析的自然结果,同时又以职位说明书为依据。

职位评价的方法有许多种。比较复杂和科学的是计分比较法,它首先要确定与薪酬分配有关的评价要素,并给这些要素定义不同的权重和分数。在国际上,比较流行的如Hay模式和CRG模式,都是采用对职位价值进行量化评估的办法,从三大要素、若干个子要素方面对职位进行全面评估。不同的咨询公司对评价要素有不同的定义和相应分值。

科学的职位评价体系是通过综合评价各方面因素得出工资级别,而不是简单地与职务挂钩,这有助于解决当官与当专家的等级差异问题。比如,高级研发工程师并不一定比部门经理的等级低。前者注重于技术难度与创新能力,后者注重于管理难度与综合能力,二者各有所长。

大型企业的职位等级有的多达17级以上,中小企业多采用11~15级。国际上有一种趋势是减级增距,即企业内的职位等级正逐渐减少,而工资级差变得更大。

(3) 薪酬调查。

薪酬调查重在解决薪酬的对外竞争力问题。企业在确定工资水平时,需要参考劳动力市场的工资水平。

薪酬调查的对象,最好是选择与自己有竞争关系的公司或同行业的类似公司,重点考虑员工的流失去向和招聘来源。薪酬调查的数据,要有上年度的薪资增长状况、不同薪酬结构对比、不同职位和不同级别的职位薪酬数据、奖金和福利状况、长期激励措施以及未来薪酬走势分析等。

只有采用相同的标准进行职位评估，并各自提供真实的薪酬数据，才能保证薪酬调查的准确性。在报纸和网站上，经常能看到××职位薪酬大解密之类的文章，其数据多含有随机取样的成分，准确性很值得怀疑，即使是国家劳动部门的统计数据，也不能取代薪酬调查用作定薪的依据。

薪酬调查的结果，是根据调查数据绘制的薪酬曲线。在职位等级、工资等级坐标图上，首先标出所有被调查公司的员工所处的点，然后整理出各公司的工资曲线。从这个图上可以直观地反映某家公司的薪酬水平与同行业相比处于什么位置。

(4) 薪酬定位。

在分析同行业的薪酬数据后，需要做的是根据企业状况选用不同的薪酬水平。影响公司薪酬水平的因素有多种。从公司外部看，国家的宏观经济、通货膨胀、行业特点和行业竞争、人才供应状况甚至外币汇率的变化，都对薪酬定位和工资增长水平有不同程度的影响。在公司内部，盈利能力和支付能力、人员的素质要求是决定薪酬水平的关键因素。企业发展阶段、人才稀缺度、招聘难度、公司的市场品牌和综合实力，也是重要影响因素。同产品定位相似的是，在薪酬定位上，企业可以选择领先策略或跟随策略。薪酬上的领头羊未必是品牌最响的公司，因为品牌响的公司可以依靠其综合优势，不必花费最高的工资也可能找到最好的人才。往往是那些财大气粗的后起之秀最易采用高薪策略，它们多处在创业初期或快速上升期，投资者愿意用金钱买时间，希望通过挖到一流人才来快速拉近与巨头公司的差距。

(5) 薪酬结构设计。

报酬观反映了企业的分配哲学，即依据什么原则确定员工的薪酬。不同的公司有不同的报酬观。有的甚至制定了"人才基本法"，把报酬观列入"公司宪法"中。新兴企业的薪酬措施往往不同于成熟的官僚化企业。许多公司在确定人员工资时，往往要综合考虑三个方面的因素：一是其职位等级，二是个人的技能和资历，三是个人绩效。在工资结构上与其相对应的，分别是职位工资、技能工资、绩效工资。也有的将前两者合并考虑，作为确定一个人基本工资的基础。

职位工资由职位等级决定，它是一个人工资高低的主要决定因素。职位工资是一个区间，而不是一个点。企业可以从薪酬调查中选择一些数据作为这个区间的中点，然后根据这个中点确定每一职位等级的上限和下限。例如，在某一职位等级中，上限可以高于中点20%，下限可以低于中点20%。

相同职位上不同的任职者由于在技能、经验、资源占有、工作效率、历史贡献等方面存在差异，导致他们对公司的贡献并不相同（由于绩效考核存在局限性，这种贡献不可能被完全量化体现出来），因此技能工资有差异。所以，同一等级内的任职者，基本工资未必相同。如上所述，在同一职位等级内，根据职位工资的中点设置一个上下的工资变化区间，就是用来体现技能工资的差异。这就增加了工资变动的灵活性，使员工在不变动职位的情况下,随着技能的提升、经验的增加而在同一职位等级内逐步提升工资等级。

绩效工资是对员工完成业务目标而进行的奖励,即薪酬必须与员工为企业所创造的经济价值相联系。绩效工资可以是短期性的,如销售奖金、项目浮动奖金、年度奖励;也可以是长期性的,如股份期权等。此部分薪酬的确定与公司的绩效评估制度密切相关。

综合起来说,确定职位工资,需要对职位做评估;确定技能工资,需要对人员资历做评估;确定绩效工资,需要对工作表现做评估;确定公司的整体薪酬水平,需要对公司的盈利能力、支付能力做评估。每一种评估都需要一套程序和办法。所以说,薪酬体系设计是一个系统工程。

不论工资结构设计得怎样完美,一般总会有少数人的工资低于最低限或高于最高限。对此可以在年度薪酬调整时进行纠偏,比如对前者加大提薪比例,而对后者则少调甚至不调等。

(6) 薪酬体系的实施和修正。

在确定薪酬调整比例时,要对总体薪酬水平做出准确的预算。在制定和实施薪酬体系过程中,及时的沟通、必要的宣传或培训是保证薪酬改革成功的因素之一。从本质意义上讲,劳动报酬是对人力资源成本与员工需求之间进行权衡的结果。世界上不存在绝对公平的薪酬方式,只存在员工是否满意的薪酬制度。公司可以利用薪酬制度问答、员工座谈会、满意度调查、内部刊物甚至BBS论坛等形式,充分介绍公司的薪酬制定依据。为保证薪酬制度的适用性,规范化的公司都会对薪酬的定期调整作规定。

2. 以文化唱戏

创业者应该让员工拥有梦想,将员工的命运和公司的命运连接在一起,梦想的力量是非常大的。"同一个公司、同一个梦想",这种梦想在本质上如果缺乏一定企业文化的土壤是无法成型的。

(1) 用使命感搭建梦想。

对于企业的运营管理来说,使命感是必不可少的组成部分。拥有良好的使命感可以给员工一个清晰的发展方向,让他们觉得自己是在做一件伟大的事情。确立使命是创业者必须亲力亲为的事情。也就是说,企业使命的确立和宣扬永远不能授权给别人去做,因为这是企业运营管理最核心的东西,也是实现企业常青的基础。很多时候,能不能确立企业的使命并且培养出有使命感的员工将决定着创业的成败。

格力的使命是什么?"为人类创造美好生活,为客户创造价值、为员工创造机会、为股东创造利润、为社会创造财富";阿里巴巴的使命是什么?"让天下没有难做的生意";苹果的使命是什么?"让每人拥有一台计算机";沃尔玛公司的使命是什么?"给老百姓提供机会,使他们能与富人一样买到同样的东西"。这些企业之所以如此伟大就是因为他们的使命在激励着所有的领导者和员工一起不断向前。

(2) 用价值观维护使命。

如果说使命是由创业者制定的,价值观则是实现使命的方法,是实现最终盈利目标的手段。因为它是具体可执行的,所以需要创业者、领导者、管理者乃至全体员工共同制定。

一般情况下,创业领导层制定出价值观的最初版本,然后交给全体员工共同讨论,反复切磋,最终成型。所以,当企业规模小的时候,价值观的制定就会相对容易;当企业发展壮大的时候问题就来了,因为要想听取多方意见不是一件容易的事。

很多创业者可能会说:"我们公司是有价值观的。"

可是,有价值观并不意味着你的价值观就是好的。一个好的价值观应该是具体的,涉及本质的,它是全体员工从事商业活动的基本准则。价值观应该被严格遵守,不被遵守的价值观是没有价值的。对于那些不遵守公司价值观的员工,不管他的业绩多么好,管理者的态度应该非常明确,那就是"请他走人"。

任何一家公司在对员工进行考评的时候都应该将员工分成三种人:一种是有业绩没有价值观的人,用杰克·韦尔奇的观点说,这类人是野狗;第二种人是事事老好人,有价值观而没有工作业绩的人,也就是小白兔;第三种人是有业绩也有价值观念的人,这类人就是猎犬。

对于"野狗",无论业绩多好,如何功高盖主,都要坚决清除;原则上,"小白兔"也是要被清除掉的,不过可以给"小白兔"多一次机会,当再次证明他们确实无法完成公司的业绩后再下手除掉;只有"猎犬"才是公司所需要的人才。"小白兔"不能做事,没有业绩,虽然认同公司的价值观,但是对公司产生不了作用,必须在淘汰之列;而"野狗"虽然能够带来不错的业绩,却因为他们没有团队观念,没有正确的价值观,从长远的角度来说,对公司的损害是非常大的,必须在清除之列。

所创立的公司不是慈善机构,必须要舍弃少部分人的利益来维护大多数人的利益。像人体细胞要新陈代谢一样,旧的不淘汰新的就无法产生,就没有活力。任何一家创业企业只有在这样的优胜劣汰中激活企业的用人机制才能一步步走向成功。

拓展训练

假设表8-2中各种类型的员工都是拥有良好业绩,且价值观与你的企业经营理念是一致的,你要如何管理这些性格不同的人,请在表8-2中写出你的方法和对策。

表8-2 人力资源管理统计表

类型	特点	对策
功高盖主的员工	工作能力强,能承担责任。	
标新立异的员工	个性鲜明、聪明好动,但不合群。	
脾气暴躁的员工	常制造事端,对批评耿耿于怀,但比较重感情。	
表现平平的员工	工作业绩居中,水平能力一般,性格中庸。	
家境优越的员工	不思进取,企图心较弱,人际关系不佳。	
闷葫芦型的员工	别人说什么都没反应,难以交流,令人感到压抑和沉闷。	
追求完美的员工	自我要求高,对别人也爱提出过高要求,常耽误工作进度。	

8.1.3 创业团队建设

马云曾说过,我们认为世界上最好的团队是唐僧团队。唐僧是领导,也是最无为的一个,唐僧迂腐得只知道"获取真经"才是最后的目的,孙悟空脾气暴躁却有通天的本领,猪八戒好吃懒做但情趣多多,沙和尚中中庸庸但是任劳任怨挑着担子,这样的团队无疑比"一个唐僧三个孙悟空"的团队更能够精诚合作、同舟共济。这就是团队的精神,有了猪八戒才有了乐趣,有了沙和尚就有人担担子,少了谁也不可以,互补,相互支撑,关键时也会吵架,但价值观不变。这样才能把公司做大、做好。阿里巴巴就是这样的团队,在互联网低潮的时候,所有的人都往外跑,但我们是流失率最低的。

对创业公司而言,要想度过残酷的低潮期,就要依靠团队的力量,这也是马云推崇唐僧团队的出发点。唐僧团队的经历,就是在与残酷低潮做斗争。借用马云的话,一个人在黑暗中走,很恐怖,但如果是几十个人、两百多人一起在黑暗中手拉手往前冲,就什么都不怕。

1. 团队组建

当"我要去创业"的想法尘埃落定,如果脑海中已经有了明确的产品或商业模式,接下来最重要的任务就是要设法建立起一个共同创业的团队。在硅谷,有一个风险投资人不会拒绝的创业团队搭配,那就是由哈佛 MBA 和 MIT 的博士构成的创业团队。从这一传统可以看到,一个优势互补的创业团队对高科技创业企业的重要性,技术、市场、融资等各个方面都需要有一流的合作伙伴才能够成功。图 8-1 展示了创业团队的几种构成方式,每一种构成方式都有长处和短处,需要适时而定,通盘考虑。

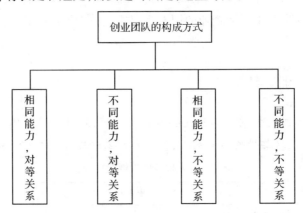

图 8-1 创业团队的几种构成方式

闻名于世的生产"奔驰"高级轿车的德国公司,是由两家汽车公司组合而成的:一家是华尔·本茨,另一家是哥特里普·戴姆拉。这两家公司原本都拥有强大的实力,但由于美国福特汽车的冲击,为了共同抵御竞争者,两家公司被迫合并,结果不仅没有出现令人担心的内耗,反而事业得到了更大的发展,而今已成为屈指可数的世界汽车"大亨"。这是由于两家公司没有因为各有所长各持一方,而是同心协力,团结一致,使整体的作用大于部分之和,终于成就了今天的霸业。

那么,组建创业团队的合理流程是怎样的呢?

(1) 建立优势互补的创业团队。

所谓优势互补,存在于创业团队的两个层面,一是专业,二是个性。创业团队是创业企业人力资源管理的核心,"内""外"兼修,耐心细致的"账房"和眼光独到的"老板",研发与营销两方面的人才都不可偏废。组织创业团队时还要注意个性,个性代表着看待问题的角度和思维方式,如果一个团队里能够有总能提出建设性的可行性建议并能不断发现问题的批判性成员,对创业过程将有百利而无一害。

(2) 选择有热情的人加入团队。

能够主动选择创业的人都是有某种狂热的人,或者对能力,或者对产品,或者对机会,总之,创业者总有大把的热情可以挥洒。因此,选择对项目有热情的人加入团队甚为关键。在事业初创期必定充斥着孤苦、烦躁、拮据,而这时能够仰赖的只有热情。对事业信心不足所带来的负面影响远远超过了卓越的专业水平所带来的正面影响,一个需要激情、投入的团队一旦存在着这样的消极因素,那么整个团队将会受到致命的打击。

很多大学生的创业企业以技术创新见长,在网罗项目核心技术人员的问题上,要舍得投入时间和金钱去延聘。对高科技企业而言,方方面面都可以节俭,唯独对技术人员要舍得投入。成功的创业者都懂得这样的一个道理,优秀人才可以一当十、甚至当百,对高精尖人才这种稀缺资源,应当在薪酬、员工期权等方面尽可能地予以优待。

(3) 建立有效的员工考核方案。

对员工的工作业绩定期进行有效考核,可采取量化或者面对面交流的方式,两种方式各有所长。除此之外,最好还能有一个员工能力发展计划,帮助其在工作中、企业内训中以及自学中不断提升自身素养。这样一个发展计划有时候比丰厚的薪酬更能吸引高素质的员工,这对于高科技企业尤为重要。

2. 团队管理

风险投资总说自己选择投资一个项目,其实是投资"人和团队"。更准确地说,是投资一个团队的潜力。团队的潜力越大,风险投资能挣到的钱更多。那么,一支稳定而有潜力的团队的基石是什么?那些知人善用的企业家的身上以及他们所打造的企业身上又有怎样的特性?

(1) 做富有魅力的领导者。

创业初期,企业家的人格魅力往往比制度文化有效得多,人格魅力才是聚拢人才的真正磁铁,同时它还是一个企业激情和动力的重要来源。

牛根生有一个流传甚广的团队管理理念,就是"财聚人散,财散人聚"。最好的概念都伴随着最简单的表述,牛根生也用实际行动践行着自己的这一理念。就在下属的座驾多为沃尔沃、奔驰、宝马时,牛根生依然坚持自己的小排量奥迪,蒙牛高层管理团队成员所住的房子也都比牛根生的大。

牛根生的"财散人聚"理念践行多年,就在他被迫离开伊利的时候,他前期人格魅力所积聚的力量产生了巨大的回报:有8位跟牛根生相识20年的朋友都拿出了自己的全部家当,跟着牛根生一起创业。他们信任牛根生的眼光,认可牛根生的气度和胸怀,相信跟着牛根生不会吃亏。

(2) 性格互补的管理层。

桑迪·威尔和杰米·戴蒙曾被称为华尔街的"父子兵"。他们共同成就了花旗集团的崛起,一举打破了华尔街由摩根家族一统天下的局面。就像马云和牛根生无法合作创立一个企业一样,一山终究难容二虎,桑迪逐步意识到戴蒙对他在花旗的权威地位构成了巨大的威胁,于是这两个领袖气质都非常鲜明的人决裂了。

那么,什么才是性格互补呢?当"既生瑜,何生亮"的局面出现,太多的将才聚在一起,难道只能是一声叹息?

复星集团是一家房地产公司,他们的核心团队就各有所长。董事长郭广昌学哲学出身,具有"讷于言,敏于行"的沉稳、"无为而无不为"的城府。副董事长梁信军的身上还有着共青团干部的影子,精于人事,善于驭人。他与郭广昌的沉稳、讷言形成了鲜明的对比,因此也成为郭广昌最早的搭档。范伟略显沉默,也极少在媒体露面,不过他麾下的复星集团在房地产业倒是做得如火如荼,其特点是做的比说的要多。汪群斌则显得"攻守平衡",连汪群斌本人也直言,自己是五个人中比较全面和平稳的一个,无论说还是做。

物以类聚人以群分,在交朋友的时候,往往有意无意找到的是与自己相似的人,创业企业管理层的组建可不能如法炮制,不同的人聚在一起意味着更多的可能性。

(3) 超越人情的制度文化。

超越人情的制度文化是指把握制度的变与不变之间的平衡,灵活的部分往往负责超越人情,而固化的部分则要负责坚定不移地执行,前者注重留人,后者注重管人。

如果说,有一样东西同时是创业企业发展的动力和枷锁的话,那这个东西只能是"人情"。每个创业企业都不乏同甘共苦的岁月和记忆,如何利用人情之中有利的一面,摒弃负面影响,是每一个创业者都要面对的难题。中智是一家以文化创意、图书出版为主要方向的中小企业,麻雀虽小,五脏六腑俱全,在公司工作三五年以上的员工比比皆是。那么,他们留人的秘诀是什么呢?答案就在该公司制定的制度中。首先,在该公司的请假制度上,假种繁多以适应员工面临的不同问题,除国家法定假期之外,中智还设置有孝假、特假等。其次,该公司会在员工、员工父母生日当天送上生日礼金,小小举动却大大笼络了人心。用牛根生的话说:"无论你现在是否还在这家公司,它已经在你的生命历程中做下了记号。"这家小小的企业也在践行着这一理念,中智将在每个员工心中留下一个位置,这也正是超越人情的制度文化的魅力所在。

3. 团队发展

管理人员的不断调整和变动将是团队管理面临的主要挑战。创业初期,团队成员依靠某种同舟共济、同甘共苦的情感紧密团结在一起,然而经过一段时间的打拼磨合后,创业团队往往要经历"洗牌"的局面。从这时开始,团队成员开始出现理念、心思、志向的分化,甚至还有人会跟不上形势变化和企业发展的要求。对此,要有充分的思想准备和勇气,对决意离开、甚至变成竞争对手和不再胜任本职工作的团队成员要果断换人,要有"诸

葛亮挥泪斩马谡"的决断。创业者对团队成员,要具有以下特点:

（1）心胸博大,善于合作。

团队管理中有两类人要悉心合作,一是合伙人,二是员工。创业者应该有博大的心胸,能宽厚待人,懂得如何"合作",懂得如何把握"合作"的度,从"合作"中收获财富、成功。

与合伙人的相处与合作是非常需要技巧和能力的,"和气生财"是放之四海而皆准的一句话,否则不仅创业不成,连朋友也做不成。携程网创始人之一的梁建章说过:"我觉得包容性是很重要的,越是高层的领导,他能包容的人应越多。我们几个管理层分歧也有,但都是健康的。一开始的时候,包括模式的确立,大家都提出自己的观点。现在我们的分工非常明确,都是互补性的,大家的决策越来越准确,争吵会少很多很多。"

确实如此,一个人的心胸决定了他所能达到的事业高度。宽容是合作者首先必备的一种道德品质。内讧是摧毁合作的最大杀伤力。合作过程中紧密围绕目标,大海航行靠舵手,要善于领导大家以目标为导向,对与之无关的小事不必太计较。心胸要容可容之事,对难容之事,一旦确定是对企业生存、发展有害的因素和人员,要坚决排除之。创业是干事业,不是交朋友,更不是做你好我好大家好的大锅饭,需要审时度势,宽严有度。该管的要管、不该管的事就不要管。

（2）坦诚相待,互相尊重。

新东方创始人俞敏洪谈及最引以为傲的决策就是把一大帮比他有出息的朋友从海外拉进了新东方。当年,徐小平、王强、包凡一、钱永强等新东方如今的核心成员在俞敏洪的鼓动下纷纷归国。在这些人多年海外打拼的背景后面,是他们有一股庞大的拼命三郎般的创业热情,且他们带来了成熟而先进的教育理念和教学方法,新东方从一开始就因为这帮人的凝聚而直接步入正轨。

对于这么一个汇聚卓越人才的团队,俞敏洪笑谈是"一只土鳖带着一群海龟奋斗"。摆在俞敏洪面前的团队管理问题,与我们的创业企业其实并无二致,那就是将这些有个性的人团结到一起,拧成一股绳,并让每个人都保持活力和激情。

俞敏洪说:"在新东方,没有任何人把我当领导看,没有任何人会因为我犯了错误而放过我。在无数场合下,我都难堪到了无地自容的地步,我无数次后悔把这些精英人物召集到新东方来,又无数次因为新东方有这么一大批出色的人才而骄傲。因为这些人的到来,我明显地进步了,新东方明显地进步了。没有他们,我到今天可能还是个目光短浅的个体户,没有他们,新东方到今天还可能是一个名不见经传的培训学校。"俞敏洪最为重视的就是,在交往与合作的过程中与团队成员坦诚相见,他时刻提醒自己,大家团聚在一起固然有梦想、交情等情感因素,但根本上是为了共同的利益才走到一起的。也因为如此,俞敏洪秉承了遇到问题和矛盾应该向前看的原则,在共同的利益面前,他相信成功将会是最好的润滑剂,也将给大家带来丰厚的回报。成功的希望会激励着合作的各方摈弃前嫌,勇往直前,到达成功的彼岸。

（3）实事求是,激发潜能。

一个团队要密切而长期地协作,最重要的是在实事求是精神的指引下,让大家对自身能力所能达到的远度和高度永远有惊喜。工作狂都有类似的表述,工作中成功挑战自我的成就感是其他任何人、事、物都无法比拟的。要想让一个团队成为一个非常协调团结上进的团队,唯一的办法是在工作过程中培养团队精神,而不是到工作以外去建立人际关系。而团队精神的培养是在问题的解决中、目标的达成中逐步完成的。

　　E店宝是一家为电商开发的ERP系统的企业。2004年公司成立时只有几个人,到现在已经增至近500人。对E店宝的掌门人陈涛来说,团队管理很简单,那就是把好员工留下,把不符合E店宝要求的人淘汰掉。在E店宝,新员工入职首先要进行为期七天的培训,培训过程中必须末位淘汰,每十个人淘汰一个。这样就能把与公司价值观不一致的员工淘汰掉,留下的是肯学肯干的人。所有的新人都不会直接安排到工作岗位上去,全部到一线客户那里去实习两个月。通过这种与客户以及老员工的面对面的沟通,让新人对公司产生认同感。

　　E店宝另一个关于员工实事求是的制度是员工评级制度,每位部门经理都可以根据该制度评判员工的等级,每个等级都有相应的工资待遇。

　　E店宝按能力和价值观把员工分为五大类:能力和价值观都高的,称为黄金员工;能力和价值观都差的,称为废铁员工;能力很好、价值观很差的,称为铁锈;能力不好、价值观很好的,称为铁;价值观、能力都一般的,称为钢。对废铁立即淘汰;铁锈是危害公司很强的人,能够腐蚀影响周围的员工,这样的人也要立即淘汰;铁要轮岗,可能会找到合适的位置,成为钢。陈涛希望出现的理想团队构成是80%的钢、20%的黄金。这就是一种面对员工能力和潜力的实事求是态度的最好体现。

 拓 展 训 练

　　表8-3所展示的是一个团队存在和发展的有利、不利因素的对比。请对照自己的情况,看看自己是团队中的"凝固剂"还是"毒药"?

表8-3　团队存在和发展的有利与不利因素对比

凝固剂	毒药
清晰的流程	任人唯亲
明确的惩罚	故步自封
成体系的文化建设	夜郎自大
易贯彻的价值观	听信谗言
被尊重的个人意愿	跋扈武断
强烈的归属感	赏罚不明
工作的成就感	光说不练
有竞争力的薪酬	推诿责任

索尼,叫人如何不心痛?

曾经不可一世的SONY,也许真的要跟世界说再见了。

索尼公司发布的2013财年财报表明,全年亏损1284亿日元。这是索尼公司最近7年内第6个年度亏损。

由于其没能跟上技术潮流,液晶电视方面落后于三星以及LG等竞争对手,智能手机的角逐又落后于苹果、三星以及中国手机厂商,索尼在亏损泥潭中难以自拔。2008年到2014年的七年间,累计亏损额已达1.15万亿日元。

同时,索尼宣布了一个重磅消息:2015年年底前对移动业务裁员2100人。

◇ 手机业务是退还是卖

其实,2014年10月31日,索尼曾公布关于手机业务改革的措施。索尼移动公司大幅缩减了在中国的移动业务规模,即将实施的、涉及全球1000名员工的裁员计划中,有相当一部分来自中国(700~800人)。

索尼给出了自己的战略,索尼CFO吉田宪一郎表示将不再面向中国市场开发智能手机新品,并会精简Xperia产品线。虽然索尼否认手机业务将退出中国市场,但似乎这一趋势很难得到逆转。

从财报显示的结果来看,索尼手机业务的黑洞式亏损,和现有业务经营利润难以提升是主要原因。在这种情况下,索尼对手机业务开刀就不难理解了。

根据索尼的预估,移动部门将亏损18.2亿美元。此前索尼已多次下调对全年手机销量的预估,主要的原因在于亚太手机市场,尤其是中国市场竞争的激烈。手机业务难见起色,甚至在此前还传出了索尼将出售手机业务的消息。

那么,索尼手机业务到底会走向何方呢?目前来看,业界传闻的完全出售、并直接退场的消息应当不可能,因为索尼旗下的手机业务并非无药可救,而出售也意味着需要大规模投入重整成本,对营收也会有影响。

另外,日企的体系相较于欧美企业较封闭,所以像摩托罗拉这样的品牌可以频繁地"改换门庭",但很少见到日本品牌能够很快"流通"。融入尚且如此之难,何况要融于他人呢?

◇ 索尼跌倒了还能爬起来吗

曾几何时,索尼几乎是日本乃至世界科技的代名词,是创新和品质的化身。截至互联网时代之前,索尼都是科技界的巨头。缘何,在互联网时代,索尼变成了扶不起的阿斗了呢?

有人分析说:索尼的产品线太长,从耳机、医疗打印机及3D电影的生产设备,到家用录像机、电视机、相机、手机等个人电子产品,有2000多款产品。这些产品之间毫不相干,难以形成优势互补。更糟的是，在众多产品中，索尼缺乏真正有竞争力的核心产品。

也许专注度不够是索尼多年来没有解决的问题，但其实，索尼很早就将移动、数码影像和游戏作为自家的三大支柱业务。但移动业务已经走进了泥潭，在智能手机市场，对节奏的掌握如此高要求的前提下，日本企业谨慎的特征几乎早就宣告了该业务的失败。

数码影像业务走到今天，除了电视业务因为产业链上游的积累还能留在金字塔顶，专业摄像设备的技术优势以外，索尼的品牌已经很难在销售终端找到用户。

当然，强大的索尼游戏机帝国为索尼赢得了无数的年轻拥趸，但微软 XBOS 的愈走愈强，PlayStation 的造血机还能走多远？至少在竞争的压力下，利润率降低已是不争的事实。

确实，索尼需要瘦身，也许可用一两个财季的漂亮数据来收复丧失的信心。但瘦无可瘦的时候，用什么来提升利润呢？这几年中，太多的事实，已经证明了一个多元化过度的"肥猪"，再怎么瘦也瘦不成一条反应灵敏的狼犬。索尼跌倒了，你说还能爬起来吗？

索尼，叫人如何不心痛？

8.2 企业发展

新创企业有别于成熟企业。新创企业往往处于超常规发展阶段，既有大好的发展势头，也暗含极大的生存风险。所以，一个企业创业初期的管理，就是一个以生存和发展为核心的成长管理过程。

8.2.1 企业并购

2013 年年初，中海油宣布完成对加拿大尼克森公司的收购，中海油的大手笔海外收购并非个案。普华永道的报告显示，2012 年中国企业海外并购 329 起，比 2011 年的 207 起多出 122 起，增加 59%。与此同时，国内的医疗器械行业、食品添加剂行业背后的企业并购也风起云涌。数据证明，企业间的并购活动正变得越来越频繁。可以说，企业并购是市场经济条件下的一种正常的市场行为，对创业企业而言，待发展到一定程度，兼并或被兼并都是很有可能的。

1. 并购的概念

企业并购的内涵非常广泛，一般指兼并和收购。兼并又称吸收合并，即两种不同事物因故合并成一体，指两家或者更多的独立企业、公司合并组成一家企业，通常由一家占优势的公司吸收一家或者多家公司。收购指一家企业用现金或者有价证券购买另一家企业的股票或者资产，以获得对该企业的全部资产或者某项资产的所有权，或对该企业的控制权。

作为优化资源配置的手段，企业并购的目的是通过品牌获得市场，通过收购获得更好的团队，收购对方的技术进行战略布局。然而，近几十年来国内外的并购实践与实证研究表明，并购失败的可能性要大于成功的可能性，尽管许多并购失败案例源于后期整合的失误,但交易形式选择不当亦是败因之一。企业并购可以分为股权并购、资产并购和协议控制三种形式,选择合适的并购模式对于控制并购风险具有重要意义。

(1) 大约一半的并购是失败的。

企业并购是整合资源、获取并购效益的重要举措。但事与愿违的是,并购失败已经成为全球资本市场的一个司空见惯的现象。并购失败的原因之一是,不少企业收购的目标公司资产质量较差,长期以来沉淀了很多的不良资产,还存在大量的负债,信息不对称使得收购方对潜在的风险浑然不觉。此时,选择与目标公司资产质量相匹配的并购交易方式,可以最大限度地避免交易风险。

(2) 上市企业的主动选择。

对收购者而言,一家上市公司当然可以"自然而然"地发展。但是,并非所有企业都只满足于自身循序渐进的自然增长。许多意图并购中小企业的上市企业都相信,通过并购达到利润增长是更快、更容易、风险更低的途径。

(3) 中小企业的退出途径。

企业发展的未来究竟如何?企业会以一种永远稳定的状态不断壮大起来吗?还是一直维持原状?创业者在这个过程中会不会累?会不会想休息?想放弃?或者想重新开创一项事业?并购,会是一个很好的选择。

对创业者来说,创业起步难,但退出也许更加艰难。这是因为在许多情况下,公开募股实际上是遥不可及的,这使并购成了唯一可行的退出路径。这是因为,首先,我们不得不需要接受的估值会远低于自身的期望,甚至远低于一年前的水平。第二,希望出售的企业数目正在迅速增长,并逐渐超过了有条件、有能力的潜在收购方数量。总而言之,即使是那些希望通过并购实现退出的企业家也需要清醒地认识到:"你需要接受一个比你预期更低的价格,因为目前的估值很快会进一步下跌。"

但另一方面,在并购交易里,卖方企业的老板在完成交易的当天就可以拿到相当可观的现金,这也算是一种理想的退出了。在创办企业的开始,每个创业者都对自己的公司进行了充分想象,在公司发展的途中,也会面临更多的选择,这就要看创业者如何选择了。

2. 并购的类型

企业作为一个资本组织,必然谋求资本的最大增值,企业并购作为一种重要的投资活动,大学生的初创企业也极有可能在发展期面对这样的机遇或挑战,需要提前做好了解。

(1) 横向并购。

横向并购是指处于同行业、生产同类产品或生产工艺相似的企业间的并购。这种并购实质上是资本在同一产业和部门内集中,迅速扩大生产规模,提高市场份额,增强企业的竞争能力和盈利能力。

(2) 纵向并购。

纵向并购是指生产和经营过程相互衔接、紧密联系间的企业之间的并购。其实质是通过处于生产同一产品的不同阶段的企业之间的并购,从而实现纵向一体化。纵向并购除了可以扩大生产规模、节约共同费用之外,还可以促进生产过程的各个环节的密切配合,加速生产流程,缩短生产周期,节约运输、仓储费用和能源。

(3) 混合并购。

混合并购是指处于不同产业部门、不同市场,且这些产业部门之间没有特别的生产技术联系的企业之间的并购。它包括三种形态:

A. 产品扩张性并购,即生产相关产品的企业间的并购。

B. 市场扩张性并购,即一个企业为了扩大竞争地盘而对其他地区的生产同类产品的企业进行的并购。

C. 纯粹的并购,即生产和经营彼此毫无关系的产品或服务的若干企业之间的并购。

混合并购可以降低一个企业长期从事一个行业所带来的经营风险,另外通过这种方式可以使企业的技术、原材料等各种资源得到充分利用。

优酷并购土豆?

六年来,优酷网与土豆网一直明争暗斗却又惺惺相惜,共同领跑着中国视频网站前行。2011年4月20日,一参与土豆网上市的投行人士透露,近期土豆网已经基本停止了上市进程,目前正谋求出售,优酷网可能将全资并购土豆网。

从2005年创办起,两家公司就一直以竞争者姿态发展,相互模仿跟进,可以说是绑着腿在赛跑。去年,土豆网刚申请在纳斯达克上市后,优酷网便在5天后向纽交所递交IPO申请。当时两家公司就已分别完成了5次私募融资,上市箭在弦上。

数据显示,目前国内网络视频行业市场中,优酷网和土豆网堪称龙头企业,两家的营收规模也十分接近。就在2011年2月,优酷网与土豆网还结盟推出"网络视频联播模式",共享各自领域的视频独播剧,通过联合采购的方式降低各自视频版权成本。

版权成本的不断提升和投资方兑现的压力,该投行人士指出,"土豆网近期停止了上市步伐,短期内都无法再次启动IPO进程。"目前,迅雷、PPS等竞争对手也即将上市,土豆网选择出售将是兑现投资方的唯一方式。

事实上,早前酷六网借壳上市,乐视网登陆深交所,随着一系列的视频网站逐步上市,影视剧网络版权的价格将持续走高,也就是说,面对的用户量越广泛,经营成本也将加剧。据专业人士介绍,版权成本是视频网站最难控制的成本,此外,带宽是视频网站的命脉,国内带宽成本超高也决定了两大视频网站难以实现全面盈利,因此并购不失为共存的良策。

优酷网成功上市融资有助于其规模的扩张,也更容易获得广告主的信赖。此外,视频网站都是由风险投资来支撑,上市可降低风险。专业人士称,优酷网可以通过增发来收购土豆网,如此一来,土豆网间接上市,其投资方也将可以兑现成现金或者优酷网的股票。而对优酷网来说,现在通过增发收购土豆网的成本恐减半。

据媒体分析，从技术上看，两家合并后，优酷网可获得土豆网的全部用户和流量，视频版权以及其他一些运营成本都将随之骤减。上市也使得企业的管理必须更透明，从宏观层面看，并购后占市场大头的优酷网可能促使盗版下降。同时也有人表示，结合目前国内实际情况，两家龙头企业的合并将掀起视频行业并购潮。

值得担忧的是，美国市场分析师奇明·桑此前称，优酷网股价存在泡沫，近期将会破裂，这将对优酷网增发不利。此外，受国内传统经营模式影响，视频分享难转型为付费收看，如果版权购买成本加剧，可能将实行收费观看，但如此势必会影响到网站的浏览量，这样很难权衡与广告收入之间的矛盾。这些因素都将阻碍视频网站的盈利。

8.2.2 企业上市

企业上市是大学生所能想象的创业企业的终极目标。一夜暴富固然会在股市成真，但企业上市的历程却需要扎扎实实地一步一个脚印，"千里之行，始于足下"，每个环节都必须依照相应的法律法规要求审计与规范运作，上报中国证监会核准上市后才能向证券交易所申请公开发行股票上市。

1. 上市的概念

企业上市指股份公司首次向社会公众公开招股的发行方式。

企业上市一定好吗？那为什么有不愿意上市的企业？企业上市有上市的价值和意义，但不上市也有不上市的理由。

（1）企业想上市。

通过上市的过程，企业可以理顺产权关系，尤其是对早已民营化的企业，历史上产权关系模糊不清，历史遗留问题解决不好，无法使企业轻装上阵。企业应在理顺企业产权的过程中促使地方政府根据政策规定，及时出具正式文件，明确其合法的产权关系，保障私有产权不受侵害。

不论是国有企业还是民营企业，不缺资金的毕竟是少数，90%的民营企业快速发展的首要任务就是融资，比如资产型地产公司、金融型企业，一旦资金链断裂，马上会面临崩盘。

穿上市公司（服装类）、吃上市公司（餐饮、食品类）、戴上市公司（珠宝类）、用上市公司（家电、能源类等）、行上市公司（汽车、航空类）、住上市公司（地产、建筑类）等，无论何时何地，上市公司本身即是最好的名片与品质保证。一些企业上市的目的就是创知名产品，提高企业品牌效益。

对抗宏观调控能力加强，银根紧缩反而有利。企业未上市前求银行贷款不容易，上市后，银行主动找上门来了，银行的眼睛永远是盯着富人圈的。如某企业改制时，集团接近亏损，外贸业务被走私及国际巨头倾销压迫得几无退路，几十亿资产规模的股份公司年利润不到4000万元；上市后迅速成长为行业龙头，与国际大公司对抗，创造了上市以来每年增长率均超过50%以上的较好业绩。

企业上市后有利于招贤纳士、整合人力资源。水往低处流，人往高处走。优秀的人才都希望投身到能实现个人价值的地方。同等条件下，上市公司的吸引力当然大于其他未上市企业。有一家农业板块的民企集团，主营养猪及生产动物饲料，在即将上市前，闻讯赶来的境外一家快要破产的上市企业，主动把盘中残值以零价格出让的方式托付给这家准上市企业，以保持产业的连续性及市场渠道资源的整合，一些名牌大学毕业生也不挑选其行业是否高贵而自愿投靠加盟。

毋庸置疑，上市是催生千万、亿万富翁的摇篮。资本市场一夜暴富可不是神话，"新东方"上市，"留学教父"俞敏洪个人财富超18亿元。他认为，如果今天仍然是赚三五年的钱再去做一个项目的话，就会被许多竞争对手抛在身后而难以追赶。如果有一个资金杠杆的话，就会使你的企业成倍的有活力。每当阿里巴巴、百度这样的企业成功上市，总会随之而来批量制造若干百万、千万甚至亿万富翁，简直可以称之为中国富翁的"梦工厂"。

（2）企业不想上市。

虽然企业上市的意义是显而易见的，但仍然有许多企业并不急于上市，那些暂时不想上市的企业，其真实原因不只是因为有钱而不需要融资，牵涉的具体情况可能是多方面的：

① 企业历史沿革不清，理顺产权结构与规范管理所发生的成本费用太高。一些资产型企业，如地产类公司、基础类传统产业，产权结构及归属问题已成为麻团似的历史遗留问题，多角债务关系弄不好就是小马拉大车，即使上市了也不知哪天会掉下来。

② 无融资需求，也不愿意与公众分享高成长的利益。一些发达地区的众多民营企业，由小作坊成长为跨国企业集团，年利润总额上亿元，这类企业主观上就不想成为公众公司，既不想接受上市公司监管，也不想让公众分享企业成果。

③ 境内上市排队周期长，审核通过率相对境外低。从企业改制、上市辅导、报送材料、等待反馈意见、企业答复、发审委员审核、证监会核准等，每一道运作程序都是一项繁重复杂的系统工程；会计师审计时把企业翻个底朝天还不定发表什么意见。对于急需融资的企业，耐不住上市过程的煎熬，于是另辟蹊径。

④ "上市失败"恐惧综合征心理。少数企业IPO后未被核准，已上市公司遭遇退市，使得一些企业掌门人产生"上市失败"恐惧综合征心理。如某企业董事长接到证监会通知未被核准上市，当场号啕大哭，长期压抑的紧张情绪失控了。每年沪深两市都不乏上市公司退出主板转向三板市场，让其他公司目睹后不愿重蹈覆辙。

⑤ 不愿意受监管的企业。上市后不自由，因为信息披露透明度高，包括主营业务、市场策略等方面的信息，被媒体高度关注也可能会对上市公司产生一定的负面影响。企业的重大经营活动及经营决策都必须经董事会、股东大会审议通过，失去了作为私人企业老板所享受的独权，在经营灵活性、降低资金效率、资金周转等方面主控性相对受影响。

⑥ 省费用，不愿失去对企业的控制权。为了实现上市以及上市后的系列管理活动等，企业都需要支付较高的费用。上市公司比私人企业需要履行更多义务、承担更多责任，管理层也将受到更大的压力等，股权的分散将使管理层不可避免地失去对企业的部分控制权。

"择其善者而从之,其不善者而改之。"不想上市的企业自然有其规避的诸多不善理由,想上市的企业当然也有择其善的地方。商者趋利也,上市或不上市皆因利而行之。

2. 创业板

创业板是地位次于主板市场的二板证券市场,以 NASDAQ 市场为代表,在中国特指深圳创业板。在上市门槛、监管制度、信息披露、交易者条件、投资风险等方面和主板市场有较大区别。其目的主要是扶持中小企业,尤其是高成长性企业,为风险投资和创投企业建立正常的退出机制,为自主创新国家战略提供融资平台,为多层次的资本市场体系建设添砖加瓦。

在创业板市场上市的公司大多从事高科技业务,具有较高的成长性,但往往成立时间较短,规模较小,业绩也不突出,但有很大的成长空间。可以说,创业板是一个门槛低、风险大、监管严格的股票市场,也是一个孵化科技型、成长型企业的摇篮。

世界上最成功的二板市场——美国纳斯达克市场即属创业板。纳斯达克市场诞生于 1971 年,是世界上成长速度最快的市场,而且它是首家电子化的股票市场。每天在美国市场上换手的股票中有超过半数的交易是在纳斯达克上进行的,将近有 6000 多家公司的证券在这个市场上挂牌,同时也有 2000 多家企业退市。对大学生创业企业而言,在创业板上市可能更为可行和现实。

(1) 给梦想一双翅膀。

专家普遍认为,支持创业企业发展、落实自主创新战略,是创业板市场的历史使命。同时,中国自主创新战略的实施,也为创业板市场开拓了广阔的发展空间。

第一,创业板市场满足了自主创新的融资需要。通过多层次资本市场的建设,建立起风险共担、收益共享的直接融资机制,可以缓解高科技企业的融资瓶颈,可以引导风险投资的投向,可以调动银行、担保等金融机构对企业的贷款和担保,从而形成适应高新技术企业发展的投融资体制。

第二,创业板市场为自主创新提供了激励机制。资本市场通过提供股权和期权计划,可以激发科技人员更加努力地将科技创新收益变成实际收益,解决创新型企业有效激励缺位的问题。

第三,创业板市场为自主创新建立了优胜劣汰机制,提高社会整体的创新效率,具体体现在以下两个方面:一是事前甄别,就是通过风险投资的甄别与资本市场的门槛,建立预先选择机制,将真正具有市场前景的创业企业推向市场;二是事后甄别,就是通过证券交易所的持续上市标准,建立制度化的退出机制,将问题企业淘汰出市场。

(2) 上市条件之主体资格。

发行人是依法设立且持续经营三年以上的股份有限公司(有限公司整体变更为股份公司可连续计算)。

A. 股票经证监会核准已公开发行。

B. 公司股本总额不少于 3000 万元;公开发行的股份达到公司股份总数的 25% 以上;公司股本总创业板额超过四亿元的,公开发行股份的比例为 10% 以上。

C. 公司最近三年无重大违法行为,财务会计报告无虚假记载。

(3) 上市条件之财务指标。

A. 最近两年连续盈利,最近两年净利润累计不少于1000万元,且持续增长;或者最近一年盈利且净利润不少于500万元,最近一年营业收入不少于5000万元,最近两年营业收入增长率均不低于30%,净利润以扣除非经常性损益前孰低者为计算依据。

B. 最近一期末的净资产不少于2000万元,且不存在未弥补亏损。

C. 发行后股本总额不少于3000万元。

(4) 上市条件之其他要求。

A. 注册资本已足额缴纳,发起人或者股东用作出资的资产的财产权转移手续已办理完毕。发行人的主要资产不存在重大权属纠纷。

B. 应当主要经营一种业务;其生产经营活动符合法律、行政法规和公司章程的规定,符合国家产业政策及环境保护政策。

C. 最近两年内主营业务和董事、高级管理人员均没有发生重大变化,实际控制人没有发生变更。

D. 应当具有持续盈利能力,不存在下列情形:

第一,经营模式、产品或服务的品种结构已经或者将发生重大变化,并对发行人的持续盈利能力构成重大不利影响。

第二,行业地位或发行人所处行业的经营环境已经或者将发生重大变化,并对发行人的持续盈利能力构成重大不利影响。

第三,在用的商标、专利、专有技术、特许经营权等重要资产或者技术的取得或者使用存在重大不利变化的风险。

第四,最近一年的营业收入或净利润对关联方或者有重大不确定性的客户存在重大依赖。

第五,最近一年的净利润主要来自合并财务报表范围以外的投资收益。

第六,其他可能对发行人持续盈利能力构成重大不利影响的情形。

2014年中国公司赴美IPO募资金额创纪录

毕马威于2015年2月3日发布的《2014年中国公司赴美IPO回顾》报告显示,2014年是自2000年以来,中国公司赴美IPO最活跃的一年,全年共完成275宗交易,募集资金总额达到853亿美元,两项数据均创新高。

毕马威美国资本市场主管合伙人江浩明表示,从行业分布来看,赴美IPO公司数量的增加主要受益于生物科技公司的活跃,全年共有71家生物科技公司IPO,约占总数的

26%。而募资金额的增加则与阿里巴巴在2014年完成史上最大规模的IPO有关,218亿美元的募资金额占2014年中国公司赴美IPO募资总额的26%。不过,即使剔除生物科技公司和阿里巴巴的影响,2014年美国市场IPO仍比2013年活跃。

就时间分布来看,报告显示,2014年第二季度是中国公司赴美IPO最活跃的季度,共有10家中国公司在美国IPO,募集资金总额约为31亿美元。其中,京东商城募资金额最高,达到17.8亿美元,位列整个美国市场2014年全年第七大IPO。

报告预计,今后将有更多的中国公司赴美IPO,尤其是互联网行业。对于中国公司来说,赴美IPO自2013年下半年开始复苏,且目前迹象表明会持续发展下去。江浩明称,尽管市场预期美联储可能还会加息,或不利于股市表现及影响美国市场IPO的数量和募资金额,但考虑到2014年IPO公司良好的市场表现和已知递交上市申请的公司情况,预期今后美国市场IPO整体仍将保持2014年的良好态势,有继续创下新高的可能。

8.2.3 企业破产

2013年3月,一条新闻震惊全球——"一双鞋换两套房,汽车城底特律走向破产"。据说这座城市拥有美国第一条水泥马路,拥有美国第一个交通指示灯,拥有美国第一条高速公路和第一大百货商店。但如今,除了这些深刻到不能磨灭的历史印痕以外,底特律再也不是那个辉煌的底特律了。美国密歇根州州长已经对外宣布,将由州政府接受底特律财政,并任命了一名企业破产重组专家为紧急财政管理人,以应对这座城市濒临破产的局面。在这条新闻里,需要大家注意的是:一是一个城市都能破产,遑论我们这些中小初创企业;二是存在破产重组专家这一职业,难道破产重组也有很高深的学问吗?

1. 破产

2013年年初,广东省经贸委发布数据,在全省38个大类行业中,有14个行业利润总额同比下降,全省亏损企业达10812户,亏损面达25.3%,而在过去的一年中,广东省共有15661家中小企业倒闭,这其中不乏大学生创业企业。

(1) 法律层面的破产。

破产并非是大家感官上简单的关门大吉。根据《中华人民共和国破产法》,破产案件是指通过司法程序处理的无力偿债事件。这里所说的司法程序包括三种:和解、重整和清算。

破产和解是指在人民法院受理破产案件后,在破产程序终结前,债务人与债权人之间就延期偿还和减免债务问题达成协议,中止破产程序的一种方法。

破产重整是指对可能或已经发生破产原因但又有希望再生的债务人,通过各方利害关系人的协商,并借助法律强制性地调整他们的利益,对债务人进行生产经营上的整顿和债权债务关系上的清理,以摆脱财务困境,重获经营能力的特殊法律程序。

破产清算是指宣告股份有限公司破产以后,由清算组接管公司,对破产财产进行清算、评估和处理、分配。

(2) 破产不等于企业死亡。

破产就是企业死亡了吗?相信绝大多数人都会这样认为,80%以上企业对破产程序存在认识误区,普遍把破产等同于企业死亡,认为一旦进入破产,就什么都没有了。但是企业破产法的一个基本理念就是对市场竞争过程中的失败者,全社会要给予宽容,"能活的依法帮扶,当死的有序退出"。国外都称破产为"到法院申请破产保护",美国每年仅个人申请破产保护的数量就有近200万。在成熟的市场经济中,企业有生有死,以向法院申请破产的方式对企业画个句号是常规路径。企业负责人依法承担义务的同时,也能在退出中依法享有退出的权利。

实际上,人们传统认识中的"破产",仅仅相当于破产法中的破产清算。而破产还有破产和解、破产重整等程序,可以通过对企业的破产重组、资产重组、债转股等司法手段,依法帮扶有订单、有潜力的困难企业起死回生,让企业有机会重新调整经营策略,制定经营方案,不至于因为无法支付欠款致使资金链断裂、经营停滞而陷入更大的困境。

(3) 选择跑路不如申请破产。

一般来说,破产企业全部清算完毕银行方可核销不良资产,这需要很长时间才能完成,这也是目前导致银行债权人很少主动依法提起企业破产申请的原因。然而,从法律角度看,未经法定程序依法退市,以吊销、注销等行政手段退出市场的企业,将会遗留大量难以处理的债权债务关系,严重扰乱市场经济秩序,也给民间信用造成严重影响。根据公司法相关规定,有限责任公司是股东以出资额度为限承担责任。但是,如果企业未依法按程序退出市场,那么公司股东就会为此承担"无限责任"。

除此之外,即使无法进行破产重整或达成和解,资不抵债的企业可以进行破产清算,也可以向所有债权人公平分配企业的剩余财产,依法解决所有债权债务关系,从而避免日后被追债。可以说,及早进入破产程序,可以使有问题的企业尽早暴露出来,并使处理过程更加公平,不至于使问题越积越多。史玉柱就曾因巨人集团经营事务资金链断裂而欠下大笔债务,但他没有赖账,也没有跑路,而是通过破产重整,让自己获得了新生。

2. 破产重整

破产重整的目标是为了使有经营前景或者有可能重生的公司恢复经营能力,避免清算,防止资源浪费。破产重组的价值取向应当是维持债务人原有的经营业务,它共有三种形式。

第一种为我国实践中最为常见的企业存续型重整。企业的存续型重整通过债务的减免、延续清偿等方式解决债务的负担,从而达到企业再生的目的,而原企业法人资格保持存续,所有的重整措施都是在原企业的壳内进行。

第二种为营业让利型重整,也就是出售式重整。是指获利的企业在其他实体中得以存续,得以继续企业的价值,通过对企业的清算价值合并用于对债权人的清偿。重整制度设置的目的是要挽救企业的经济和社会价值,避免引起破产清算而造成的各种不良社会影响,同时债权人得到更多的清偿,所以它的实质作用是要挽救债务人的事业而不仅仅是挽救债务人企业这一个外壳。在某些特定情况下,维持原债务人的外壳反而成为重整进行的负担时,这种出售式重整的必要性就显得更为突出。

第三种是在部分国家和地区存在的清算重整。

其中前两种模式在挽救企业方面是最具有典型意义的,是重整在实践中发挥社会调整作用的主要操作模式。

破产清算的基点是清算,主要目的是实现变价分配,虽然破产企业也可以整体出售,但是做不到整体出售的时候必须要拆散出售,而且出售的时候只考虑变现问题,而不考虑资产是否能够持续经营,也不涉及职工继续就业等社会问题的解决。

在重整的实践中,有些债务人企业适合采取企业存续型重整,但是也有很多债务人企业更适合采取出售式重整。出售式重整具有独特的社会功能,可以化解企业存续型重整中遇到的很多难题,并弥补一些立法上的不足。

3. 破产清算

破产清算是指处理经济上破产时债务如何清偿的一种法律制度,即在债务人丧失清偿能力时,由法院强制执行其全部财产,公平清偿全体债权人的法律制度。破产概念专指破产清算制度,即对债务人宣告破产、清算还债的法律制度。

公司因资不抵债而清算的案件,若由债务人向法院提出申请,则为自愿性申请破产;若由债权人提出破产申请,则为非自愿性申请破产。破产法规定,债务企业自行提出破产申请时,应当说明公司亏损情况,提交有关会计报表、债务清册和债权清册。债权人提出破产申请时,应当提供关于债权数额、有无财产担保以及债务人不能清偿到期债务的有关证据。有些国家(如美国)对于非自愿性申请,要求无担保债权人达到3个或3个以上且其债权总额至少达5000美元才能提出申请;若无担保债权人少于12人,则拥有无担保债权超过5000美元的单个债权人也可提出破产申请。

风华集团破产重整案

2006年11月7日,广东省肇庆市银华网络技术有限公司(简称银华公司)与广东风华高新科技集团有限公司(简称风华集团)签订《协议书》,约定:风华集团从2006年12月1日起按月分期偿还所欠银华公司款项,每期还款人民币1000万元,直至还清全部欠款为止。此后,由于风华集团没有按照协议偿还到期欠款,银华公司多次向风华集团发出《催收通知书》,风华集团亦未能及时偿还。银华公司认为,风华集团欠其借款本息72819836元,无法偿还到期债务,为保护其合法权益,根据《中华人民共和国企业破产法(试行)》有关规定,银华公司于2007年3月19日,向广东省肇庆市中级人民法院申请宣告风华集团破产还债。

时隔两日,肇庆市金叶投资发展有限公司也认为,风华集团欠其借款本金18611万元及相应利息,无法偿还到期债务,为保护其合法权益,公正清理债权债务,向肇庆市中级人民法院申请宣告风华集团破产还债。

收到上述两申请书后,肇庆市中院于2007年6月29日依法裁定受理了该破产案。

自此，处于国内电子界领先地位的风华集团，走向了破产边缘。

风华集团是于1996年12月28日经肇庆市工商行政管理局依法核准成立的国有独资有限公司。

作为一个从事投资经营的集团公司，风华集团本部没有直接生产经营，收益渠道主要是通过对下属企业参股、控股而获得分红。它是上市公司广东风华高新科技股份有限公司的最大股东。

但前几年因为电子元器件行业不景气，产品盈利能力下降，仅靠投资分红的收入已无法承载风华集团负债总额巨大、利息支出沉重的负担，多年的亏损造成企业严重资不抵债，明显缺乏清偿能力，已经无法清偿到期债务。

截止至2007年6月30日，风华集团债权人的债权总额为26.62亿元，企业净资产为 -18.63亿元。

在企业进入破产程序之后，重整是债务人除直接破产清算外又一种可行的选择，这是新颁布的企业破产法的新增内容。

据风华集团管理人代表黄日雄介绍，由于风华集团是肇庆市举足轻重的企业，生产规模庞大，拥有9000多名员工，每年税收过亿元，因此如果破产清算，将对地方经济的发展产生强烈的负面影响。基于这样的考虑，风华集团在2007年7月6日提出重整申请及其重整预案，肇庆市中级人民法院经全面审查和慎重考虑后于2007年7月11日裁定准许债务人风华集团重整，并发布公告，风华集团进入重整程序。

创业成功者如是说

让我们听听创业成功者对于大学生创业者最关心的创业问题的回答。

问题一：大学生创业是为了实现一个梦吗？

搜狐董事局主席兼首席执行官张朝阳：切勿因为热情而失去理智，创业不是一个梦。大学生创业更要以务实的态度为根本，要考虑到实际收支水平，从生存的角度去努力，只有这样，大学生创业才是一个实在的话题。

问题二：大学生如何寻找创业机会？

阿里巴巴集团主席兼首席执行官马云：我练过太极拳。太极拳要求专注，别看绕来绕去，其实瞄准的目标都只是一个点，而且选择适时出击。所以在金庸小说里，我特别欣赏黄药师的出场。所有人都不怎么在意这个老头，没有防他，黄药师突然一招将我认为最能打的人扔到河里。所以选择什么时候出手很重要。

问题三：创业要选择自己感兴趣的行业吗？

远大空调有限公司总裁张跃：是否在某一个阶段对某一东西的爱好十分强烈，甚至能达到忘我的地步,凡是成功的人都是有某种程度的偏执。在我创立并发展远大空调有限公司的期间,对空调技术的狂热促使我不停地研究、思考、修改、完善、创造,甚至会半夜里忽然醒来顿悟了某个难题,而正是这种狂热弥补了我知识上的缺陷。

问题四:在校生如何培养自己的"核心团队"?

阿里巴巴集团主席兼首席执行官马云:创业的时期千万不要找明星团队,千万不要找已经成功过的人跟你一起创业,在创业时期要寻找"梦之队":没有成功、渴望成功、平凡、团结,有共同理想的人。那些 35 岁到 40 岁已经成功过的人,他已经有钱了,他成功过,一起创业非常艰难。所以创业时要找最适合的人,不要找最好的人。

问题五:如何领导自己的团队?

长江实业集团有限公司董事局主席兼总经理李嘉诚:我常常问我自己,你是想当一个团队的老板,还是一个团队的领袖?一般而言,做老板简单得多,你的权力主要来自你的地位,这可能是上天的缘分或凭着你的努力和专业知识所得。做领袖就比较复杂,你的力量源自人性的魅力和号召力。做一个成功的管理者,态度与能力一样重要。领袖领导众人,促使别人自觉甘心卖力;老板只懂支配众人,让别人感到渺小。

问题六:大学生创业投入多少资金比较合适?

3G 门户网站总经理邓裕强:资金匮乏往往是大学生创业最大的困难所在。大学生不要期望资金能从天上掉下来,也不要幻想自己一番豪言壮语就能打动投资方,脚踏实地地做些实事才是关键。我们有一个准则值得大家借鉴,那就是绝不借钱创业,把自己风险转嫁给家人或朋友来承担,这是不负责任的做法,这也是为了把风险控制在我们可以承担的范围内,万一失败了不至于造成过大的损失。

问题七:如何看待创新创业的风险?

蒙牛集团董事长牛根生:别人看似冒险的事情,我感觉是安全的。什么叫安全?超乎常人的冒险就是安全,常人没有想到的事,肯定是安全的,因为别人还没有想到那个区域,那个区域就是我的!

问题八:大学生在创业过程中需要把握的最重要的一点是什么?

"博客网"网站董事长兼首席执行官方兴东:最重要的是控制风险。大学生创业首先还是一个摸索阶段,并不是说要你去发大财、赌一把。而这个风险应该是你自己可以控制、承担的,是要让自己在这个小风险里不断实践,得到更多的尝试,积累经验。大学生创业最主要的还是参与,而不是为了某种目的,不是为了创业而创业。

【思考题】

1. 如果你是一家企业的老总,你会怎么经营你的企业?
2. 如果你创办经营的企业因种种原因不幸面临倒闭,你会采取怎样的措施?